Jüngel
… ein bißchen meschugge …

Eberhard Jüngel

# *... ein bißchen meschugge ...*

Predigten
und biblische Besinnungen V

Radius

*Eberhard Jüngel,* geboren 1934 in Magdeburg, ist Professor für Systematische Theologie und Religionsphilosophie und Direktor am Institut für Hermeneutik an der Universität Tübingen. Ephorus des Evangelischen Stifts in Tübingen. Vorsitzender des Theologischen Ausschusses der Evangelischen Kirche der Union und der Kammer für Theologie der Evangelischen Kirche in Deutschland. Mitglied des Ordens Pour le mérite für Wissenschaften und Künste und mehrerer in- und ausländischer wissenschaftlicher Akademien.

ISBN 3-87173-222-2

Umschlag: André Baumeister
Gesamtherstellung: Clausen & Bosse, Leck
Printed in Germany

## Inhalt

## Vorwort

Der unvergessene Schalom Ben Chorin bestand darauf, er bestand lächelnd darauf, daß man wohl ein bißchen meschugge sein müsse, wenn man angesichts einer vergehenden und ihr eigenes Vergehen selber ins Werk setzenden Welt einen blühenden Mandelzweig als Fingerzeig für den Sieg der Liebe begrüßt: »Freunde, daß der Mandelzweig wieder blüht und treibt, ist das nicht ein Fingerzeig, daß die Liebe bleibt?« Ein bißchen verrückt ist ja auch diese Liebe selbst, dieser göttliche amour fou. Und ein bißchen meschugge sind zweifellos alle jene Propheten und Apostel gewesen, die in dem amour fou eine überlegene - *Logik* walten sahen. Pascal nannte sie *die Logik des Herzens* und mußte sich dafür von Nietzsche als »das jammervollste Beispiel« für »die Verderbnis« apostrophieren lassen, die selbst die »geistig stärksten Naturen« überkommt, wenn sie dem Christentum erliegen. Auf ähnliche Widerreden der Epigonen Nietzsches muß sich gefaßt machen, wer als Narr in Christo um der überlegenen Logik des göttlichen Herzens willen »ein bißchen meschugge« zu werden nicht umhin kann. Die in diesem Band versammelten Predigten und biblischen Besinnungen wollen die Leser dazu verführen, wenigstens von Zeit zu Zeit die Rolle des allzu vernünftigen Menschen mit der des Narren zu tauschen.

Tübingen am 1. Mai 2001 — Eberhard Jüngel

## Psalm 13

*Dem Chorleiter. Ein Psalm Davids.*
*Wie lange noch, Herr?*
*Willst Du mich für immer vergessen?*
*Wie lange noch verbirgst Du Dein Antlitz vor mir?*
*Wie lange noch soll ich die Sorgen ertragen in meiner Seele,*
*den Kummer in meinem Herzen Tag für Tag?*
*Wie lange noch erhebt sich mein Feind gegen mich?*
*Schau her, hör zu, Herr, mein Gott!*
*Bring Licht in meine Augen,*
*daß ich nicht zum Tode entschlafe;*
*daß mein Feind nicht spreche: ich habe ihn überwältigt;*
*daß meine Gegner nicht jauchzen, weil ich wanke.*
*Doch ich - ich vertraue Deiner Gnade.*
*Es juble mein Herz, weil Du mir geholfen!*
*Singen will ich dem Herrn, daß er mir Gutes getan.*

Ein Psalm, liebe Gemeinde. Ein Gebet also. Und das heißt: es ist ernst. Es ist überaus ernst. Denn es gibt nichts Ernsteres als dies, daß ein menschliches Ich *Du* sagt und *Gott: Du, mein Herr und mein Gott* ...

Das Gebet des Psalmisten ist kurz, wie es sich für ein ordentliches Gebet gehört. Doch welche Abgründe tun sich auf in dieser kurzen Zwiesprache mit Gott! »*Willst Du mich für immer vergessen? Wie lange noch verbirgst Du Dein Antlitz?*« Und unmittelbar danach, noch im selben Gebet - in welche Höhen schwingt sich das eben noch so deprimierte Ich empor: »*Es juble mein Herz ... Singen will ich dem Herrn!*« Welche Abgründe einerseits und welche Höhen andererseits werden hier mit nur wenigen Sätzen durchmessen!

Am Anfang Schreie aus der Tiefe. *Wie lange noch? Wie lange noch?* - schreit da jemand, der offensichtlich nicht mehr aus noch ein weiß. Am Ende aber Jubel, Gesang, Lobgesang. Am Anfang bittere Klage, am Ende heller Jubel. Der Gegensatz könnte nicht größer sein. Himmelhoch jauchzend klingt der Psalm aus. Doch am Anfang redet ein Ich, das ist zu Tode betrübt.

Nur am Anfang? So also, daß man am Ende auf das Elend glücklich *zurückblicken* kann, erleichtert, befreit, erlöst zurückblicken kann: es war einmal ... vorbei ... passé. Jetzt aber: siehe, jetzt ist die angenehme Zeit des Herrn ... Jetzt »juble mein Herz« ... »Singen will ich« ... Und trinken vielleicht ... »Nun Brüderchen, ergo bibamus« ...?

Ach, wenn man auf den Jammer dieser Welt, wenn man auf das Elend des eigenen Lebens am Ende immer glücklich zurückblicken könnte, wenn am Ende lauter Jubel gewiß wäre - dann, ja dann wären wir *da*, dann wären wir *am Ziel*. Dann wäre der schreckliche Anfang am Ende in der Tat nur halb so schlimm. Ja dann wäre er als dunkle Folie sogar hochwillkommen, auf daß das glückliche Ende auf dem Hintergrund des schrecklichen Anfangs um so strahlender erscheine. Welch ein Finale! Welch ein tröstlicher, beglückender Schluß! Eia, wär'n wir *da* ...

Wir sind aber nicht *da*. Wir sind *hier*. Also noch nicht im Goldenen Zeitalter, wo man ohne Gesetze zusammenleben kann und, ohne regiert zu werden. Wir sind *hier* in der Bundesrepublik Deutschland, die es bitter nötig hat, regiert zu werden, in der man aber, statt zu regieren, gerade im Begriffe ist, die Goldreserven neu zu bewerten, um auf diese Weise wenigstens das europäische Zeitalter zu erreichen.

Wir sind *hier*. Also noch nicht im höheren Chor, in dem wir das Halleluja singen für und für, sondern hier in der Württembergischen Landeskirche mit ihren sehr gemischten Chören und Gesängen ... Und mit ihren auf Sonderapplaus bedachten Solisten: ab und zu ein schrilles Solo aus der rechten Ecke und alsbald ein schräges Solo aus der linken Ecke. Oder auch umgekehrt ... Und dazwischen die Seufzer derer, die trotz guter Studienleistungen keine Aussicht haben, in dieser Landeskirche einen Arbeitsplatz zu finden. Da tröstet es wenig, daß es den Kommilitoninnen und Kommilitonen aus den anderen Fakultäten auch nicht besser geht.

Wir sind *hier*. Also noch nicht daheim, an der Quelle, sondern mit dürstender Seele unterwegs und oft nicht einmal zielgerichtet unterwegs. Ratlos und ziellos umherirrend schreit unsere Seele nach frischem Wasser, nach dem reinen Wasser der Quelle - und findet allenfalls Pfützen und Tümpel. Nein, wir sind noch nicht *da*, am glücklichen Ende, am beglückenden Ziel. Wir sind *hier*, hier auf Erden, wo am quälenden Anfang der himmelhoch jauchzende Ausgang keineswegs sicher ist.

Gewiß, auch *hier* gibt es Höhepunkte. Keine Frage, auch *hier* haben wohl die meisten von uns wenigstens von Zeit zu Zeit triftige Gründe, ein Jubellied anzustimmen. Und wenn es auch nur ein Jubellied aus Freude über das bevorstehende Examen ist, wo man dem geliebten Lehrer noch einmal in die Augen schauen und ihn mit wohlüberlegten Antworten auf vielleicht nicht ganz so wohlüberlegte Fragen erbauen kann ... Keine Frage: von Zeit zu Zeit jubeln wir auch *hier* schon.

Doch *hier*, in unserem täglichen Leben, folgt dem Jubellied, das anzustimmen sicher jeder von uns von Zeit zu Zeit Grund und Anlaß hat, in der Regel wieder das triste Grau in Grau, eine neue Depression, der erneute Fall. Und nicht selten wird der Fall zu einem Sturz ins Bodenlose, zu einem nicht enden wollenden Fallen. Und ich erfahre an mir selbst, was Hyperion beklagt:

> Es schwinden, es fallen
> die leidenden Menschen
> blindlings von einer
> Stunde zur andern,
> wie Wasser von Klippe
> zu Klippe geworfen,
> Jahr lang ins Ungewisse hinab.

Wer so fällt, der sucht, vielmehr: der schreit nach einem Halt. Und die bange Frage des frommen Beters aus dem alten Israel wird seine ureigene Frage: *wie lange noch?*

Wohl dem, dem sich diese Frage nie stellt! Wohl dem, dem eine unruhige Nacht noch nie zu lang geworden ist! O, das ist, weiß Gott, ein glücklicher Mensch. Für ihn ist dieser Psalm nicht geschrieben. Aber vielleicht hört er seine Nachbarin oder seinen Nachbarn so fragen: Wie lange noch? Vielleicht fragt so ein leidenschaftlich liebendes Ich, das vom geliebten Du immer und immer wieder enttäuscht wird. Vielleicht fragt gar ein Sterbender so, der das Ende seit langem herbeisehnt, ohne daß es sich einstellen will: *wie lange noch?* Der Glückliche, dem sich diese Frage nie stellt, er möge dann zuhören, sehr genau zuhören, um wenigstens von ferne eine Ahnung davon zu haben, was es im Ernstfall bedeutet, ein *Mensch* zu sein.

Wir weniger Glücklichen aber, die wir jene Frage aus eigener, schmerzlicher Erfahrung kennen, wir wollen zusehen, wie es dem Psalmisten ergangen ist. Vielleicht finden wir uns in seinem Gebet so wieder, daß seine Worte unsere eigenen Worte werden.

Am Anfang dieses kurzen Gebetes herrscht *die Frage*, eine einzige Frage. Und wie! Sie herrscht geradezu despotisch. Sie läßt nichts anderes zu als nur eben sich selbst. *Wie lange noch?*

Viermal wird dieses *wie lange noch?* herausgestoßen aus einer offensichtlich verzweifelten Seele. Die Frage des Psalmisten jagt sich sozusagen selbst. Dergleichen signalisiert in der Regel Situationen der Ausweglosigkeit, einer Ausweglosigkeit, in der uns *alles zur Frage*, in der sogar ich mir selbst zu einer *einzigen*, sich monoton behauptenden *Frage* werde. Die Lage ist ernst.

Der Kirchenvater Augustinus hat, als ein von ihm besonders geliebter Freund gestorben war, seine Situation so beschrieben: »Da wurde ich mir selbst zu einer einzigen großen Frage«, zu einer *quälenden* Frage. Auch unser Psalmist ist sich selber zu einer einzigen quälenden Frage geworden.

*Wie lange noch?* - in diese Frage drängt sich das betende Ich mit seinem ganzen Leben hinein. Eine ganze menschliche Existenz flüchtet sich in diese Frage, preßt sich sozusagen in ihr zusammen, hockt sich gleichsam in sie hinein und ist selber nichts anderes mehr als diese ängstlich hockende Frage. Alles andere außer mir und neben mir - es mag noch so bunt und verführerisch sein -, alles andere neben und außer mir wird dann grau und öde und wüst und leer. Es gibt dann wirklich nur noch »zwei Dinge«: die »Leere und das gezeichnete Ich«.

Das betende Ich in unserem Psalm ist gleich doppelt gezeichnet, von innen heraus und von außen: von dem äußeren Elend, das die Feinde des Beters über ihn bringen, und von dem Elend, das Herz und Seele verwüstet. Doch damit nicht genug: dieses doppelte weltliche Elend hat noch eine andere, eine unheimliche Dimension: es macht den Menschen *elend vor Gott.*

Und das alles, das Elend von außen, von innen und vor Gott, das alles drängt sich zusammen in der gleich viermal gestellten Frage: *wie lange noch?*

Wer *so* fragt, der *fragt* eigentlich gar nicht mehr, der *winselt* im Grunde nur noch.

Als Kinder haben wir, wenn uns unerklärliche Schmerzen plagten, oft so gewimmert: *wie lange noch, Mutter, wie lange noch?* Vielleicht waren es nur simple Wachstumsschmerzen. Aber welches Kind weiß das schon, daß dieses unerklärliche schmerzhafte Reißen und Ziehen in den Gelenken und Gliedern nur simple Wachstumsschmerzen sind. Und so wimmert es denn und fragt: *wie lange noch, Mutter, wie lange noch?*

Und später dann, mitten in einer Nierenkolik vielleicht, da jagte sich die immer gleiche Frage, ohne daß noch eine Mutter da ist, an die man sie adressieren kann: *wie lange noch, um Himmels willen, wie lange noch?* Und das ist dann nur noch ein erbärmliches Winseln, das nichts anderes im Sinn hat als den sehnsüchtigen Wunsch, den unerträglichen Zustand so schnell wie möglich zu beenden.

Und wenn man sich dann vor Schmerzen krümmt und nicht mehr ein noch aus weiß, dann genügt dem Kundigen ein Blick in die Augen - und er weiß Bescheid. Denn dann werden unsere Augen ausdruckslos, dann werden sie je länger je mehr matt und matter. Und wenn die Augen matt werden, wenn sie nichts mehr wahrnehmen, weil das zu diesen Augen gehörende Ich nur noch mit seinem eigenen Elend beschäftigt ist, dann *weicht das Leben.* Die Lage ist todernst. Je weniger Ausdruck in den Augen, desto mehr drücken unsere Augen die schwindende Lebenskraft aus.

Ja, unsere Augen! Sie spielen in diesem Psalm eine entscheidende Rolle - so wie sie ja auch sonst in unserem Leben eine entscheidende Rolle spielen. Unsere Augen - schöner als blitzende Diamanten und Sterne, ausdrucksvoller als das sprechendste Gedicht! In unseren Augen funkelt das Leben. Und in unseren Augen fängt es an zu erlöschen.

Und all die Lebenslagen dazwischen - im Blick unserer Augen drücken sie sich überaus differenziert aus. Geheimnisvolle Mitte, die aus einer körperlichen Oberfläche allererst ein menschliches Gesicht macht! Oft merken wir erst, wenn sie ermatten, was für ein wundervolles Organ uns der schöpferische Gott da mitten ins Antlitz gesetzt hat: dann, wenn wir, wie der Psalmist, Grund und Anlaß haben zu bitten: *bring Licht, bring doch wieder Licht in meine Augen*!

Meine Augen, sie sind so etwas wie die Pforte, durch die ich die Welt in mich hineinlasse und durch die ich meinerseits hinausgehe in die mich umgebende Welt. Solange sie noch nicht ermattet sind, holen sie Leben in mich hinein: das andere, das fremde Leben, das mich von allen Seiten umgibt und ohne das ich selber nicht sinnvoll zu leben vermag. Was die heutige Jugend meint, wenn sie in ihrem unnachahmlichen Deutsch sagt, sie wolle *sich etwas hineinziehen*, das vollzieht sich im eminenten Sinne mit Hilfe der Augen. Mit den Augen ziehe ich mir eine Welt hinein. Und die Augen *freuen* sich dann an dem, worauf der entzückte Blick fällt.

Sie freuen sich: sei es nun an dem »bestirnten Himmel über mir« oder an einem unscheinbaren Mauerblümchen; sei es an der lispelnden Eliza Doolittle, sei es an irgendeiner mit den Flammen spielenden und den Flamenco tanzenden Carmen; sei es an der schüchternen akademischen Nickelbrille oder an einem von Schönheit und Selbstbewußtsein strotzenden Jünger des Apoll ... Worauf auch immer der entzückte Blick fällt, dessen freuen sich die Augen und ziehen es in sich hinein: jetzt dies, dann das; heute diesen, morgen jene - es kann gar nicht genug sein. »Trinkt, o Augen, was die Wimper hält, von dem goldnen Überfluß der Welt« - heißt die Parole, der unsere Augen, der unsere das andere, das fremde Leben in uns hineinholenden Augen nur zu gerne folgen.

Um dann umgekehrt etwas vom eigenen inneren Leben in die Welt hinein auszustrahlen. In meinen Augen, da wird mein innerstes Leben äußerlich, da sucht es Kontakt mit der Außenwelt, da geht es aus sich heraus: mit einem vorsichtig tastenden Blick, wenn ich mich orientieren und

Überblick gewinnen muß; mit scharfem Blick aus blitzenden Augen, wenn es etwas oder jemanden zu fixieren gilt; mit lachenden Augen, mit weinenden Augen - wir gehen auf vielfältige Weise aus uns heraus. Und wenn dann mein Blick nicht nur auf ein Stück Welt stößt, sondern wenn mein Blick auf einen anderen Blick stößt, Aug in Aug, Angesicht in Angesicht - ja, das ist ein Augen-Blick! Da kann sich ein menschliches Ich für immer verlieren, weil es ein anderes Ich für immer gefunden hat.

So ein Augen-Blick kann über ein Menschenleben entscheiden. Aber nicht nur im guten! Aus den Augen eines anderen kann mir auch lebensbedrohender Haß entgegenschlagen. Und dann reagiere ich entweder mit einem verängstigten oder aber mit einem ausgesprochen zornigen, feindseligen Blick. Er signalisiert, daß Feinde in Sicht sind. In unserem Psalm ist das der Fall. Und Feinde in Sicht - das ist der Ernstfall.

Feinde in Sicht - im Alten Testament ist das ziemlich häufig der Fall. Und wenn es der Fall ist, dann hat der alttestamentliche Fromme nur noch eines im Sinn: nämlich wie er der Feinde Herr werden oder aber ihnen entrinnen kann. Und um dieses Ziel zu erreichen, ist ihm auch Gottes Hilfe ganz und gar nicht zu schade, ist ihm Gott gerade gut genug.

Vielen Christen ist das überaus peinlich. Und wenn sie auch sonst eifrige Befürworter des »jüdisch-christlichen Dialogs« sind, so meinen sie doch, sich von dem im Alten Testament so reichlich bezeugten zornigen Blick auf die Feinde mehr oder weniger deutlich distanzieren zu sollen. Und unter Berufung auf das neutestamentliche Gebot der *Feindesliebe* fangen sie an, ihre Feinde - ja, nun eben zu lieben, so penetrant zu lieben, daß diese von Herzen dankbar wären, wenn sie sie wenigstens richtig hassen würden.

Ach, nirgends sind wir Christen verlogener als da, wo wir uns über den zornigen Blick Israels auf seine Feinde erhaben dünken. Als ob wir Christen *nicht* in Feindschaften existierten oder auch nur weniger Feinde hätten als die Frommen des Alten Bundes! *Die* brachten ihre Feindschaften immerhin *vor Gott.* Sie haben ihre Feindschaften also eingestanden, während wir Christen sie nur allzu oft und allzu gekonnt verdrängen. Doch wer seine Feinde nicht ernst nimmt, der nimmt sich selbst nicht ernst.

Gönnt Euch, liebe Christinnen und Christen, gönnt Euch doch wenigstens eine ehrliche Feindschaft - wäre ich versucht zu sagen, wenn das nicht so schrecklich unchristlich wäre. Aber *das* ist nicht unchristlich: daß Ihr Euch die Feindschaften, in denen Ihr lebt, auch ehrlich eingesteht. Aus ehrlichen Feindschaften läßt sich mitunter etwas machen, aus verdrängten Feindschaften nichts. Ehrlich eingestandene Feindschaften lassen sich vielleicht in echte Gegnerschaft verwandeln, vielleicht ... Verdrängte Feindschaften fressen sich auch unter dem Mantel der Feindesliebe unerbittlich weiter. Liebet Eure Feinde? Selig, wer das kann, ohne den Feind dabei tot zu lieben!

Keine Seligpreisung, aber doch Respekt, ehrlichen Respekt verdienen all diejenigen, die die Kraft haben, ihren Feinden mit zornigen Augen entgegenzutreten. Solange sie zürnen, leben sie noch.

Der Beter unseres Psalms hat diese Kraft nicht mehr. Er ist seiner Feinde *nicht* Herr geworden, sondern *sie* haben *ihn* ins Wanken gebracht. Seine Kräfte schwinden. Seine Widerstandskraft ist am Ende. Er kann nicht mehr. Und seine Feinde - er hört sie bereits jauchzen, sieht sie schon triumphieren.

Und das nicht nur vor aller Welt, sondern das auch noch im Heiligtum, vor Gott! Sein geschlagenes Leben - die Feinde werden es als Beweis dafür ins Feld führen, daß Gott selbst ihn verlassen hat. Ja, so macht man das unter Frommen - ganz egal, ob die Feindschaft nun offen eingestanden oder aber klammheimlich unter dem Deckmantel der Feindesliebe ausgetragen wird. Damit die Niederlage des Anderen vollkommen sei, muß sie *im Namen Gottes* geschehen sein, muß sie sozusagen theologisch versiegelt werden. Die Feindschaft beansprucht heiligen Ernst. Sie wird zu einem heiligen Krieg. Und der Sieg über den Feind gleicht dann dem Sieg im heiligen Krieg. Er wird mit letztem Ernst zelebriert.

Und das ist zum Verrückt-Werden! Kein Wunder, daß der Psalmist es nicht mehr auszuhalten meint. Es sind ja nicht nur die Feinde draußen, die im Begriffe sind, über ihn zu triumphieren. Es findet ja, was sich da draußen abspielt, *in ihm*, in seinem Innersten, ein schreckliches Echo. Terror außen, Terror innen, von anderen terrorisiert, von sich selbst terrorisiert - nein, das ist nicht auszuhalten.

Und so läuft dieses armselige Ich wie ein gefangenes Tier in seinem Käfig mit letzter Kraft auf und ab und winselt. Ja, wie ein gefangenes Tier, so ist auch sein Leben in ihm gefangen. Es kommt nicht mehr heraus. Der Glanz der Augen ist längst erloschen. Die Augen, die Pforte der Seele in unserem Leibe, sind matt geworden. Das einzige, was noch aus ihm herauskommt, ist jene sich winselnd wiederholende Frage: *wie lange noch, Herr, wie lange noch?*

Aber diese winselnde, klagende Frage, sie kommt Gott sei Dank aus ihm heraus. Nicht nur solange wir zürnen, leben wir noch. Auch solange wir winseln, leben wir noch. Und solange wir nicht in uns hinein winseln, sondern solange wir dieses sich iterierende *wie lange noch, Herr, wie lange noch?* wirklich *an ihn, an Gott unseren Herrn* richten, so lange haben wir noch ein *Ziel*. Und da endet der Vergleich mit dem in sich gefangenen winselnden Tier. Wer noch stark genug ist, nein: wer auf ehrliche Weise *schwach* genug ist, um inmitten seines Jammers noch *Du* zu sagen und *Herr: Herr, Du mein Gott* - der ist *ein Mensch*, der ist ein zutiefst *menschlicher Mensch*.

Und nun tun wir gut daran, uns noch einmal an die Klagelaute aus den Kindertagen zu erinnern, in denen das kindliche *wie lange noch?* ja ebenfalls seinen Adressaten hatte und also ein Ziel: *wie lange noch, Mutter, wie lange noch?* Was immer die Mutter geantwortet haben mag - entscheidend war nicht so sehr, *was* sie gesagt hat, entscheidend war, *daß sie da war*. Und *zuhörte*. Und *zusah*.

Und genau so, wie ein hilfloses Kind, wendet sich das von außen und von innen terrorisierte Ich in unserem Psalm an Gott: *Schau her, hör zu, Herr, mein Gott!* Und dieses Ich weiß: wenn Gott das tut, wenn er zuhört und mich anschaut, dann kehrt in meine lebensmatten Augen Licht zurück, Lebenslicht. Dann kehrt in die lebensmüden Augen jener Glanz zurück, der sich immer einstellt, wenn zwei verzweifelte Augen auf den liebevollen Blick eines Anderen treffen.

Der Psalmist hat in seinem namenlosen Elend auf Gottes liebevollen Blick vertraut. Gewiß, er konnte so wenig wie wir Gott in die Augen schauen. Gott kann man nicht sehen, noch nicht. Aber wir werden von ihm gesehen. Und diese Gewißheit, von Gott gesehen zu werden, diese Gewißheit, daß er sein Antlitz nicht für immer verbirgt, daß er ganz im Gegenteil sein Angesicht *leuchten* läßt über uns - diese Gewißheit schließt ja ein, daß er auch unsere Schwachheit und unser Elend sieht.

*Der Herr lasse leuchten sein Angesicht über Dir* - der Segen, mit dem wir jeden Gottesdienst beschließen, gilt doch nicht nur denen, die ohnehin »droben« wandeln, »im Licht« und »auf weichem Boden«. Gott läßt sein Angesicht auch und erst recht über denen leuchten, die unten sind, im Bodenlosen.

*Nun siehe Du zu, lieber Herr* - mag dann das Echo lauten, das dem leuchtenden Antlitz Jahwes von unten her, aus dem Abgrund entgegenschlägt. *Nun siehe Du zu und zeig, was Du kannst. Ich kann nicht mehr.* Der Beter unseres Psalmes hat am Ende einen Lobgesang angestimmt. Wir wissen nicht, wann und wo er das getan hat. Vielleicht im Tempel in einem feierlichen Dankgottesdienst, nachdem die ganze Misere vorbei war. Vielleicht aber hat er seinen Lobgesang nicht erst am Ende, vielleicht hat er ihn schon angestimmt, als er selber noch ganz unten war, unten am Boden und fast schon am Boden zerstört. Vielleicht hat er sein Jubellied *de profundis* angestimmt.

Das wäre zwar ein ungewöhnlicher, dafür aber ein überaus eindrücklicher Lobgesang. Ja, wenn ein geplagter und verzweifelter Mensch mitten im Abgrund dergleichen über seine Lippen bringt, wenn er Gott das zu sagen wagt: *Nun siehe Du zu, lieber Herr! Ich kann nicht mehr* - dann ist das bei Gott vielleicht nicht der schönste, aber der ehrlichste aller Lobgesänge. *Nun siehe Du zu, lieber Herr! Ich kann nicht mehr* - wer Gott das zu sagen wagt, liebe Gemeinde, der nimmt Gott ernst. Amen.

## Psalm 57,8-12

*Fest ist mein Herz, Gott,*
*fest - mein Herz.*

*Singen will ich, zur Harfe greifen:*
*Wach auf, meine Ehre!*
*Wach auf, Laute und Leier!*
*Aufwecken will ich das Morgenrot.*

*Ich will Dir danken inmitten der Völker, Herr,*
*für Dich zur Harfe greifen, umgeben von Nationen.*

*Denn Deine Güte reicht, so weit der Himmel ist,*
*und Deine Wahrheit, so weit die Wolken gehen.*

*Schwing Dich, Gott, über die Himmel hinaus,*
*über die ganze Erde komme Deine Herrlichkeit!*

Was für ein Herz, liebe Gemeinde! Kein trotzig und verzagt Ding, sondern ein festes Herz, das die Sonne bewegt! Oder doch bewegen zu können glaubt ... Was für ein Beter! Keine von den vielen larmoyanten Stimmen, die mit sich selber hadern und ihre Unzufriedenheit mit sich selbst als Hader mit Gott austragen, sondern ein Beter, dessen Stimme die Morgenröte am Horizont heraufführt! Oder doch heraufführen zu können glaubt ... Was für ein Gottvertrauen, das den Allerhöchsten sogar zu Luftsprüngen veranlaßt! Oder doch veranlassen zu können glaubt: »Schwing Dich über die Himmel hinaus« ... Was für ein Psalm, in dem ein festes Herz so viel bewegt! Oder doch bewegen zu können scheint ...

Indessen, er droht uns zu täuschen, dieser bewegende Psalm vom festen Herzen und seiner wunderbaren Kraft. Seine tiefe Wahrheit droht verstellt, ja entsetzlich entstellt zu werden. Dann nämlich, wenn wir die Worte des Beters als eine Art Selbstempfehlung verstehen: als würde da ein *festes Herz* seine Überlegenheit anpreisen über all die *weichen* Herzen und die *ängstlichen* oder *erschrockenen* Herzen, die *Flatterherzen* zumal. Der Psalm wird in der Tat zu einer Täuschung und seine Wahrheit droht verlorenzugehen, wenn wir ihn so verstehen, als ob da ein besonders gefestigter Mensch seine Unerschrockenheit anpreist: »Nehmt Euch ein Beispiel an mir und seht, was ein festes menschliches Herz alles vermag!«

Gewiß, das wäre ein groteskes Mißverständnis. Aber das Mißverständnis liegt nahe. In der ersten Hälfte des Psalmes werden ja überaus bedrohliche Situationen geschildert, die ein *schwaches* Herz wohl zur Verzweiflung bringen können.

Die Gegner des Beters umlauern ihn wie hungrige Löwen ihre Beute. Und sie fallen mit ihren verletzenden Worten über ihn her wie die Bestien mit ihren Raubtiergebissen über ihre Opfer - eine Erfahrung, die man in der akademischen Welt besonders oft und besonders schmerzlich machen kann. Erst tuschelt man nur, dann fallen bissige Worte hinter vorgehaltener Hand, und schließlich beißt man ganz ungeniert zu: jedes Wort ein verletzender Biß. Und wenn auch das nicht zum Ziel führt, greift die Hinterhältigkeit zur Hinterlist. Der Psalmist kann ein Lied, ein böses, ein garstiges Lied davon singen. Hinterlistig versuchte man ihn mit einem Netz von Verleumdungen zu Fall zu bringen. Ja, eine Grube hat man ihm gegraben, daß er darin versinke, verschwinde. Konkurrenten aus dem Feld schlagen, Gegner, auch nur potentielle Gegner, mit allen zur Verfügung stehenden Mitteln ausschalten - nicht nur in der Wirtschaft, auch in der Universität ist das gang und gäbe.

Doch »wer andern eine Grube gräbt, fällt selbst hinein« - tröstet sich der Psalmist. Und lacht sich eins über die, die nun statt seiner in der Grube liegen. Und wer von uns würde nicht lachen, wenn er seine Gegner in die selbstgegrabenen Gruben fallen sieht? Wenn es wirklich einmal so käme - ach, das müßte schön sein. Der Psalmist muß dieses Vergnügen gehabt haben. Er läßt sich jedenfalls von niemandem zur Verzweiflung bringen. Sein Herz ist fest. Und er versucht die Festigkeit seines Herzens unter Beweis zu stellen, indem er inmitten der ihn bedrohenden Welt zu singen beginnt, kein böses, kein garstiges Lied, sondern ein Loblied - so scheint es - auf die eigene Unerschrokkenheit: »Fest ist mein Herz, fest - mein Herz. Singen will ich, zur Harfe greifen!«

»... Ob es itzt / gleich kracht und blitzt ...« - das kann ein *festes* Herz doch nicht erschüttern.

Nein, bange machen gilt nicht: ein festes Herz läßt sich nicht ängstigen - weder von den von außen auf uns zukommenden Bedrohungen noch von den im eigenen Inneren lauernden Anfechtungen. Und die sind sehr viel gefährlicher noch als die Bedrohungen von außen.

Gegen die Gefahr *von außen*, gegen die bösen Worte der Tuschler und Intriganten kann man sich - zumindest in der Regel - dadurch wehren, daß man sie - wie ein gestandener Stoiker - einfach nicht an sich herankommen läßt. Was ich nicht weiß, macht mich nicht heiß. Und was ich nicht wissen will, erst recht nicht. Also: nicht einmal ignorieren ...

Aber *in mir* - da können Bedrohungen auftauchen, gegen die man schon deshalb schlechterdings machtlos ist, weil man sich die Trübsal, die da plötzlich über einen kommt, überhaupt nicht erklären kann. Eben noch sah man die Welt mit heiteren Augen an. Doch dann genügt irgendein nichtiger Anlaß, und eine unendliche Traurigkeit steigt in mir auf und breitet sich wie ein wabernder Nebel nicht nur in mir, sondern aus mir hervorbrechend in alle Richtungen aus: und die eben noch so bunte Welt wird aschgrau. Nichts in ihr behält seine eigene leuchtende Farbe. Was man auch anfaßt oder anschaut - immer dasselbe, immer aschgrau. Was *tief in uns* beginnt, färbt auch die ganze *Außenwelt* ein: alles Grau in Grau.

Gilt auch dann noch: das kann ein *festes* Herz doch nicht erschüttern? Wenn sowohl die Welt in mir wie die Welt außer mir aus den Fugen zu geraten und zu verfallen droht, gilt auch dann:

> Tobe, Welt, und springe;
> ich steh hier und singe
> in gar sichrer Ruh ...?

O, das wäre eine Überlegenheit! Wie fest muß ein Herz sein, um so überlegen reagieren zu können! So fest wie das abenteuerliche Herz des kürzlich verstorbenen Dichters Ernst Jünger, der - so hat er es in seinem Tagebuch festgehalten - im Zweiten Weltkrieg ein feindliches Bombergeschwader am Pariser Himmel betrachtete, »ein Glas

Burgunder, in dem Erdbeeren schwammen, in der Hand«, um dann die Stadt in ihrer gewaltigen Schönheit mit »einem Kelche« zu vergleichen, »der zu tödlicher Befruchtung überflogen wird«? Drückt sich so ein festes Herz aus? Keine Frage, das ist ein Ausdruck distanzierter Überlegenheit oder überlegener Distanziertheit! Aber ist das die Sprache eines *festen Herzens*? Wer sich so verhält, hat gewiß kein *ängstliches* Herz. Aber ist sein Herz deshalb schon *fest*? Oder ist es nur - *hart*?

Fest - hart: der Unterschied ist entscheidend. Wer unsern Psalm nur als Selbstempfehlung eines Menschen versteht, der sich durch nichts und niemanden anfechten läßt, der hat allerdings ein *festes* Herz mit einem *harten* verwechselt. Fest - hart: von diesem Unterschied hängt es ab, ob die tiefe Wahrheit dieses bewegenden Psalmes sich gegen die Täuschung, die von ihm auszugehen droht, durchzusetzen vermag.

An einem *harten* Menschen kann man zerbrechen. Und wenn zwei harte Männer aufeinander stoßen, zerbrechen sie vielleicht sogar beide aneinander. Doch an einem *festen* Menschen findet man Halt. An seiner Seite kann man Tritt fassen. In seinen Armen kann man Trost finden. Und wenn er es besonders gut meint, drückt er den Haltlosen vielleicht sogar an sein Herz.

Ein festes Herz ist jedenfalls alles andere als starr und unbeweglich. Und was hart ist, ist noch lange nicht fest genug, um nicht dennoch zerbrechen zu können. Zerbrechliche Härte, bewegliche Festigkeit - was zunächst wie ein Paradox anmutet, hat seine strenge Logik, wenn es um unser Leben und um das Zentrum unseres Lebens, eben um unser Herz geht. Und darum geht es in dieser gottesdienstlichen Stunde: um *unser* Herz und also um unser Leben in seiner konzentriertesten Form.

Fest ist das Herz des alttestamentlichen Beters, dem wir zugehört haben: fest und doch nicht verschlossen. Ganz im Gegenteil! Betend *öffnet* der Psalmist sein Herz, betend öffnet er es sogar so weit, daß nicht nur der unmittelbar angerufene Gott, sondern auch wir, nach Jahrhunderten noch, Einblicke gewinnen in die Entscheidungen eines längst gelebten Menschenlebens.

Unser Herz ist ja in der Sprache der Bibel sehr viel mehr als nur ein wichtiges Körperorgan, das irgendwo links sitzt und verhältnismäßig weit oben und da klopft und klopft und so seine lebenserhaltende Arbeit tut. Das gehört zwar auch dazu. Doch sehr viel wichtiger ist für die Bibel etwas anderes: in unserem Herzen, da fallen die Entscheidungen, die nicht nur über dies oder das, sondern über unser ganzes Leben entscheiden. Im Herzen steht *der ganze Mensch* auf dem Spiel. In meinem Herzen, da bin ich ganz und gar ich selbst. Und so ist das Herz denn auch der Ort, der höchst lebendige Ort, an dem über meine Identität entschieden wird und darüber, ob ich mich selbst verliere und also verlorengehe oder aber - ja, was?

Was ist das rettende Gegenteil von Selbstverlust? Selbstfindung? Die Logik des Verstandes legt es nahe, so zu antworten. Doch der Gegensatz zu der schrecklichen Erfahrung, daß ein menschliches Ich sich selbst verliert - ist es wirklich die beglückende Erfahrung, sich selber zu finden? Die Logiker der Seele, die Psychologen, die Psychagogen und Psychotherapeuten unserer Tage flüstern es uns ein und verheißen der selbstentfremdeten Seele genau eben dies: ihr dazu zu verhelfen, zu sich selber zurückzufinden.

Doch es gibt da neben den Logikern der Seele und der Logik des Verstandes noch so etwas wie die Logik des Herzens, die raison du cœur. Und die spricht eine andere Sprache und arbeitet mit einer anderen Stringenz als die Logik des Verstandes. Aber sie urteilt nicht weniger souverän. Sie urteilt sogar mit unüberbietbarer Souveränität. Und sie traut sich durchaus zu, auch den strengsten Verstand zu überzeugen. Es lohnt sich also, sich auf die Urteilskraft des Herzens einzulassen. Die ganze Psychagogie à la mode aber mit all' ihren Techniken und Künsten - die sei für heute nur eben »von ferne herzlich gegrüßet« und mag dann für diesmal getrost sich selbst überlassen sein …

Achten wir statt dessen auf das Herz des Beters und auf die Logik seines Herzens! Fest ist es, fest, aber nicht hart. Denn man hört den lebendigen Herzschlag: in seinen Worten klingt er, auch für uns noch vernehmbar, unüberhörbar nach.

Ein hartes Herz hingegen gibt seinen Herzschlag nie zu erkennen. Es verschließt sich vielmehr. Und je mehr es sich verschließt, desto härter wird es: ein teuflischer Zirkel - bis es am Ende gar ein steinernes Herz wird. Das harte Herz ist stets ganz bei sich selbst, mit sich selber unüberbietbar identisch, identisch wie ein Stein. *Kalte* Identität, diese Identität des harten Herzens! Gewiß, es kann sich selbst nie verlieren. Doch kann man es deshalb *glücklich* preisen? Vermutlich kann es das nicht einmal selbst.

Fest - hart: was in der Welt der Dinge und Körper auf dasselbe hinauszulaufen scheint, das wird zum schroffen Gegensatz, wenn es um uns Menschen geht und um unser Leben.

Schon unsere *Hand* kann ja beides sein - entweder fest oder aber hart: Wo *mit fester Hand* regiert wird, da gedeiht das Zusammenleben freier Menschen. Wo hingegen *mit harter Hand* regiert wird, da wird die Freiheit unterdrückt und das Zusammenleben bis zur Sterilität reguliert. Man wird das zwar nie zugeben. Man wird es vielmehr schönreden und die Notwendigkeit einer harten Hand beschwören. Doch nach zwei deutschen Diktaturen sollten wir es besser wissen: schon mit dem Lobpreis der harten Hand beginnt der totalitäre Staat. Davor bewahre uns, lieber Herre Gott!

Ein *feste* Hand hingegen - die täte uns gut. Ach, gäbe es doch zur Zeit in Bonn dergleichen!

Eine *feste* Hand - schon ein kleines Kind weiß sie zu schätzen. Ein kleines Kind ist ja ein in jeder Hinsicht *haltloses Subjekt*, ein haltloses Subjekt im unschuldigsten Sinne des Wortes. Es ist darauf angewiesen, bei anderen Halt zu finden. Und es merkt blitzschnell, ob es von einer festen Hand in die ihm noch unbekannte, fremd und befremdlich aussehende Welt eingeführt wird: behutsam, Schritt für Schritt. Oder ob es mit harter Hand in die bedrohlich fremde Welt hineingestoßen wird. Ein Kind spürt die Hand und erkennt das Herz.

Und es bekommt die Folgen zu spüren, die ein ganzes Leben prägen können. Im einen Fall *bleibt* ihm die Welt fremd und bedrohlich: sie macht Angst. Im andern Fall aber wird sie zu einer Welt, die man nur zu gern erobern möchte, zu einer Welt voll von Entdeckungen. Wer vermag schon zu ermessen, was es für einen Heranwachsenden bedeutet, wenn er mit seiner kleinen Hand unsere größere ergreift, um sich an ihr festzuhalten und so die noch unbekannte Welt zu entdecken: mit eigenen Füßen zwar, Schritt für Schritt, aber Hand in Hand. Selbst für uns Erwachsene ist es ja ein überaus beglückendes Erlebnis, wenn sich eine kleine Kinderhand in die unsere legt und sie vertrauensvoll drückt. Eine harte Hand kann man nicht drücken.

Wer aber keine Hand findet, die er vertrauensvoll drükken kann, der droht ein überaus unsicherer Mensch zu werden: unsicher gegenüber allem und jedem, unsicher vor allem gegenüber sich selbst - ein schwankendes Rohr. Und vor lauter Unsicherheit wird er hart werden und verschlossen. Nicht Ich-Stärke, sondern Unsicherheit erzeugt harte Herzen.

Es sei denn, man bekennt sich zu seiner Unsicherheit. Und ruft nach der festen Hand, die Halt bietet und die man vertrauensvoll drücken kann - wohl wissend, daß sie das schwankende Rohr nicht zerbrechen wird. Dann stellt sich - langsam aber sicher - auch jene Ich-Stärke ein, die kein Mensch *erzeugen*, die er aber *gewinnen*, die er mit Hilfe eines anderen Ich unwiderruflich gewinnen kann. Eine solche Ich-Stärke, die sich einem anderen und gerade nicht dem eigenen Ich verdankt, heißt in der Sprache der Bibel *ein festes Herz*.

Und nun ist das alles, wie Sie sicher längst schon bemerkt haben werden, ein einziges Gleichnis für unser Verhältnis zu Gott. Gott gegenüber sind wir allemal wie kleine Kinder, also wie *haltlose Subjekte*, die eine feste Hand, die *seine* feste Hand brauchen, wenn sie ihrerseits ein festes Herz gewinnen sollen. Und es spielt in diesem Fall gar keine Rolle, ob es sich um eine Haltlosigkeit im unschuldigsten Sinne des Wortes handelt oder um eine selbstverschuldete, selbsterzeugte Haltlosigkeit. An *Gottes* Hand - da werden wir alle wie Kinder. Und so wird auch verständlich, daß der Beter unseres Psalmes sich nun wirklich wie ein kleines Kind aufführt und wie ein Kind die Sonne bewegen, ja die Morgenröte am Horizont heraufführen will.

»Aufwecken will ich das Morgenrot!« Kindlicher Übermut? Kindlicher Übermut, der seine Kräfte maßlos überschätzt? *Hinterher* mag es so scheinen. Doch zunächst ist es das vom Dunkel der Nacht *geängstigte* Kind, das sich nach der aufgehenden Sonne wie nach einem rettenden Licht sehnt. Das gilt ja selbst für uns Erwachsene, wenn wir unter einer den Leib und die Seele quälenden unruhigen Nacht leiden: daß wir dann mit allen Fasern das den Tag heraufführende Morgenlicht herbeisehnen. Und nicht selten stellt sich erst mit dem frühen Morgenrot ein die Spannungen der Nacht lösender erquickender Schlaf ein. In solchen Fällen ist das sich aus der Dämmerung herausschälende anbrechende Morgenrot ein Licht voller Verheißung. Es verspricht »allerneuernde Klarheit«.

Für die Menschen der alten Welt war das ohnehin selbstverständlich. Für sie wurde in jeder Nacht die Erinnerung an das Chaos wach, an das Tohuwabohu des Anfangs, das der Schöpfer gebannt hatte, das aber noch immer auf der Lauer liegt, um erneut in die Schöpfung einzubrechen und so auch das menschliche Leben chaotisch zu machen. Deshalb sehnt sich der Beter nach der Stunde der Morgenröte, in der das Chaos aufs neue gebannt wird. Die Morgenstunde ist für den alttestamentlichen Menschen in einem ausgezeichneten Sinne *Gottes Stunde*: die Stunde des schöpferischen Gottes, der aus dem finsteren Dunkel der Nacht und aus dem sinisteren Grau der Dämmerung ein herrliches Morgenrot hervorbrechen läßt, das uns in seiner Zartheit *und* in seiner Intensität etwas ahnen läßt von den ursprünglichen Farben der Schöpfung. Und nun erst der Ostermorgen, an dem die Frauen zum Grabe eilten, »als eben die Sonne aufging« (Mk 16,2) - da brach ein noch ganz anderes Morgenrot an, das nicht nur einem einzelnen Menschen, sondern aller Welt Heil verheißt und Heilung aller ihrer Gebrechen.

»Ich will das Morgenrot wecken« - was zunächst wie ein übermütiger kindlicher Scherz klingt, ist also in Wahrheit ein Schrei, ein Notschrei, mit dem ein Mensch bei Gott seine Zuflucht sucht. Wer das Morgenrot wecken will, der ruft die Hilfe Gottes herbei. Und darin ist er nun wirklich wie ein Kind. Und wie ein Kind, wenn es mit seiner kleinen

Hand nach unserer größeren greift, uns zu verstehen gibt, was es uns zutraut, so ruft der Beter seinem Gott zu, was er *ihm* zutraut: »Deine Güte reicht doch, so weit der Himmel ist, und Deine Wahrheit, so weit die Wolken gehen! Also kannst Du auch mich erreichen! Und kannst wirklich mein Gott sein!«

Der Beter meint es ernst. Und Gott nimmt ihn ernst. Ja, seine Güte reicht, so weit der Himmel ist. Aber sie reicht auch in die tiefsten Abgründe eines Menschenlebens hinein. Und da, in der Tiefe, da erreicht sie ein geängstigtes Herz und *festigt* es.

Auf *solche* Erfahrungen blickt der Beter zurück, wenn er auf sein festes Herz verweist. Nein, dieses Herz will sich nicht selbst empfehlen und seine selbsterworbene Festigkeit. Dieses Herz empfiehlt Gott. Es empfiehlt Gott als den, der uns Halt gibt, als den, der uns fest macht.

Ein Mensch und sein Gott! Sie gehören fortan zusammen. Sie gehören so sehr zusammen, daß Gott ohne den Menschen an seiner Hand auch nicht einen Augenblick der allmächtige Gott sein will.

Und nun ist es klar, daß der Gegensatz zu Selbstverlust nicht der Weg zurück zum eigenen Ich ist. Die Logik des Herzens setzt dem Selbstverlust nicht die Selbstfindung entgegen. Vor Selbstverlust bleibt nur bewahrt, wer einen Anderen, wer *diesen* Anderen findet. Und der führt uns auf keinen Fall zurück zu uns selbst, sondern er nimmt uns mit, wenn wir uns nur seiner behutsamen, aber festen, seiner festen, aber behutsamen Hand anvertrauen.

Mit Gott Hand in Hand - das mag eine Wanderung geben! Wie das Kind, das seine Hand vertrauensvoll in die des Älteren legt, eine Welt entdeckt, so werden auch wir an der Hand Gottes zu Entdeckenden. Und wie! Da gilt es ja nicht nur die Welt zu entdecken, sondern mitten in der Welt das Himmelreich. Ja, wer mit Gott Hand in Hand vorwärtsgeht, der ist schon mitten in der Welt auf dem Weg in das himmlische Reich und nimmt teil an der Güte, die so weit reicht, wie der Himmel ist, und an der Wahrheit, die so weit reicht, wie die Wolken gehen.

Auf einem solchen Weg kommt einem wohl ganz von selbst ein Lied auf die Lippen: ein Lied voll von Dank über die feste Hand des Anderen, ein fröhliches Lied aus einem fest vertrauenden Herzen. Wer singt, soll Augustinus gesagt haben, betet doppelt, betet mit doppelter Intensität. Und wir fügen hinzu: wer singt, betet beschwingt, betet mit einem bei aller Festigkeit erleichterten Herzen. In unserem Psalm sind Leier und Harfe zur Begleitung vorgesehen. Auch eine Laute ist möglich. Doch zur Not geht's auch ohne Instrument. Und wer partout nicht singen kann, der pfeift sich eben eins - zu Gottes Ehre. Amen.

## Psalm 131

*Ein Wallfahrtslied Davids.*
*Herr, mein Herz will nicht (mehr) hoch hinaus.*
*Aus meinen Augen kommt kein hochfahrender Blick.*
*Mich treiben keine großen Wünsche umher*
*und Ziele, die mir zu hochgesteckt sind.*
*Meine Seele habe ich vielmehr befriedet, gestillt.*
*Wie ein gestilltes Kind bei seiner Mutter,*
*so ist gestillt meine Seele in mir.*
*Israel, harre des Herrn von nun an bis in Ewigkeit.*

Liebe Hausgemeinde!
Der 131. Psalm ist in diesem Haus, ist im einstigen Berliner Sprachenkonvikt in gewisser Weise zu Hause. Gottfried Quell, der große Berliner Alttestamentler, hatte in der Zeit, als er seinen Psalmenkommentar noch zustande zu bringen hoffte, uns Sprachenkonviktler immer wieder mit gerade diesem Psalm konfrontiert. Denn die wenigen Sätze des kleinen geistlichen Liedes bereiten dem Verstehen besondere Schwierigkeiten. Es bringt offensichtlich eine bestimmte Lebenserfahrung zur Sprache. Aber welche? Worauf will der Dichter mit diesem unerhört zarten Gleichnis vom Säugling an der Seite der Mutter hinaus? Mit solchen Fragen hat uns der alte Alttestamentler immer wieder regelrecht bestürmt. Insbesondere den damaligen Ephorus, Frau Pastorin Ingeborg Becker, hat der alte Mann penetrant daraufhin befragt, welche Lebensvorgänge wohl in den Versen des Psalmisten zur Sprache kommen. Seitdem hat mich das kleine Lied nicht mehr losgelassen. Und so sei es mir erlaubt, heute abend meinerseits auf diesen Psalm zurückzukommen.

Er lenkt unsere Aufmerksamkeit auf eine weibliche Gestalt. Doch im Unterschied zu anderen alttestamentlichen Frauengestalten, deren Name Geschichte gemacht hat und von denen man deshalb noch heute spricht - wir denken an Hannah, an Deborah, an Ruth, an Judith und noch einige mehr -, im Unterschied zu ihnen bleibt die Frau, von der unser Psalm redet, namenlos. Und eigentlich ist sie sogar nur ein Gleichnis. Namenlos und gleichnishaft kommt sie auch bloß am Rande des Bildes in den Blick, in dessen

Mittelpunkt der Psalmist ganz ungeniert sich selbst in Szene gesetzt hat.

Und doch nimmt niemand Anstoß daran, daß hier ein menschliches Ich so ungeniert von sich, von seinem Herzen, seinen Augen, seiner Seele erzählt. So wie ja auch niemand sich an den Bildern alter Meister ärgert, in denen im Zentrum des Bildes, alles beherrschend, ein Säugling unseren Blick gefangennimmt und erst der zweite Blick dann die Mutter wahrnimmt, die ihrem Kinde die Brust reicht oder es liebevoll auf dem Schoß wiegt.

Mit einem solchen bei der Mutter geborgenen Kleinkind vergleicht sich unser Psalmist in seinem Verhältnis zu Gott. Nur daß in diesem Fall das Kind schon gestillt und nunmehr wunschlos glücklich bei seiner Mutter ist. Ein gewagter Vergleich, gewiß! Mehr als gewagt sogar, wenn man bedenkt, daß spätere Zeiten diesen Psalm als Lied Davids identifizieren zu können meinten. Doch die historisch gewiß problematische Identifikation des Psalmisten mit David ist gut geeignet, die Pointe dieses kleinen Liedes sicher zu fassen. Denn ein Mann wie David ist ja geradezu das Gegenteil dessen, was hier ein menschliches Ich von sich selber zu sagen weiß: sein Herz wollte weiß Gott hoch hinaus; die Blicke seiner Augen waren gewiß alles andere als demütig; seine Wünsche und Ziele hatte er von Jugend an hoch gesteckt, höher jedenfalls, als es seinem königlichen Schwiegervater Saul lieb sein konnte. Kurzum: David war der Inbegriff des jungen Mannes, der den homerischen Helden gleich »immer der Beste und niemandem je unterlegen sein wollte«.

Erst wenn man ein solches Mannsbild - heiße es nun David, Achill, Alexander oder wie einer von uns -, erst wenn man ein solches Mannsbild vor Augen hat, wird die Kühnheit unseres Liedes nachvollziehbar.

Denn von einem ohnehin Anspruchslosen, immer mit niedergeschlagenen Augen durchs Leben Trippelnden, sich keine Ziele Steckenden, keinen Lebensentwurf Wagenden und eben deshalb allezeit wunschlos Glücklichen oder vielmehr wunschlos Unglücklichen - von einem *solchen Männlein* Beteuerungen der Demut und Ergebenheit zu hören, das dürfte selbst für Gott einigermaßen langweilig sein. Entsprechend langweilig lesen sich die den Psalm auf dergleichen Niveau herabziehenden gelehrten Kommentare: Eine »Loyalitätserklärung« lege der Sänger Gott gegenüber ab, und diese bestehe in seiner Anspruchs- und Willenlosigkeit: »Er will sich selbst weder helfen noch in irgendeiner Angelegenheit durchsetzen« - behauptet ein Kommentator und macht so den Psalmisten zu einem gottwohlgefälligen Softi. Nun wollen wir nicht bestreiten, daß Gott auch an einem Softi sein Wohlgefallen haben kann. Aber dazu bedarf es keines Psalmes. Und die innere Spannung *unseres* Psalmes wäre regelrecht verpufft, wenn man ihn so verstehen müßte, verpufft, pointenlos.

Da leuchtet es schon eher ein, daß - wie ein anderer Schriftgelehrter erklärt - sich in unserem Psalm ein Mensch aussprechen soll, der in einem überaus heftigen »Kampf gegen eigenen Hochmut ..., gegen Streben nach Ehre, Reichtum, Geltung« sich selber beherrschen und »auf schöne Jugendträume und trotziges Manneswollen« verzichten gelernt hat, um dafür als »Siegespreis ... die Festigkeit und Gehaltenheit eines Menschen, der ganz Herr seiner selbst geworden ist«, in Händen zu halten. Unser Psalm wäre dann allerdings nicht viel mehr als das Selbstgespräch eines alternden Menschen, dessen Lebensschiff durch vielfach stürmische Wogen endlich in ruhige Gewässer gelangt ist, die ihm nun sicher den Weg in den Hafen weisen: »Meeresstille und glückliche Fahrt« ... Beata vita, glückseliges Leben haben frühere Zeiten solche Einkehr ins schützende Hafengewässer genannt.

Doch kann das die beata vita, kann das unsere Glückseligkeit sein: das Leben eines Menschen, der sich selber bekämpft und bezwungen hat und auf diese Weise endlich »ganz Herr seiner selbst geworden ist«? Unser Psalm wäre dann allenfalls ein Text für Emeriti und solche, die es werden wollen. Auch an ihnen mag Gott sein Wohlgefallen haben. Wir wollen es hoffen. Aber unser Lied wäre dann sinnlos und schal für die Jugend und für Menschen, die in der Blüte ihrer Jahre stehen und aus ihrem Leben noch etwas zu machen gedenken. Sie könnten dann in diesen Psalm ganz gewiß nicht einstimmen.

Nun wendet sich der Psalmist aber am Ende seines Liedes ausdrücklich an ganz Israel. Also muß die ganze Gemeinde einstimmen können in dieses so überaus persönliche Bekenntnis eines Einzelnen. Das ist aber nur möglich, wenn wir unser Lied gerade nicht als »Loyalitätserklärung« eines von Natur aus anspruchslosen oder durch Selbstüberwindung anspruchslos gewordenen Menschen lesen, der sich für seinen weitgehenden Verzicht auf Ich-Stärke und selbständige Lebensgestaltung sozusagen als Ersatz bei Gott geborgen wissen darf. Umgekehrt wird ein Schuh draus! Wie jeden guten Text, so muß man auch diesen Psalm von hinten lesen können. Dann wird verständlich, warum man ihn treffend zu den schönsten der Psalmen gezählt hat.

Schön ist er deshalb und im strengen Sinne des Wortes, weil in ihm selber erscheint, was im eigentlichen Sinne schön genannt zu werden verdient. Ihm gilt das »uninteressierte... Wohlgefallen« - mit Kant zu reden -, also das Wohlgefallen, das nichts *haben*, sondern nur wahrnehmen, nur da- und dabeisein will. Schön ist, was wir um seiner selbst willen lieben. Und dafür steht in unserem Psalm die Mutter, die dem Kind alles gegeben hat, was es begehrt und wessen es bedarf. Sie *hat* das Kind in seinem ganzen Begehren, sie *hat* alle seine Bedürfnisse *gestillt*. Und nun ist sie nicht mehr Mittel zur Befriedigung kindlicher Wünsche. Nun ist sie in einem ganz anderen Sinne Mutter noch. Nun will das Kind nicht mehr *etwas* von ihr, nun will es *sie selbst*. Nun will es mit ihr schmusen. Nun ist die Mutter um ihrer selbst willen begehrens- und also wirklich *liebenswert*. Nun ist sie *schön*. Und das gestillte Kind ist ganz bei ihr, ist nun wirklich in einem unvergleichlichen Sinne *anspruchslos*. Es hat ja nun alles, was es braucht. Es ist zufrieden. So ist es ganz bei der Mutter und freut sich ihrer. Und nur so, so aber ist es auch ungestört ganz bei sich selbst. - Bis es wieder hungrig wird oder andere Bedürfnisse hat und schreit ...

Doch die schreiende Rückkehr in den Rhythmus der Welt macht das liebevolle Zusammensein, in dem nur die gegenseitige Wahrnehmung Bedeutung hat, nicht ungeschehen. Im Gegenteil: von solchem Zusammensein herkommend, besteht das heranwachsende Kind den Rhythmus der Welt eher, als wenn es allein auf sich selber gestellt wäre und dann entweder durch übertriebene Ansprüche oder durch übertriebene Anspruchslosigkeit auf sich aufmerksam macht und - sei es hochmütig, sei es demütig - sich durchzusetzen versucht.

Bei Gott sind wir allezeit solche Kinder. Auch wenn wir längst erwachsen geworden sind und wie der steineschleudernde David oder der hochfahrende Achill oder der seine Ziele weit und hoch steckende große Alexander - nur einige Nummern kleiner, versteht sich -, auch wenn wir längst wie Hannah und Judith oder irgendeine andere gestandene Frau unseren Willen an der widerständigen Lebenswirklichkeit erproben müssen, auch dann ist Gott für uns am Werk wie eine die Bedürfnisse ihres Kindes ernst nehmende Mutter. Und weil wir bei Gott allezeit solche Kinder sind, deshalb gibt es auch für jeden von uns die ganz besonderen Augenblicke, in denen der himmlische Vater genug getan hat für uns und wir ihn nur noch so kennen wie das ganz und gar gestillte Kind seine Mutter. Dann nehmen wir Gott um seiner selbst willen wahr. Und sind ganz bei ihm und gerade so ganz bei uns selbst.

Dann will mein Herz nicht mehr hoch hinaus, und aus meinen Augen kommt kein hochfahrender Blick. Mich treiben keine großen Wünsche umher und keine hoch und immer noch höher gesteckten Ziele. Denn dann ereignet sich mehr als irgendein Ziel. Dann ereignet sich die mütterliche Nähe des göttlichen Vaters. Dann ist Gott schön. Und ich bin es, seltsam genug, auch für ihn. Jedenfalls bis auf weiteres.

Und wenn ich dann wieder wie ein bedürftiges Kind, das seinen Willen haben will, zu schreien beginne, dann ist es vielleicht für einen anderen Mann oder eine andere Frau aus dem Volke Gottes an der Zeit, in diesen zartesten aller Psalmen einzustimmen und sich Gottes zu freuen - bis auf weiteres ...

Die christliche Gemeinde kennt freilich noch eine ganz besondere Situation, in der nicht nur der Einzelne, sondern in der *wir alle gemeinsam* Gott so nahe sind wie jenes in allen seinen Bedürfnissen gestillte Kind. Das ist die sehr besondere Situation des heiligen Mahles. Denn in Brot und Wein werden wir geistlich so genährt, daß unser Hunger und Durst zumindest bis auf weiteres gestillt wird. Unter Brot und Wein kommt Gott uns unmittelbar nahe, da schmecken und sehen wir, wie *freundlich* der Herr ist. Da wird Gott um seiner selbst willen interessant. Da wird der am Kreuz so entsetzlich entstellte Gott schön. Darum kommt, denn es ist alles bereit.

## Psalm 149,1-3 und Psalm 150

Halleluja - zu deutsch: lobet den Herrn! - das, liebe Gemeinde, soll das Stichwort für diesen Gottesdienst am zweiten Sonntag im neuen Jahr sein. Noch ist es ja einigermaßen neu, das neue Jahr. Noch ist der Reiz des Neuen nicht ganz verflogen. Noch haben wir die guten Vorsätze vor Augen, mit denen wir es begrüßt haben, das neue Jahr.

Noch! Doch langsam, aber sicher wird auch dieses neue Jahr alt. Die guten Vorsätze fangen an zu verblassen. Ja, hier und da sah es sogar schon in den ersten Stunden wieder schrecklich alt aus, das neue Jahr. Und es begann, kaum daß das neue Jahr da war, das alte Lied ...

Da schickt es sich, wenn wir uns an diesem zweiten Sonntag im neuen Jahr darauf besinnen, was in Wahrheit *neu* ist, was im guten und besten Sinne des Wortes *neu* genannt zu werden verdient. Am Ende des Psalters ist davon die Rede. Im 149. und 150. Psalm wird die »Gemeinde der Heiligen«, wird das Volk Israel, wird schließlich sogar alles, was Odem hat, aufgerufen und eingeladen, Gott zu loben. Und dieser die ganze Welt umfassende und durchdringende Lobgesang ist es, der einen neuen Ton in unsere alte Welt bringt. Auf ihn wollen wir in dieser Stunde achten, um zu verstehen und vielleicht sogar zu erfahren, was in Wahrheit *neu* ist und *neu* genannt zu werden verdient. Denn wer Gott zu loben beginnt, der stimmt ein *neues* Lied an. Ich lese in der Übersetzung Martin Luthers die ersten drei Verse des 149. und alle Verse des 150. Psalmes.

*Halleluja! Singet dem Herrn ein neues Lied;*
*die Gemeinde der Heiligen soll ihn loben.*

*Israel freue sich seines Schöpfers,*
*die Kinder Zions seien fröhlich über ihren König.*

*Sie sollen loben seinen Namen im Reigen,*
*mit Pauken und Harfen sollen sie ihm spielen ...*

*Halleluja! Lobet Gott in seinem Heiligtum,*
*lobet ihn in der Feste seiner Macht!*

*Lobet ihn für seine Taten,*
*lobet ihn in seiner großen Herrlichkeit!*

*Lobet ihn mit Posaunen,*
*lobet ihn mit Psalter und Harfen!*

*Lobet ihn mit Pauken und Reigen,*
*lobet ihn mit Saiten und Pfeifen!*

*Lobet ihn mit hellen Zimbeln,*
*lobet ihn mit klingenden Zimbeln!*

*Alles, was Odem hat, lobe den Herrn!*
*Halleluja!*

Ein neues Lied, liebe Gemeinde, das ist etwas anderes als »noch ein Lied«. Jedenfalls dann, wenn es um das neue Lied geht, das die Gemeinde der Israeliten einst anstimmte, um Gott zu loben und seine Herrlichkeit zu preisen. Und das die entstehende christliche Kirche in ihrer weihnachtlichen Freude noch einmal ganz neu angestimmt hat. Und das nun darauf wartet, auch von uns gesungen zu werden. Nein, nicht »noch ein Lied« in der Reihe der alten Lieder, mit denen wir die Welt und zuweilen auch uns selbst besingen, ist an der Zeit, wenn ein *neues Lied* angesagt wird, sondern umgekehrt: ein Lied, das die alten Gesänge elementar unterbricht oder ihnen gar ein Ende macht - das ist das *neue Lied*.

Die Lieder, mit denen wir unsere Welt und zuweilen auch uns selbst besingen, sie bringen ja immer nur unsere Ansichten, unsere Meinungen über uns selbst, über unsere Lebenswelt und mitunter auch über das ganze Universum zum Ausdruck. Dagegen ist nichts zu sagen, das kann sogar ausgesprochen schön und erhebend sein. Aber wenn wir meinen, davon *leben*, davon *existieren* zu können, dann werden auch die tiefsinnigsten Ansichten und Meinungen fatal, dann erweisen sie sich als wüste Träume. Und die Lieder, mit denen wir unsere Ansichten über uns und unsere Welt zum Ausdruck bringen, werden trotz ihrer Schönheit, ja, in ihrer Schönheit ausgesprochen böse Lieder. Denn kein Mensch lebt, kein Mensch existiert von seinen Ansichten und Meinungen. Der Mensch lebt von der Wahrheit. Deshalb:

Die alten, bösen Lieder,
die Träume schlimm und arg,
die laßt uns jetzt begraben,
holt einen großen Sarg!

So etwa muß es wohl zugehen, wenn das *neue Lied* ertönt. Da wird, was eben noch der letzte Schrei war, mit einem Schlag, nein: mit einem *Ton* obsolet. Da sieht eine eben noch hypermoderne Welt auf einmal ganz schön alt aus. Denn da ist etwas Frisches, etwas Neues im Kommen. Etwas noch völlig Unverbrauchtes kündigt sich an - so wie am frühen, noch ganz jungen Morgen ein Tau sich über die Erde legt, ein Frühtau, der einen neuen, noch unverbrauchten Tag verspricht.

Wie das? Was ist das Geheimnis des neuen Liedes, das anzustimmen Israel immer wieder aufgerufen wurde und in das einzustimmen die Christen immer wieder eine unüberwindbare Lust haben?

Soviel ist klar: es geht darum, Gott zu *loben*. Und auch das ist klar: dieses Gotteslob sieht nicht weg von dem, was in unserer Welt und in unserem eigenen Leben ganz und gar nicht lobenswert, sondern vielmehr schlimm und mitunter ganz schlimm, was beklagenswert oder einfach nur noch zum Verzweifeln ist. Das wahre Gotteslob kommt ja gerade von solchen schrecklichen Erfahrungen her. Das wahre Gotteslob gilt dem Gott, der uns solchen niederschlagenden Erfahrungen *standhalten* läßt, der die Deprimierten *aufrichtet* und der uns gegen das Elend in uns und um uns herum *stark macht* zur Hoffnung auf seine großen Taten, aber auch stark macht zur eigenen bescheidenen, aber keineswegs wirkungslosen Tat. Weil er nicht aufhört, in einer oft genug beklemmenden Welt für uns tätig zu sein, deshalb *loben* wir Gott. Und noch mehr loben wir ihn nur eben deshalb, weil er da ist. In unserem Gotteslob vollzieht sich so etwas wie die öffentliche Anerkennung Gottes.

Jemanden loben - das heißt ja auf jeden Fall soviel wie ihn *anerkennen*. Lob verdient, wer Anerkennung verdient. »Das hast Du gut gemacht« sagt der Lehrer zum Schüler und erkennt mit diesem Lob dessen Leistung an.

Kinder brauchen solche Anerkennung, um jene Ich-Stärke zu gewinnen, die man zum Leben nun einmal bitter nötig hat. Deshalb sollte man die Kleinen, auch wenn ihre Leistungen eher bescheiden sind, nie zu loben vergessen. Besser noch wäre es freilich, wenn man ein Kind nicht um seiner Leistungen willen, sondern um seiner selbst willen lobt - so wie wir es ja mit den Allerkleinsten schon deshalb ganz selbstverständlich tun, weil sie schlechterdings *noch nichts leisten* können.

Und wie die ganz Alten es wohl heimlich von uns erwarten und erhoffen, weil sie *nichts mehr leisten* können und also wirklich nur noch um ihrer selbst willen gelobt zu werden vermögen: die alte Mutter, der verstummende Greis - sie warten darauf. Und wir übrigen Erwachsenen, auch wir sind doch allesamt darauf angewiesen, anerkannt, gelobt zu werden. Wir wollen unsere Leistungen gewürdigt sehen. Und noch sehr viel mehr begehren wir unsererseits um unserer selbst willen gelobt und wenn schon nicht geliebt, so doch wenigstens respektiert zu werden. Wer ohne jede Anerkennung leben muß, dessen Leben verkümmert.

Doch *anerkannt* werden auch Staaten, Regierungen, Usurpatoren und Diktatoren. Anerkannt werden nicht selten Regime, die man lieber zum Teufel wünschen würde. Die Anerkennung erfolgt dann sozusagen zähneknirschend. Und es kann keine Rede davon sein, daß das solchermaßen anerkannte Regime *gelobt* zu werden verdient.

*Loben* muß also mehr noch sein als nur anerkennen. Wer lobt, der will nicht nur etwas oder jemanden mehr oder weniger zähneknirschend anerkennen, sondern wer lobt, der tut das *gern* und *mit Freuden*. Wer lobt, der sagt nicht nur erzwungenermaßen »Ja«, sondern der bejaht den Gelobten von ganzem Herzen und mit ungebremster Lust. Und er wird das mit jener widerspruchslosen Mischung von Phantasie und Genauigkeit tun, die der Sprache des Lobens eigentümlich ist. Wer loben will, muß *genau* sein. Sein Lob muß den Nagel auf den Kopf treffen. Nichts schlimmer als ein Lob, das danebengeht! Es könnte zur Kränkung entarten. Und die Genauigkeit wiederum, die muß sich, wenn ich jemanden loben will, *phantasievoll* äußern. Die Sprache des Lobes gelingt erst dann, wenn Präzision und Phantasie sich küssen. Auf bürokratische Weise gelobt, das ist schon fast getadelt. Wer loben will, der wird also auf phantasievolle Weise genau sein. Ganz egal, ob nun ein Mensch oder der liebe Gott gelobt zu werden verdient, der Lobende wird die zu lobende Person mit präziser Phantasie besingen, mit phantasievoller Genauigkeit bedichten.

Und wenn die zu lobende Person nun gar noch eine bezaubernde, eine mich derart bezaubernde Person ist, daß ich durch sie auch nur ein wenig verändert oder gar regelrecht verwandelt werde, dann, ja dann bin auch ich im Lob, dann bin ich in dem dieser Person geltenden Lob indirekt selber mit zur Stelle. Dann ist das im Lob laut werdende große Ja, mit dem die lobenswerte Person jubelnd bejaht wird, zugleich ein kleines Ja zu mir selbst. Dann bin auch ich bejaht. Und dann kommt das Lob erst recht aus der Tiefe des Herzens. Dann singt der Lobende der gelobten Person die schönsten Lieder. Zum Beispiel so:

Wenn ich in Deine Augen seh,
so schwindet all mein Leid und Weh;
doch wenn ich küsse Deinen Mund,
so werd ich ganz und gar gesund.

Nicht nur »ganz und gar gesund«, sondern wie von neuem geboren, wie von neuem ins Sein gerufen, so muß sich wohl Israel erfahren haben, als es seinem Gott ein *neues Lied* zu singen begann. Nein, das war nicht »noch ein Lied«, sondern das war ein Lied, in dem sich ein von Grund auf erneuertes Menschenleben, eine durch und durch erneuerte Existenz ausdrückte. Israel hat solche Erfahrungen von Erneuerung auf Gottes Gnade zurückgeführt. Von ihr gilt ja selber, was wir in einem der schönsten unserer Morgenlieder singen und auch heute zum Beginn unseres Gottesdienstes gesungen haben, nämlich:

All Morgen ist ganz frisch und neu
des Herren Gnad und große Treu.

Aber Gottes Gnade *ist* nicht nur, sie *macht* auch frisch und neu. Sie erneuert ein Menschenleben durch und durch. In

Israel hat man diese Erneuerung offensichtlich bis in die leibliche, bis in die körperliche Dimension des Lebens hinein erfahren.

Die Hilflosen, die Gebeugten - siehe, Gottes Gnade hat sie aufgerichtet. Man sieht sie nun aufrecht wie eine Eins und erhobenen Hauptes. Sie sind wieder wer - könnte man sagen, wenn das nicht ein viel zu schäbiger Ausdruck wäre für die Erneuerung eines Menschen durch Gott.

Und die Kranken, die unwiderruflich Beschädigten - bleibt ihnen Gottes Gnade fern? Nein, die leibliche Gesundheit, die körperliche und psychische Frische ist zwar ein hohes Gut. Wohl dem, der keinen Mangel daran hat! Aber dieses hohe Gut wäre auf perverse Weise mißverstanden, wenn man es zu einer Art Index für die Anwesenheit der göttlichen Gnade machen wollte. Die leibliche Gesundheit, die körperliche und psychische Frische ist auf keinen Fall so etwas wie ein Kriterium oder ein unerläßlicher Ausweis dafür, daß Gottes erneuernde Gnade am Werke war. Wir alle wissen doch: strammes Fleisch verträgt sich nicht selten mit einem ausgesprochen schlaffen Geist.

Doch irgendwann fängt auch das strammste Fleisch an zu erschlaffen. Und es kommen die bösen Jahre und Tage, von denen gilt: die Hände beginnen zu zittern, Beine und Rücken krümmen sich, die Zähne fallen aus, die Augen erblinden, die Ohren ertauben, die Stimme wird brüchig - bis sie am Ende für immer verstummt (vgl. Koh 12,1-7). Doch dann - wer singt dann noch ein neues Lied?

Niemand - lautet die Antwort des Alten Testaments, jedenfalls in seinen ältesten Schichten. Für das alte Israel schwand mit dem Leben des Leibes auch die Hoffnung unaufhaltsam dahin. Und mit dem Tod fand nicht nur das Leben, sondern auch das Loben ein Ende. »Die Toten loben den Herrn nicht mehr« - belehrt uns der Psalmist (Ps 115,17).

Israel hat dann freilich auf dem Wege mit seinem Gott auch in dieser Hinsicht neue Erfahrungen gemacht und neue Einsichten gewonnen: Erfahrungen und Einsichten, die im Neuen Testament mit großer Klarheit ausgesprochen werden. Es gibt, so wird uns im Neuen Testament bezeugt, auch so etwas wie die Erneuerung des Geistes und der Seele in einem *zerbrechenden* Leib, in einem *zerfallenden* Körper. Paulus muß etwas davon erfahren und darauf Bezug genommen haben, als er schrieb: »Wenn auch unser äußerer Mensch vergeht, so wird doch der innere von Tag zu Tag erneuert« (2Kor 4,16). Und der vermag auch mit brechender Stimme noch einzustimmen in das neue Lied. Oder er läßt es sich so vorsingen, daß er sich darin unterbringen kann, daß er sich bergen kann im Gotteslob der Brüder und Schwestern.

Es waren ja auch im alten Israel nicht nur *einzelne* Menschen, die da mit Herz und Mund ihrem Gott die Ehre gaben und ihres Herzens Lust aus sich heraussangen. Es war *ganz Israel*, das im Heiligtum des Herrn diesem ein neues Lied anstimmte, weil es sich von ihm derart erneuert wußte, daß es gar nicht anders konnte, als den Gott zu loben, »der sichtbar Dein Leben gesegnet, / der aus dem Himmel mit Strömen der Liebe geregnet«.

Und damit es nur ja niemand überhört, wird sogar ein ganzes Orchester bemüht: »Lobt ihn zum Schall der Posaune! Lobt ihn mit Harfe und Leier! Lobt ihn mit Pauke und Reigen! Lobt ihn mit Saitenspiel und Schalmei! Lobt ihn mit klingenden Zimbeln! Lobt ihn mit schmetternden Zimbeln!« - Das neue Lied scheint im letzten der Psalmen die Ausmaße eines *symphonischen* Hymnus anzunehmen.

Und auch das ist offensichtlich noch nicht genug. Es wird ja nicht nur *gesungen*, es wird nicht nur auf allen verfügbaren Instrumenten *musiziert*. Es wird auch noch *getanzt*. Und das ausgerechnet zur Pauke! Das neue Lied fährt ganz offensichtlich in die Beine. Es versetzt nicht nur die Stimme, sondern den ganzen Menschen, den Menschen mit seiner Welt in Schwingungen, in neue, bisher nicht erfahrene Schwingungen.

Wir wollen uns nicht unbedingt konkret vorstellen, wie das ausgesehen haben mag: Israel nach der Pauke tanzend. Und das mitten im Heiligtum! Es wird vermutlich recht korybantisch zugegangen sein und vielleicht sogar ähnlich wild wie bei dem vor der Bundeslade tanzenden David. Es empfiehlt sich für uns steife Mitteleuropäer nicht unbedingt zur Nachahmung. Wenn ich mir jedenfalls die hochwürdigen Großmünster-Pfarrherren derart zur Pauke tanzend vorstelle - nein, lieber nicht ...

Aber vielleicht könnten wir ja statt dessen unsere Gedanken tanzen lassen und unser Herz ... So, daß auch wir wenigstens ahnen, daß und wie mit dem neuen Lied die ganze Welt ins Schwingen gerät. Denn das ist ja sein besonderes Geheimnis: in ihm, im Gotteslob schwingt die Welt über sich hinaus.

Das galt in Israel zumal für die im Tempel angestimmten Gesänge. Das Heiligtum, der Tempel - das war der Ort, an dem sich Himmel und Erde berühren. Dort, an heiliger Stätte, ereignete sich, was die empfindsame Lyrik späterer Zeiten als Stimmungsbild der Seele zur Sprache brachte:

> Es war, als hätt' der Himmel
> die Erde still geküßt.

Nein, es war nicht nur so *als ob* ... Im Heiligtum wurde das *sehr real erfahren*: daß der Himmel der Erde ganz nahe kommt. Im Tempel schwingt nicht nur die Gott lobende Welt über sich selbst hinaus. Im Tempel bricht zugleich der Himmel in die irdische Welt hinein. Im neuen Lied vereinen sich deshalb Himmel und Erde derart, daß weit über die Menschenwelt hinaus *alles*, was *atmen kann*, in das Gotteslob einbezogen wird. Nicht nur die fromme Tempelgemeinde, nicht nur ganz Israel, sondern »alles, was Odem hat, lobe den Herrn!«

Wir, liebe Gemeinde, haben einen solchen Tempel *nicht. Nicht mehr.* Doch wir haben ihn nicht etwa deshalb nicht mehr, weil der Jerusalemer Tempel längst zerstört worden ist. Das ist zwar auch wahr. Aber das ist eine archäologische Wahrheit, von der nicht einmal Professoren leben können.

Die Wahrheit, von der wir alle leben - ob wir es nun wissen oder nicht -, ist die, daß Gott längst statt in einem aus Steinen errichteten Haus in einem Menschen von Fleisch und Blut Wohnung genommen hat. »Siehe da, die Hütte Gottes bei den Menschen, und er wird bei ihnen wohnen« heißt es seitdem (Apk 21,3). Es gibt, nachdem der Messias Israels als ein Mensch von Fleisch und Blut erschienen ist, es gibt seit Jesus Christus kein heiliges Land, keine heilige Stadt, keinen heiligen Berg und also auch keinen heiligen Tempel mehr, die man auf der Landkarte aufzeigen und dementsprechend an einem bestimmten Ort in dieser Welt identifizieren könnte. Es gibt das alles aber deshalb und nur deshalb nicht mehr, weil nun in einer *Person*, weil in *dieser* Person, weil in *Jesus Christus* Himmel und Erde für immer vereinigt sind. Und zwar so, daß der Himmel *für* die Erde, daß Gott *für* den Menschen da ist: der Himmel die Erde segnend, Gott sich dem Menschen verbündend, die Ewigkeit einen sterblichen Leib durchdringend, der Heilige inmitten schuldig gewordener Existenz, die von ihm durch und durch geheiligt und zum ewigen Leben bereitet wird.

Von diesem lebendigen Heiligtum her kommt Gott auch uns nahe, so nahe, daß nun auch jeder von uns und wir alle gemeinsam sein heiliger Tempel heißen - und nicht nur *heißen*, sondern wirklich *sind* (1Kor 3,16f.; 6,19; 2Kor 6,16; Eph 2,21; 1Petr 2,4f.). Und was die Christen *sind*, das soll die ganze Welt *werden*. Deshalb haben wir jeden Menschen als ein Heiligtum zu respektieren, in dem Gott selber wohnen will.

Nicht unsere Kirchenräume - wie es eine total verunglückte Argumentation in einer ebenfalls total verunglückten Diskussion um das sogenannte Kirchenasyl unterstellt -, nicht irgendein von Menschenhand erbauter Kirchenraum, sondern jeder von Gott geschaffene Mensch ist ein Heiligtum, das anzutasten Frevel wäre. Wer den Menschen verletzt, soll wissen, muß wissen: Gott ist gegenwärtig, tief verborgen zwar, aber gegenwärtig.

Das ist die Wahrheit, *von* der wir leben. Und *mit* der wir dann *anders* leben, *anders* zusammenleben. Leben heißt ja immer, heißt per definitionem Zusammenleben. Doch das *geschöpfliche*, auch unser *menschliches* Zusammenleben vollzieht sich weitgehend als Lebens*kampf*: also so, daß das eine Leben sich *gegen* anderes Leben durchzusetzen sucht. *Gottes* Leben hingegen setzt sich nicht *gegen* anderes Leben, sondern *mit* diesem durch. Denn Gott will unter allen Umständen mit seinem Geschöpf, er will unter allen Umständen mit uns, Gott will unter allen Umständen mit mir zusammenleben.

Wo mein Haupt durch ist gangen,
da nimmt er mich auch mit.
Er reißet durch den Tod,
durch Welt, durch Sünd, durch Not,
er reißet durch die Höll,
ich bin stets sein Gesell.

Wer sich von ihm mitnehmen *läßt*, für den beginnt ein anderes, ein *erneuertes Leben*, für den beginnt inmitten unseres hinfälligen und nicht selten qualvoll hinfälligen Lebens das *wahre Leben*. Es wird dann Tag. Es geht dann das Licht auf, ohne dessen Helligkeit und Wärme nichts und niemand zu leben vermag. Es beginnt dann etwas Neues, das nie und nimmermehr veralten wird und deshalb in Wahrheit *neu* ist. Denn in Wahrheit *neu* ist, was uns *neu macht*. Es ist dann Zeit für das *neue Lied*, mit dem wir unsererseits dem *erneuerten Leben* Ausdruck geben.

Das neue, Gott lobende Lied, mit dem wir ein großes Ja zu Gott und doch zugleich auch ein kleines Ja zu uns selbst sagen - es ist nur der Anfang jenes Zusammenlebens, das *ewiges Leben* genannt zu werden verdient. Doch es ist ein vielversprechender Anfang. Man sollte ihn nicht hinausschieben. Als ich vor einigen Tagen in einem aus Zürich kommenden TEE durch Deutschland reiste, da fiel mein Auge auf einen im Abteil angebrachten Reklamevers von überwältigender Plausibiliät. »Lob«, so stand da geschrieben, »ist wie Champagner. Beides muß serviert werden, solange es noch perlt.« Halleluja.

## Kohelet 3,16-22

*Und weiter sah ich unter der Sonne: An der Stätte des Rechts - Unrecht. An der Stätte der Gerechtigkeit - Frevel. Einst sagte ich mir: den Gerechten und den Frevler, Gott wird sie richten. Denn jedes Ding hat seine Zeit. Und so auch jedes Tun.*
*Einst sagte ich mir: um der Menschen willen, sie auszusondern, fügt Gott es so.*
*Bis ich einsah, daß die Menschen wie Vieh sind.*
*Denn das Geschick der Menschen und das Geschick des Viehs - ein und dasselbe Geschick haben beide. Wie eines stirbt auch das andere. Und einen Odem, einen Geist haben sie beide. Und keinen Vorzug hat der Mensch vor dem Vieh. Denn alles ist eitel.*
*Alles geht an ein und denselben Ort. Alles ist aus Staub geworden. Alles kehrt zum Staube zurück. Wer weiß denn, ob der Geist des Menschen aufwärts fährt in die Höhe und der Odem des Viehs hinab in die Erde?*
*Da sah ich, daß es nichts Besseres gibt, als daß der Mensch fröhlich sei bei seinem Tun. Denn das ist sein Teil ...*

Müdigkeit, liebe Gemeinde, eine bleierne Müdigkeit geht von den Sprüchen des seltsamen *Predigers* aus, den man mit diesem Titel wie mit einem Decknamen benannte und zu den Weisheitslehrern Israels zählte. »Kohelet war ein Weiser, der das Volk immerfort Erkenntnis lehrte« - notierte der Herausgeber der Sprüche des Predigers am Ende des Buches.

»Immerfort Erkenntnis« - das könnte auf *Fortschritte* im Erkennen schließen lassen: auf einen aufregenden Erkenntnis-Prozeß und Erkenntnis-Progreß. Doch davon kann im Falle des Predigers keine Rede sein. Das Gegenteil ist der Fall. Kohelet erkennt und lehrt immerfort dasselbe. Die ersten Worte des Weisen sind auch seine letzten: »Eitelkeit der Eitelkeiten, sprach der Prediger, Eitelkeit der Eitelkeiten. Alles ist eitel« (Koh 1,2; 12,8). Das ist die Einsicht, das ist die Melodie, die sein ganzes Buch durchstimmt: alles flüchtig, nichtig, vergeblich, eitel - 38mal wiederholt Kohelet das deprimierende Wort. Und auch in unserem heutigen Predigttext ist es wieder zur Stelle: »Keinen Vorzug hat der Mensch vor dem Vieh. Denn alles ist eitel.«

»Der Gedankengang tritt auf der Stelle« - hat ein gelehrter Kommentator bemerkt. Wohl wahr! Er tritt *ermüdend* auf der Stelle. *Was* der Prediger zu sagen hat, das ist genauso ermüdend wie seine von Wiederholungen durchsetzte monotone Sprache. Sie verströmt eine bleierne Müdigkeit. (Und ich will für diesmal nicht schuld daran sein, wenn der eine oder die andere alsbald in einen resignierenden Schlaf versinkt.)

Alles ist eitel. Das hebräische Wort *häbäl*, das Luther mit Eitelkeit wiedergibt, erinnert an Abel, den Bruder Kains: an Abel, von dessen Leben wir nur eben dies wissen, daß es ihm geraubt wurde; an Abel, der nur eben dazu zur Welt gekommen zu sein schien, um aus ihr entfernt zu werden: ein ganz und gar vom Nichtsein gezeichnetes Dasein. Und genau so wie die Existenz des Mordopfers Abel soll nach der Erkenntnis des Predigers *alles* sein: alles eitel, nichtig, umsonst; es hat keinen Sinn. Man nehme seine Hand und blase dagegen: man spürt etwas - doch schaut man hin, ist nichts mehr da. Alles ist eitel, nichtig, umsonst; es hat keinen Sinn.

Wie kommt der Prediger dazu, so hart und so ausnahmslos hart zu urteilen? Was setzt seine monotone Leier ins Recht?

Was unter der Sonne zu sehen ist, das setzt mich ins Recht - antwortet Kohelet. Und sehen, genau und unbestechlich sehen - das *kann* der Prediger. Da macht ihm keiner was vor. Vor allem aber: er *läßt* sich nichts vormachen. Dieser Mann hat - vielleicht nicht tief, doch allemal - scharf in die Welt geblickt. Er sieht, was der Fall ist unter der Sonne.

Und das reicht ihm. Aus dem Gesehenen zieht er dann nur noch Konsequenzen. Und wie! Im ganzen Alten Testament gibt es keine derart konsequente Gestalt wie den Prediger. Und so hat er denn auch kein *Evangelium* zu verkündigen, keine *neue* Botschaft. Er zieht nur Folgerungen, Konsequenzen aus dem, was der Fall ist, nämlich: unter der Sonne, da ist nichts zu erwarten, was das Leben erneuert und aus dem alten Adam einen neuen, besseren Menschen macht. Kein Prinzip Hoffnung! Keine den grauen Alltag und die trübe Wirklichkeit erhellende neue Möglichkeit! Kein offenes Meer! Kein Land der Verheißung! Statt dessen die ewige Wiederkehr des Gleichen. Nicht Kohelet, die Wirklichkeit selber spielt immer wieder die alte

Leier. Kohelet nimmt es nur wahr und zieht die Konsequenz: »Es ist nichts Neues unter der Sonne.« (Koh 1,9) Dabei ist doch die Sonne als Ursprung des Lichts und der Wärme die Quelle des heranwachsenden, des neuen Lebens. Doch nicht so die Sonne Kohelets. Diese Sonne ist eine Sonne von metaphysischer Kälte. Noch nie ist die Sonne so kalt gewesen. Sie läßt nichts gedeihen. Sie läßt nur sehen, was Sache ist in der Welt.

Die Erkenntnis, die Weisheit des Predigers ist denn auch Welt-Weisheit im pünktlichen Sinne des Wortes. Er deckt die Wirklichkeit der Welt auf, ohne sich über deren Trostlosigkeit mit irgendeiner vorgegebenen Antwort hinwegzutrösten. Was der Prediger sieht und erkennt, wischt alle überlieferten Antworten vielmehr hinweg, wischt auch die überlieferten Antworten des Glaubens Israels unerbittlich hinweg. Und mit den Antworten des Glaubens verstummen auch das Gotteslob und der Dank. Im ganzen Buch Kohelet wird Gott kein einziges Mal Lob und Dank gesagt. Die Erkenntnis befruchtet den Glauben nicht mehr, sondern sie lähmt ihn.

Kohelet *will* das nicht, aber er *kann* nicht anders. Die Weltweisheit *nötigt* ihn zur Glaubensenthaltsamkeit. Und eben daran *leidet* er: »wer sein Wissen mehrt, der mehrt sein Leiden« (Koh 1,18) - teilt er uns mit und streift mit dieser seiner Weisheit den Abgrund von Resignation und Depression.

Streift? In unserem Textabschnitt scheint die Stimme des Predigers bereits mitten aus dem depressiven Abgrund heraus unser Ohr zu erreichen. Dumpfen Paukenschlägen gleich vermittelt er uns die bedrückende Einsicht, »daß die Menschen wie Vieh sind«.

Ist das noch die Stimme eines Predigers? Eines Predigers gar aus dem Kanon heiliger Schriften? Kann man das *im Namen Gottes* verkündigen: »... es gehet dem Menschen wie dem Vieh; ein und dasselbe Geschick haben beide«? Kann man das wirklich als biblische Wahrheit verkündigen: »Die Krone der Schöpfung, das Schwein, der Mensch«? Was uns nach Darwinisten und Materialisten die nihilistischen Dichter unserer Tage einzureden versuchten, müssen wir uns das nun auch noch im *Namen Gottes* bieten lassen?

Gewiß, als *Kunstgenuß* haben wir uns das oft und gern bieten lassen. Die Sätze des Predigers sind uns ja wohlvertraut in der stimmungsgeladenen Vertonung durch Johannes Brahms. Wir kennen sie *gesungen* als einen der »vier ernsten Gesänge«. Aber haben wir den Prosa-Gehalt des Gesanges je ernst genommen? Haben wir je ernsthaft erwogen, mit Schlangen, Ratten, Fledermäusen und Hyänen auf einer Stufe zu stehen?

Ja, wenn wir jemand *herabsetzen*, wenn wir einen Menschen *beleidigen* wollen, dann fällt es uns schon mal ein, unseren Kollegen ein Schaf, unseren Vorgesetzten einen Affen und unseren Freund einen Dackel zu nennen oder einen Halbdackel, wie die Schwaben (in deren Mitte mich ein unerforschliches Schicksal verschlagen hat) zu sagen pflegen. Doch indem wir die unschuldigen Tiernamen als herabsetzende Schimpfwörter verwenden, machen wir ja gerade deutlich, daß wir stolzen Menschenkinder uns über die Tierwelt erhaben, unendlich erhaben wissen.

Und wenn wir ausnahmsweise einmal einen von uns im positiven, im vorteilhaften Sinne mit einem Tier vergleichen, dann doch nur, um die besondere Eigenschaft, die das Tier uns *voraus* hat, metaphorisch auf uns zu übertragen: so daß wir auffahren mit Flügeln wie Adler - oder Achill die Kräfte des Löwen zuschreiben - oder gern fleißig wären wie eine Ameise. Aber das *Schicksal* des Adlers, des Löwen, der Ameise - das wissen wir von unserem eigenen Geschick penetrant zu unterscheiden. Daß wir Menschenkinder denselben Odem haben wie jene Tiere - das geht zu weit. Selbst wenn uns zur Zeit das Dinosaurier-Fieber erfaßt, so möchte sich doch wohl keiner von uns nachsagen lassen, daß er denselben stinkenden Atem habe wie z.B. Tyrannosaurus Rex.

Ganz im Gegenteil! *Atem, Odem* ist im Hebräischen dasselbe wie *Geist*. Und daß er *Geist* hat, eben darauf hat der Mensch sich noch stets berufen, wenn er sein Menschsein zu bestimmen versuchte. Gewiß, wir Menschen sind Lebewesen, sind animalisch wie das Tier. Aber von diesem wissen wir uns doch dadurch unterschieden, daß wir *mit Geist* begabte Lebewesen sind. Wir haben Vernunft, Verstand. »homo est animal rationale: der Mensch ist ein vernünftiges

Lebewesen« - so belehrt uns seit alters die Philosophie. In unserer Animalität dem Vieh zwar aufs engste verbunden, hebt uns doch unsere Vernunft aus dieser niederen Sphäre so sehr hinaus, daß wir uns sehr viel mehr dem unvergänglichen Reich ewiger Werte und Wahrheiten zugehörig fühlen:

Jugendlich, von allen Erdenmalen
frei, in der Vollendung Strahlen
schwebet hier der Menschheit Götterbild

- meinte der Dichter. Und wir sind geneigt, ihm zuzustimmen. Dies um so mehr, als den Philosophen und Dichtern doch auch die heilige Schrift selber zuzustimmen scheint. »Was ist der Mensch ...? Du hast ihn wenig geringer gemacht als Gott, mit Ehre und Herrlichkeit hast Du ihn gekrönt« - behauptet der achte Psalm, um dann auch noch die Überlegenheit des Menschen über die Tierwelt unmißverständlich herauszustellen: »Alles hast Du ihm unter die Füße gelegt, Schafe und Rinder allzumal, dazu auch die Tiere des Feldes, die Vögel des Himmels, die Fische im Meer und alles, was die Pfade der Fluten durchzieht« - sagt der Psalmist.

»Daß die Menschen wie Vieh sind« - sagt hingegen der Prediger. Unsere *geistige* Ausstattung läßt *er* als Vorzug nicht gelten. Was wir vermessen als *Geist* für uns reklamieren, das ist für die alten Hebräer ohnehin nichts anderes als der alle Lebewesen belebende göttliche Atem oder Odem, der dem Menschen wie dem Tier wieder genommen wird, wenn seine letzte Stunde geschlagen hat. Nein, »*keinen* Vorzug hat der Mensch vor dem Vieh. Denn es ist alles eitel. Es fährt alles an *einen* Ort; es ist alles von Staub gemacht und wird wieder zu Staub. Wer weiß denn, ob der Geist des Menschen aufwärts fahre und der Odem des Viehs unterwärts unter die Erde?«

Ja, wer weiß? Wer weiß auch nur, ob es uns denn wenigstens zu unseren Lebzeiten zum Vorteil gereicht, *vernünftige* Lebewesen zu sein. Oder ob nicht Mephistopheles im Recht ist, wenn er Gott dem Herrn gegenüber den angeblichen Vorteil des Menschen als dessen eigentlichen Nachteil behauptet:

Ein wenig besser würd' er leben,
hätt'st Du ihm nicht den Schein des Himmelslichts gegeben;
er nennt's Vernunft und braucht's allein,
nur tierischer als jedes Tier zu sein.

In der Tat: der *Gebrauch*, den wir Menschen von unserer Vernunft machen, kann wohl Zweifel darüber aufkommen lassen, ob ihr *Besitz* uns wirklich zum *Vorteil* gereicht. Neben den großartigsten Wirkungen dieses »Himmelslichts« stehen die erbärmlichsten Taten und Untaten, zu denen uns dieselbe Vernunft befähigt hat. Sie steigert nicht nur die Lebensqualität; mit Hilfe der Vernunft läßt sich auch das Verbrechen steigern bis zur Perfektion. Mit Hilfe der Vernunft suchen und sprechen wir Recht. Und mit Hilfe derselben Vernunft verkehren wir das Recht in Unrecht. »Und weiter sah ich unter der Sonne: an der Stätte des Rechts - Unrecht; an der Stätte der Gerechtigkeit - Frevel«. Und das keineswegs nur in den Diktaturen von ehedem und noch gestern, sondern eben auch immer wieder mitten im freiheitlichen Rechtsstaat.

Nun ja, das wissen wir doch! C'est la vie! Und auch das wissen wir doch, daß nur zu oft der Gerechte »zugrunde geht trotz seiner Gerechtigkeit«, während der Frevler gut und »lange lebt trotz seiner Bosheit« (Koh 7,15; 8,14; 9,2). Was der Prediger weiß, das wissen wir auch. Und was ihn erbittert, das erbittert auch mich.

Nur daß Kohelet aus alledem eisern seine *Konsequenzen* zieht: Konsequenzen, die wir zu ziehen uns weigern, Konsequenzen, die uns sogar noch mehr erbittern als die erbitternden Prämissen.

Konsequenz Nr. 1: Der alte Glaube Israels, daß Gott jedem von uns ein unserem Tun entsprechendes Ergehen garantiert, daß also dem anständigen Menschen ein erfreuliches Leben, dem Halunken hingegen ein unerfreuliches Leben zuteil wird - dieser alte Glaube Israels an Gottes *hier und jetzt sich offenbarende* Gerechtigkeit ist obsolet geworden. Gottes Gerechtigkeit ist in dieser Welt vielmehr genauso tief verborgen wie Gott selbst. Kohelet ist der Prediger des verborgenen Gottes. Und nie zuvor war Gott so tief, war er so unheimlich verborgen wie in der Predigt dieses Predigers. Gott ist im Himmel, Du bist auf Erden. Und auf Erden - da siehe *Du* zu: das ist die Pointe seiner Predigt, an deren Ende man wohl denken könnte, Gott ließe uns allein ...

Konsequenz Nr. 2: Sowenig der Gerechte in dieser Welt einen Vorzug vor dem Halunken hat, sowenig haben die Menschen insgesamt einen Vorzug vor dem Vieh. Auch das ihnen gegebene Himmelslicht, auch der sie beseelende Geist hebt sie nicht über ihre Tierheit hinaus, sondern verführt sie in der Tat nicht selten dazu, noch tierischer als jedes Tier zu sein. Und so haben dann beide dasselbe Geschick, dasselbe *Todesgeschick*.

Es ist nicht das Interesse an der kreatürlichen *Solidarität* zwischen den menschlichen und den nichtmenschlichen Geschöpfen, das den Prediger leitet. Unsere in dieser Hinsicht neuerdings erwachte Sensibilität ist ihm fremd. Er nivelliert vielmehr alle Unterschiede, weil alles in gleicher Weise eitel, nichtig, vergeblich ist. Daß beide, Mensch und Vieh, von demselben göttlichen Atem leben, das wertet für Kohelet die Tiere nicht auf, sondern den Menschen ab. Aus den Augen einer nachdenklichen Katze blickt ihn nicht eine uns verschlossene Weisheit, sondern dieselbe trostlose Sinnlosigkeit an, von der er auch alle menschliche Schönheit gezeichnet sieht. Kohelet sieht schon im kraftstrotzenden Jüngling und in der anmutig erblühenden jungen Frau das verwelkende Fleisch und das makabre Skelett, das am Ende auch noch zerfallen wird: Erde zu Erde, Asche zu Asche, Staub zu Staub. Es ist alles eitel.

»Und er ging hin und erhenkte sich« - so oder so ähnlich müßte eigentlich die dritte Konsequenz lauten. Doch sie lautet genau umgekehrt: »Da sah ich, daß es nichts Besseres gibt, als daß der Mensch *fröhlich* sei bei seinem Tun. Denn das ist sein Teil«.

Wie das? Ist die letzte Konsequenz des Predigers eine Inkonsequenz?

Zumindest das hätte doch nahegelegen, aus den bitteren Erkenntnissen des Predigers das Fazit zu ziehen, nun auch Gott für eitel, nichtig, für irrelevant oder gar inexistent zu halten. Ja, wenn alles vergeblich ist auf Erden und ohne Sinn - welche *Wohltat* wäre es dann, ein *Atheist* sein zu können und laut zu schreien oder wenigstens leise zu murmeln: »Es ist kein Gott«, »Gott ist tot«! Ein Atheist kann sich damit abfinden, daß unser Dasein keinen Sinn hat. Ein Leben ohne Sinn und ein Leben ohne Gott - das reimt sich, das reimt sich nur zu gut. Man muß dann angesichts der uns von allen Seiten anfallenden Nichtigkeit wenigstens nicht auch noch Gott verteidigen und rechtfertigen. Glücklicher Atheist ...

Kohelet ist nicht so glücklich, daß er seinem Gott den Abschied geben kann. Ist *der* auch noch so fern und noch so verborgen: er bleibt sein Gott.

Kohelet hat Recht: mag Gott uns auch noch so anfechten, verletzen und verwunden: er bleibt unser Gott. Gott ist nicht nichtig. Gott ist Gott - dessen ist sich Kohelet unverbrüchlich gewiß. Und dessen will er uns gewiß machen. Diese Gewißheit *predigt* der Prediger. Und mit dieser Predigt durchbricht er die bleierne Müdigkeit, die seine Erkenntnisse sonst verströmen.

Ist Gott aber Gott und bleibt er unter allen Umständen unser Gott, dann muß zumindest die Sinnlosigkeit der Welt einen Sinn haben. Und der besteht dann sehr schlicht darin, daß wir, anstatt nach einem letzten Sinn, nach einem in irgendeiner dunklen Tiefe oder in irgendeiner fernen Zukunft verborgenen letzten Sinn zu suchen, uns *unserer Gegenwart* zuwenden und uns ihrer *freuen*. Jede Gegenwart ist eine einmalige Gelegenheit. Gerade weil sie so zart, so zerbrechlich, so vergänglich ist, ist sie eine einmalige Gelegenheit: eine Gelegenheit, aus der es etwas zu machen gilt.

Von den Kindern kann man das ja lernen. Sie suchen keinen Sinn. Sie leben ganz in der Gegenwart. Und wenn man sie dabei nicht stört, dann genießen sie die »unmittelbare Gegenwart des ganzen ungeteilten Daseins« und sind fröhlich in ihrem mehr oder weniger sinnlosen Tun. Und so predigen sie auf ihre Weise auch. Durch ihre kindliche Art, gegenwärtig zu sein, geben sie zu verstehen, daß man auch aus einer sinnlosen Welt etwas machen kann. Aus einer sinnlosen Welt kann man sogar jederzeit - sozusagen aus dem Stand - etwas machen. Das Beste aber machen wir aus ihr, wenn wir uns unserer Gegenwart freuen.

Solche Freude macht jedweder Müdigkeit ein Ende. Wenn und solange wir uns unserer Gegenwart freuen, gleichen wir nicht nur den Kindern, sondern aus weiter, weiter Ferne auch dem, der keine Müdigkeit kennt. Gott schläft und schlummert nicht. Gott ist Gott - das heißt auf jeden Fall: Gott *ist hellwach*. Und wir, wir *werden wach* und werden so inmitten unserer ganzen Hinfälligkeit und Vergänglichkeit zu einem ganz kleinen, aber auch ganz echten, authentischen Gleichnis Gottes. Mehr noch: wenn wir uns unserer Gegenwart freuen und also wach werden in dieser ermüdenden Welt, dann begegnet uns, dann widerfährt uns inmitten aller Eitelkeit und Nichtigkeit des Daseins ein Stück Ewigkeit, ein Stück von Gottes uns sonst so tief verborgener Ewigkeit. Dann können wir - Kohelet hin, Kohelet her - »ewig sein in einem Augenblick«. Und das ist ein Augenblick, an dem ganz gewiß auch Gott seine Freude hat. Amen.

## Jesaja 49,13-15

*Nun komm, der Heiden Heiland!* Wer in diesen Adventshymnus einstimmt, liebe Gemeinde, wer nicht nur mit den Lippen, sondern wer aus tiefstem Herzen in ihn einzustimmen Grund und Anlaß hat, der weiß oder ahnt zumindest, daß eine Welt alt geworden ist und daß sie sich von selber nicht zu erneuern vermag.

Ja, alt und verbraucht ist eine Welt, in der das lang ersehnte Ende der Diktatur, statt dankbaren Jubel auszulösen, aufs neue tödlichen nationalistischen Egoismus freisetzt, der nichts Besseres weiß, als nach den Waffen zu greifen. Alt und verbraucht ist eine Welt, in der als erste Frucht der Gott sei Dank wiedergewonnenen Einheit Deutschlands der Haß auf Ausländer gedeiht. Alt und verbraucht und verdorben bis in den Kern ist eine Welt, in der Kinder, um zu überleben, betteln und stehlen müssen und von der durch sie belästigten »besseren Gesellschaft« wie streunende Hunde erschlagen oder erschossen werden: in Brasilien geschieht dies Tag für Tag! Und alle Proteste gegen diesen beispiellosen Kindermord verhallen wirkungslos. Das ist unsere Welt. Das ist sie jedenfalls auch.

Gewiß, es gibt auch die *schönen* Farben der Schöpfung. Es gibt *herrliche* Klänge. Doch dann zerreißt der Schrei eines gequälten Menschen die Harmonie. Und über die ursprünglichen Schöpfungsfarben schiebt sich wieder das elende Grau in Grau einer Welt, die alt ist und verbraucht und unfähig, sich selbst zu erneuern. Soll sie, sollen wir nicht hoffnungslos veralten, dann muß unsere Hoffnung sich in eine Ferne richten, die die Grenzen unserer Welt weit übersteigt. Und so wird denn der, der da kommen soll, von weit her herbeigerufen, um *zu der Welten Abendzeit / das Werk zu tun, das uns befreit: Wo bleibst Du, Trost der ganzen Welt? - Nun komm, der Heiden Heiland!*

Ganz anders, wenn wir das zueinander sagen: *Nun komm ...* Von Mensch zu Mensch gesprochen, setzen diese beiden Worte Nähe voraus: jene intime Nähe, die durch immer noch größere Nähe überboten zu werden begehrt.

*Nun komm* - das sind Worte aus der Sprache der Liebenden, mit denen ein liebendes Ich jene unvergleichliche Nähe sucht, die nur das geliebte Du ihm zu geben vermag: Nähe, die den Liebenden inmitten ihres alten Lebens so etwas wie Selbsterneuerung verspricht.

*Nun komm* - nicht von Mensch zu Mensch gesprochen, sondern von uns zu Gott emporgerufen: das ist zwar auch ein Ruf nach Nähe, nach heilender, rettender, bergender Nähe. Doch es ist ein Ruf aus der Tiefe, mit dem eine erschöpfte Menschheit auf einer verbrauchten Erde in einer immer finsterer werdenden Welt nach »allerneuernder Klarheit« verlangt. Aus unendlicher Ferne wird die Nähe Gottes herbeigerufen, wenn die christliche Kirche singt: *Nun komm, der Heiden Heiland!*

Die *Heiden*, deren Retter hier herbeigerufen wird, das sind in biblischer Sprache die *Völker. Veni redemptor gentium*: *Retter der Völker, komm!* - heißt es denn auch in der lateinischen Fassung dieses uralten Gesanges, der auf den Mailänder Bischof Ambrosius zurückgeht. Die Erwartung eines solchen Retters entspringt einer Verheißung, die ursprünglich in Israel zu Hause ist. In diesem *einen*, dem *erwählten*, dem *jüdischen* Volk hoffte man auf den, »der da kommen soll«, um Israel zu erlösen. Und nur als Retter dieses einen, des erwählten, des jüdischen Volkes ist er auch der Retter aller anderen Völker, ist er auch unser Heiland, so daß man mit dem Propheten (Hag 2,7) sagen kann: »Da soll dann kommen aller Völker Trost«.

Es tut deshalb gut, wenn wir uns in der Adventszeit daran erinnern, daß die Adventshoffnung auf den, der da kommen soll, eine ursprünglich jüdische Hoffnung ist, die zwar *auch uns* gilt, die uns aber ganz gewiß *nicht ohne Israel* gilt. Ich habe deshalb als Predigttext den Monatsspruch für den Monat Dezember und die ihm folgenden Verse gewählt - einen Text, der von der christlichen Kirche seit alters als Adventstext gelesen und verstanden wurde. Er steht im Jesajabuch, Kapitel 49, Verse 13-15:

*Jubelt, Ihr Himmel, jauchze, o Erde!*
*Ihr Berge, brecht in Jubel aus!*
*Denn der Herr tröstet sein Volk.*
*Und seiner Elenden erbarmt er sich.*

*Doch Zion spricht:*
*der Herr hat mich verlassen,*
*mein Herr hat mich vergessen.*

*Vergißt denn eine Frau ihr Kindlein?*
*Kann sie ohne Erbarmen sein für das Kind ihres Leibes?*

*Und selbst wenn sie diese (ihre Kinder) vergißt:*
*ich vergesse Dich nicht.*

Welch ein Gegensatz, ja welch ein Widerspruch, liebe Gemeinde: eine jubelnde Himmelswelt über uns, eine dem kommenden Gott entgegenjauchzende Erde - und von alledem spüren wir nicht einen Hauch. Da verkündet ein Prophet das noch nie Dagewesene, da sagt ein Mann Gottes das Kommen Gottes an. »Doch Zion spricht: Der Herr hat mich verlassen«. Vom kommenden Gott kommt offensichtlich nichts bei uns an. Versagt die religiöse Erfahrung? Sind die religiösen Wahrnehmungsorgane verkümmert - nicht erst bei uns, sondern schon bei Gottes erwähltem Volk? Da fängt das Universum vor Freude zu tanzen an, und selbst die unbeweglichen Berge, diese Symbole der Härte und Festigkeit, bersten beinahe vor Begeisterung. Doch von denen, die es unmittelbar angeht, hört man nur einen kläglichen Seufzer. Gott selbst macht sich auf, um sein Volk höchstpersönlich zu trösten. »Doch Zion spricht: ... mein Herr hat mich vergessen.«

Keine Frage, dieser prophetische Text lebt vom Gegensatz, ja vom Widerspruch. Aber - und darauf kommt es an - Gegensätze und Widersprüche sind nicht um ihrer selbst willen interessant. Sie mögen notwendig und unvermeidlich sein, doch sie sind es immer nur als Mittel zum Zweck. Gott bedient sich ihrer, aber er verherrlicht sie nicht. Die Würde einer letzten Instanz steht dem Gegensatz gerade nicht zu. Und der Widerspruch ist mitnichten ein letztes Wort. Das letzte Wort gilt vielmehr der Überwindung des Widerspruchs und der Versöhnung der Gegensätze. Das letzte Wort unseres Predigttextes jedenfalls klingt über die Maßen versöhnlich: Ich, spricht Gott, ich vergesse Dich nicht.

Versöhnung aber wird nicht oberhalb unserer gegensätzlichen und widersprüchlichen Welt erreicht. Wer Versöhnung will, muß sich auf die Schmerzen der unversöhnten Wirklichkeit einlassen. Und genau das tut unser Text. Die Prophetenrede tut es dem Gott gleich, dessen Kommen sie ansagt, und geht wie er auf, ja in die Welt der Gegensätze und Widersprüche ein. Die Prophetenrede arbeitet sich daran ab, um so von Grund auf zu verarbeiten und zu versöhnen, was zunächst schroff und unvermittelt gegeneinandersteht: nämlich der Himmel und Erde bewegende Aufbruch des »Gottes allen Trostes« (2Kor 1,3) und die trostlose Gegenwart von Menschen, die sich verlassen vorkommen und vergessen.

Vergessen, verlassen, trostlos - die Ausdrücke sagen präzis, wie die ins babylonische Exil deportierten Eliten Israels ihre Lage im fremden Land empfunden haben. Die äußeren Umstände waren zwar einigermaßen erträglich, erträglicher jedenfalls als heute die Lage der Kurden im Irak und in der Türkei, erträglicher leider auch als neuerdings die Lage vieler in Deutschland lebender Asylanten. Die jüdische Identität der Deportierten wurde in Babylon mehr oder weniger respektiert. Sogar jüdische Siedlungen durften entstehen. Man hätte sich also einrichten können in der Fremde. Man hätte heimisch werden können in der babylonischen Gefangenschaft. Man hätte ... Doch Israel konnte es nicht. Eine innere Barriere hinderte die Exulanten daran, sich der neuen Situation anzupassen.

Keine neue Heimat, sondern der Verlust der alten lag ihnen vor Augen, im Sinn und am Herzen. Nicht die Zukunft in einer neuen Lebenswelt interessierte sie, sondern auf die Vergangenheit in der alten waren sie fixiert. Freilich nicht so, wie Heimatvertriebene sonst wohl auf den verlorenen Grund und Boden fixiert sind! Das deportierte Israel hatte mehr verloren als Grund und Boden, mehr als ein Stück Land, auf dem man einstmals zu Hause war. Israel hatte das *Land der Verheißung* und es hatte sein *Allerheiligstes*, es hatte den *Tempel* verloren. Israel hatte seinen *religiösen Boden* unter den Füßen verloren, als es in die babylonische Gefangenschaft fortgeführt wurde. Das deportierte Israel existierte in einem elementaren Sinne bodenlos.

Kein Wunder, daß es sich *in die Wüste zurückversetzt* wähnte, in der einst die aus Ägypten geflohenen Väter umherirrten und zum größten Teil elend verendeten. Die Wüste war seitdem zum Symbol geworden für eine bodenlose Existenz. In der Wüste, da ist man dem Sand ausgeliefert: Sand und immer wieder nur Sand! Wüstensand, in dem man nicht Fuß fassen kann, sondern verlorenzugehen droht; Sand, in dem sogar die eigenen Spuren alsbald wieder unsichtbar werden, vom Winde verweht. Der bodenlosen Existenz folgt das spurenlose Verschwinden - von Gott und der Welt vergessen!

Man bedenke: das erwählte Volk wähnt sich von Gott und der Welt vergessen. Seiner Erwählung durch Gott verdankt Israel seine Identität. Und nun: keine Spur von Erwählung! Schlimmer konnte Israel nicht in Frage gestellt werden. Und so schrumpft denn das Gottesverhältnis Israels zusammen auf einen einzigen kläglichen Seufzer über seinen vergeßlichen Gott.

Man muß nicht erwählt sein, und man muß nicht unter einem zerbrechenden Erwählungsbewußtsein leiden, um am eigenen Leib und in der eigenen Seele zu erfahren, was es heißt, verlassen zu werden und vergessen zu sein. Das deportierte Israel vergleicht sich ja selber mit einer von ihrem Mann verlassenen und vergessenen Frau. Doch verlassen und vergessen werden nicht nur Frauen von ihren Männern oder Männer von ihren Frauen. Auch Freundschaften können verwelken. Und wie oft vergessen erwachsen gewordene Kinder sogar die eigenen Eltern! Verlassen und vergessen werden Professoren von ihren Studenten. Und die machen vielleicht sogar noch ihre Witze über die »Gruftis«: »... kannst Du vergessen!« Da ist es wahrhaftig kein Trost, wenn die in Vergessenheit geratenden Lehrer ihrerseits resignierend feststellen zu müssen meinen, daß die einst ach so klugen Schüler nunmehr von allen guten Geistern verlassen sind und vom Weltgeist mit Sicherheit vergessen werden. Unerfreuliche Geschichten allemal!

Doch so unerfreulich und schlimm dergleichen Erfahrungen menschlicher Verlassenheit und Vergessenheit auch sind: *von Gott* verlassen und vergessen zu werden - das ist eine Geschichte von ganz anderer Qualität, das ist die Wüste in uns. Von ihr gilt Friedrich Nietzsches erschreckender

Satz: »Die Wüste wächst: weh dem, der Wüsten birgt!« *Von Gott* verlassen und vergessen zu werden - das ist eine unendlich trostlose Geschichte.

*Ist?* So *wäre* es, so *wäre* es, *wenn* - ja *wenn* da nicht die jubelnden Himmel und die jauchzende Erde wären. Die begeisterte Schöpfung nämlich nimmt längst vor uns wahr, daß unserer Trostlosigkeit vom Himmel her ein Ende bereitet wird. Hätten wir Ohren zu hören, hätten wir Augen zu sehen, wir würden wie der Prophet entdecken, daß da etwas im Kommen ist, was den ungeheuren Jubel verdient.

Doch uns fehlen die prophetischen Visionen und Auditionen. Mit uns muß man *diskutieren*, so wie der Prophet mit dem trostlosen Israel diskutiert. Wir wollen Argumente hören, bevor wir wenigstens *fragen*: »Wo bleibst Du, Trost der ganzen Welt / darauf sie all ihr Hoffnung stellt?« Wohl dem, der dann auch zu *bitten* wagt: »O komm, ach komm vom höchsten Saal, / komm, tröst uns hier im Jammertal!«

*Trost*, *Trösten* - für unseren Propheten sind das die zentralen Worte seiner Botschaft. Der zweite Jesaja spricht immer wieder davon, daß es jetzt an der Zeit ist, das geschlagene Volk zu trösten. Und er spricht so davon, als ob es auf Erden nichts Wichtigeres gäbe. Von den vielen Notwendigkeiten in dieser Welt ist dies, so scheint es, sogar die notwendigste: daß trostlose Menschen *getröstet* werden.

Wohlgemerkt: *getröstet*, nicht *vertröstet*! Billiger Trost, eine die menschliche Tat- und Widerstandskraft lähmende religiöse Vertröstung ist nicht gemeint. Die hat es allerdings gegeben, und es gibt sie - Gott sei es geklagt - noch immer: die unverantwortliche religiöse Vertröstung, die uns daran hindert, das jetzt Notwendige zu tun. *Insofern* haben die kritischen Stimmen recht, die der Religion vorwerfen, sie sei das »Selbstbewußtsein und ... Selbstgefühl« von »Menschen«, die »sich selbst entweder noch nicht erworben oder schon wieder verloren« haben, ja sie sei »das *Opium* des Volks«. Sage niemand, das sei schon deshalb falsch, weil Karl Marx es gesagt hat! Marx befindet sich da in bester Gesellschaft. Lesen wir doch auch bei Immanuel Kant, daß es perverse religiöse Tröstungen gibt, die dem Menschen »gleichsam Opium fürs Gewissen ... geben«.

Nein, liebe Gemeinde, dergleichen ist nicht gemeint, wenn in der Bibel vom Trösten die Rede ist. Solche Tröstungen mögen sich noch so geistlich geben, sie sind und bleiben fleischlich. Und »alles Fleisch ist wie Gras und alle seine Güte wie die Blume des Feldes. Das Gras verdorrt, die Blume verwelkt«, sagt unser Prophet, um dann fortzufahren: »das Wort unseres Gottes bleibt in Ewigkeit« (Jes 40,6-8).

Das Wort des Herrn aber tröstet *konkret*, nämlich so, wie eine Mutter tröstet (wird der dritte Jesaja - 66,13 - erläutern). Ich muß da immer an die kleinen Söhne meines Assistenten denken. Die kleinen Kerle, Lukas und Matthias heißen sie, bedürfen wie alle Kinder fast täglich des Trostes. Eben noch quietschvergnügt, kann schon im nächsten Augenblick irgendeine Kleinigkeit - doch was uns Großen als Kleinigkeit erscheint, ist für die Kleinen ein riesengroßes Ereignis! - ihre Welt derart durcheinanderbringen, daß nichts, aber auch gar nichts mehr stimmt. Sie sind dann selber zutiefst verstimmt: nicht nur subjektiv, sondern objektiv verstimmt wie ein Musikinstrument, so daß nur noch falsche Töne aus ihnen hervorkommen. Sie finden sich in ihrer kleinen Welt nicht mehr zurecht »und wissen nicht, wo aus noch ein«. In einer solchen Situation kann man sich den Mund fusselig reden, es hilft alles nichts. Für das Kind stimmt nichts mehr - bis, ja bis es sich in den Armen der Mutter wiederfindet. Da findet es Trost. Denn da findet es zu sich selbst zurück. Und das einfach dadurch, daß es in den Armen der Mutter sinnlich spürbar und doch zugleich in einem sehr übersinnlichen Sinne geborgen ist. Und siehe, nun helfen auch Worte: Worte, die die zerstörte Welt wieder aufbauen und so die kleine Person selber erbauen. In den Armen der Mutter wird das Kind erneuert durch und durch. Und nun baut sich auch seine kleine Welt wieder auf. Auch sie wird von Grund auf erneuert. Wie soll ein kleiner Mensch groß, wie soll ein Kind erwachsen werden *ohne* solchen Trost?

Und wir, wir sogenannten Großen, sind wir wirklich erwachsen geworden, wenn wir das Kind in uns, statt es lebenslang zu bejahen, ängstlich verleugnen oder gar mit allerlei schiefer Psychologie und Pädagogik ausrotten zu müssen meinen, um nur ja als mündig zu gelten? In Wahrheit bewirken wir damit genau das Gegenteil. Wird das Kind in uns getötet, dann wird das *pathologische Regressionen in die Kindheit* zur Folge haben. Und statt mit Erwachsenen haben wir es dann mit vergreisenden Kindern zu tun. In Wahrheit erwachsen, mündig und reif wird nur derjenige, der das Kind in sich *leben* läßt: das Kind, das sich unbändig freuen kann, das aber auch weinen darf und das mütterlich getröstet zu werden verlangt.

Auch unsere Welt, auch die private und öffentliche Welt der Erwachsenen wird ja nur zu oft und in der Regel sogar von uns selbst derart durcheinandergebracht, daß plötzlich nichts mehr stimmt: weder um uns herum noch in uns selbst. Dann finden auch wir uns nicht mehr zurecht »und wissen nicht, wo aus noch ein«. Dann bedürfen auch wir des Trostes.

Oder wäre uns Erwachsenen, die wir doch in der Regel selber verursachen, was uns dann quält und plagt, wäre uns Erwachsenen gegenüber statt Trost eher Zorn am Platze? Müßte, wenn wir die Welt durcheinanderbringen, nicht vielmehr »ein Gerichtsprediger wie mit Stahlruten dazwischenfahren«? Die Frömmigkeit aller Zeiten hat nach solchen Gerichtspredigern gerufen, die anklagen und verurteilen, statt zu trösten.

Hat nicht auch Israel sein schweres Geschick als göttliches Strafgericht verstanden, das es sich selber zugezogen hat? »Der Herr hat mich verlassen, mein Herr hat mich vergessen« - das ist ja nicht nur resignierende Klage; das ist religiöse Selbstanklage und moralische Selbstverurteilung in einem. Und das Schlimmste an dieser schlimmen Selbstbezichtigung: sie leuchtet ein. Sie ist für unsere religiöse und moralische Urteilskraft entsetzlich plausibel - jedenfalls dann, wenn wir unsere Untreue gegenüber unserem Schöpfer mit derselben Strenge beurteilen, mit der wir die menschliche Rücksichtslosigkeit gegen seine Schöpfung verurteilen. Wenn es um die Bewahrung der Schöpfung geht, dann legen wir, jedenfalls neuerdings, strengste Maßstäbe an. Tun wir es auch, wenn es um die Ehre des Schöpfers geht? Was hat der Sünder denn anderes verdient, als aus Gottes Herz verstoßen und aus seinem Gedächtnis getilgt zu werden? Was haben *wir* denn anderes verdient? Wir haben nichts dagegenzusetzen.

Gott aber, Gott hat etwas dagegenzusetzen. Und das ist *noch plausibler*. Denn Gott setzt gegen die entsetzliche Plausibilität frommer moralischer Selbstverurteilung die schlechthin überlegene Plausibilität mütterlicher Liebe. Gegen die Liebe der Mutter zu ihrem Kind gibt es schlechterdings kein Argument. Und sie bedarf ihrerseits keines Argumentes. Sie muß sich nicht rechtfertigen oder verteidigen. Die mütterliche Liebe ist einfach da und setzt sich mit überzeugender Selbstverständlichkeit durch. Was immer das Kind auch angestellt, welch strengen Tadel es auch verdient haben mag, die Mutter wird es ermahnen, wohl auch schelten, sie wird vielleicht sogar - die Temperamente sind verschieden - mit einem Wutausbruch reagieren. Aber ihre Liebe wird sie ihrem Kind nicht entziehen. Mütterliche Ermahnung, mütterliche Schelte und - wer weiß? - vielleicht sogar der mütterliche Wutausbruch mögen pädagogisch notwendig sein. Die mütterliche Liebe ist mehr als notwendig. Sie ist von überlegener Selbstverständlichkeit, sie ist von souveräner Plausibilität.

Kann es ein glücklicheres Gleichnis geben für den Gott, der uns trösten will, wie einen seine Mutter tröstet? Das Gleichnis trifft. Mit überlegener Selbstverständlichkeit stellt der himmlische Vater mütterliche Nähe her. Gottes mütterliche Annäherung - das ist sein Advent.

Deshalb also der Himmel und Erde in Bewegung setzende Aufbruch des Ewigen in die Zeit. Deshalb der die ganze Schöpfung zum Jubeln und Jauchzen hinreißende und selbst die steifen Berge in einen Freudentaumel versetzende Ruf: »In der Wüste bahnet den Weg des Herrn!« (Jes 40,3) Sage niemand: in mein verwüstetes Leben setzt ein Gott keinen Fuß, und in mein verödetes Innenleben schon gar nicht. Gottes mütterliche Annäherung kann durch nichts aufgehalten und durch niemanden abgehalten werden.

Ja, selbst vor dem wüsten Ödland des Todes schreckt sein Weg nicht zurück. Sage niemand: der Mensch müsse einsam sterben, im Tode werde er ganz auf sich allein zurückgeworfen. Nein, Gott ist uns auch im letzten, im tödlichen Augenblick mütterlich nah. Und er wird im Augenblick des Todes nichts anderes sagen als mitten im Leben. Gott spricht zu den Sterbenden wie zu den Lebenden in der Sprache der ihre Kinder tröstenden Mutter. Die aber - jeder von uns hat das erfahren - öffnet die Arme und sagt: *Komm!*

Was können wir da Besseres tun, als unsererseits mit einem *Nun komm* einzustimmen in den Jubel des Himmels und in das Jauchzen der Erde: *Nun komm, der Heiden Heiland!* Und selbst wenn wir das wie die Berge nur brummen oder gar mit gebrochener Stimme nur gerade noch seufzen können: *O komm, ach komm ..., komm, tröst uns hier* - für Gott ist ein solcher Seufzer kein Mißklang im universalen Jubel. Ganz im Gegenteil: für Gott ist ein solches nach ihm seufzendes *Nun komm* inmitten des ganzen Schöpfungsjubels vermutlich sogar der schönste Ton. Amen.

## Jesus Sirach 31,27 und 30

Liebe Stiftsgemeinde!

Heute - es ist Faschingszeit -, heute soll es auch in unserer Andacht bunt hergehen: bunter jedenfalls als sonst. Oder soll ich sagen: *noch* bunter als sonst? Doch sei dem, wie es wolle: heute haben die Narren das Wort. Heute soll der Apostel Paulus endlich einmal ernst genommen werden in einem evangelischen Gottesdienst. »Wir sind Narren um Christi willen« hat er allen Ernstes behauptet: »wir, Paulus, durch den Willen Gottes Apostel, ... wir sind Narren« - Narren um Christi willen, gewiß. Aber eben Narren! Also wollen wir, durch den Willen Gottes Stiftlerinnen und Stiftler, Repetentinnen und Repetenten mitsamt dem ganzen Ephorat, auch Narren sein - jedenfalls für eine knappe Stunde. Der Prediger hat in der Tat allerlei Närrisches mitzuteilen. Da wird von einem *Syrer* die Rede sein, der die uralte *veritas hebraica* in einem offensichtlichen Anfall von Unzurechnungsfähigkeit schrecklich entstellt hat. Und von den *Närrinnen und Narren* wird die Rede sein, die zur Zeit zumindest in unseren Breiten überall auf sich aufmerksam machen, um allerlei närrische Weisheiten an den Mann und an die Frau zu bringen. Und vom *Wein* soll die Rede sein, der vom donnernden Gott kommt - wenn denn ein Stiftler, ein *ehemaliger* versteht sich, recht haben sollte. *Ehemalige* Stiftler bekommen meistens Recht, während Sie, solange Sie *gegenwärtige* Stiftler sind, viel Unrecht erleiden müssen. Und also weiß Gott Grund haben, sich selbst zu beklagen. Ja, auch von unserer Gegenwart wird die Rede sein. Freilich versteckt, versteckt in der hebraica veritas und ihrer syrischen Verfälschung, versteckt im närrischen Treiben, versteckt vor allem im Rauschtrank des Weines wird, so ganz nebenher, auch von uns die Rede sein, von mir und dir ... Wer Ohren hat zu hören, der höre!

Achten wir zunächst auf die Narren! Jetzt hüpfen, jetzt springen, jetzt schlurfen sie ja wieder über die Straßen und Plätze und setzen, den Kopf hinter Masken verborgen, die Füße so seltsam: vorwärts ... und seitwärts links ... und seitwärts rechts ... und dann zurück ... und doch voran:

archaische Tänze, die in ihrem gemächlichen Rhythmus zu unserer geradlinig vorwärtsstürmenden Zeit nicht so recht passen wollen. Narren unterbrechen immer den Fortschritt und kommen dennoch ans Ziel.

Das unterscheidet sie von uns rücksichtslos vorwärtsstürmenden Menschen, die wir unentwegt etwas erreichen wollen und deshalb weder nach links noch nach rechts blicken, sondern immer nur weiterkommen wollen, obwohl wir es doch bereits so herrlich weit gebracht haben. Ja, wir stolzen Menschenkinder, wir sind je länger je mehr zu Wissenden geworden und wissen längst unendlich viel: wir wissen allerlei dies und allerlei das und suchen viele Künste, viele neue Techniken und Technologien, die uns noch schneller noch weiter voranbringen sollen. Wir wissen viel zu viel. Selbst die, die in den Prüfungen eine schlechte Figur machen, wissen im Grunde noch immer viel zu viel. Aber von dem, worauf es ankommt in einem kurzen Menschenleben, im Blick auf die lebensentscheidenden Wahrheiten gilt in der Tat, was wir vorhin gesungen haben: »Wir stolzen Menschenkinder sind eitel arme Sünder und wissen gar nicht viel … und kommen weiter von dem Ziel.«

Die *Narren* indessen, die ihre Füße auch nach links und nach rechts setzen und dann sogar einen Schritt zurück gehen - die Narren kommen *zielsicher* voran. Denn ihr Ziel liegt nicht irgendwo in weiter Ferne, ihr Ziel liegt in den Schritten selbst. Narren sind bis in die Fußbewegungen hinein geistesgegenwärtig. Sie sind sich selber gegenwärtig. Das unterscheidet sie von uns mehr oder weniger normalen Menschen. Uns ist die Gegenwart immer nur Durchgangsstadium: von dem, was war, zu dem, was kommt; von dem, was kommt, zu dem, was war - ein flüchtiger, ein nichtiger Augenblick. Und so werden auch wir, obwohl immer nur im gegenwärtigen Augenblick da, uns selber niemals gegenwärtig.

Bis in die Füße hinein sich selber gegenwärtig zu werden - das gelingt uns von Sekunde zu Sekunde vorwärtsgestoßenen, arbeitswütigen und leistungsbesessenen Menschen offensichtlich nur, wenn wir die Rolle wechseln und aus unserer mehr oder weniger bürgerlichen Existenz in eine ganz andere Existenz hinüberwechseln: eben gerade so, wie es jetzt auf unseren Straßen und Plätzen wieder geschieht. Jetzt schlüpfen sie ja wieder in Kostüme und Masken und werden zum Schellennarr, zum Aland, zum Randelmäx oder zur Raupa. Sie, die ihre Füße so seltsam setzen, verbergen zugleich das eigene Gesicht in der alle Individualität tilgenden Anonymität oder Pseudonymität einer Maske und vollziehen so in aller Öffentlichkeit einen Rollenwechsel, wie man ihn sonst nur im geheimen oder mit schlechtem Gewissen vollzieht. Jetzt wird die eigene Identität gegen eine andere ausgetauscht: das eigene Ich wird ein anderes und treibt auf einmal Dinge, die es sonst peinlich vermeidet. Jetzt ist närrische Zeit.

Und da mag es denn auch dem Prediger, der während der Predigt ja nicht gut - wie die Narren auf den Straßen und Plätzen - seine Füße sprechen lassen kann, um hüpfend und springend und schlurfend ein anderer zu werden, da mag es dem Prediger für diesmal erlaubt sein, sich seinerseits in einem Narrenkostüm zu Worte zu melden, um sich auf diese Weise am närrischen Spiel zu beteiligen. Jesus Sirach heißt die archaische Maske, hinter der und durch die hindurch heute närrische Wahrheit laut werden soll. Im 31. Kapitel der hebräisch geschriebenen, in mehrere Sprachen und so auch ins Syrische übersetzten Sammlung von mehr oder weniger frommen Sprüchen bekommen wir folgende Weisheit zu hören:

*Dem Leben gleichzuachten ist der Wein für den Menschen … Was für ein Leben führt der, der den Wein entbehren muß! …*
*Trunkenheit [aber] macht einen Narren noch närrischer.*

So die *veritas hebraica*, zu der wir gut und gerne *Amen* sagen können. *Amen, Amen, das ist wahr*: dem *Leben*, der *Lebenskraft* gleichzuachten ist die Kraft *des Weines*.

Doch was lesen wir in der syrischen Übersetzung? Wir lesen: *dem Wasser* gleichzuachten ist der Wein für den Menschen. Man bedenke: Wasser so gut wie Wein, Wein so gut wie Wasser! Ein Schelm, der *Amen* dazu sagt.

Wie kommt dieser Besserwisser von Übersetzer dazu, das hebräische *Leben* in syrisches *Wasser* zu verwandeln und also die Wirkung eines Bechers voll Wein mit der Wirkung eines Glases Wasser zu vergleichen? Die Wirkung eines Glases Wasser kann immerhin verheerend sein. Im Heidelberger Schloß, da war der Zwerg Perkeo »an Wuchse klein und winzig, an Durste riesengroß«. Wein trank er, Wein, und immer nur Wein. Und eben deshalb war, als er eines Tages - Gott weiß warum - ein Glas *Wasser* trank, die Wirkung verheerend, sie war tödlich, er starb sofort. Wie also kann man die Wirkung des Wassers mit der Wirkung des Weines vergleichen? Wie kommt jener exegetische Federfuchser aus Syrien zu der Meinung, es sei zuviel der Ehre für das Rauschgetränk, wenn *seine* stimulierende Kraft mit der menschlichen *Lebens*kraft gleichgesetzt oder zumindest doch gleichgeachtet wird? Wie kommt dieser antike Blaukreuzler dazu, Wasser in den herrlichen Wein zu schütten, um das Preislied, das Jesus Sirach auf den Wein angestimmt hat, gründlich zu verwässern? Antwort: Er muß wohl - betrunken gewesen sein.

Ich weiß nicht, in welchem Zustand *Jesus Sirach* sein Loblied auf den Wein verfaßt hat. Aber *jener gelehrte syrische Schreiberling,* der den Wein ins Wasser fallen ließ, der muß wohl im Zustand der Volltrunkenheit gewesen sein. Denn nur ein Besoffener kann den Wein derart herabsetzen.

Freilich, wenn man sich im Blick auf seinen Zustand vor Augen hält, daß er ein eingeschworener Antialkoholiker gewesen sein dürfte, beginnt man zu verstehen. Denn selbst ein geübter Zecher wird ja im Zustand des Rausches einigermaßen unzurechnungsfähig. Und ein Narr - so haben wir uns von Jesus Sirach belehren lassen - wird, wenn er betrunken ist, noch sehr viel närrischer, als er ohnehin ist. Und nun gar ein antiker Blaukreuzler im Zustand der Volltrunkenheit - da muß mit dem Schlimmsten gerechnet werden. Da wird die Lebenskraft zur Wasserkraft depotenziert. Und auch sonst wird von einem solchen ephemeren Zecher, der doch so gut wie gar nichts gewohnt ist, wenn er denn einmal trinkt, so gut wie alles verwässert.

Er aber dachte, weise zu sein, als er den Wein so hoch unmöglich schätzen konnte und prompt seine hebräische Vorlage bei dem Versuch, sie in sein geliebtes Syrisch zu übertragen, so abenteuerlich korrigierte. »Ihr könnt ja Eure

Weisen fragen« - mag er sich gedacht haben, um sich selber so ganz nebenher als weise zu empfehlen: »Ihr könnt ja jenen Weisen fragen, der es mit wenigen Worten der Welt verkündet hat: ›das Beste aber ist das Wasser‹.«

Wirklich? In der Wüste vielleicht. Da wird Wasser zum Symbol für das Leben. Aber für die Wüste *schreibt* man keine Bücher. Jesus Sirach hat nicht für Wüstenbewohner geschrieben. Und der syrische Übersetzer nicht für die Wüste gedolmetscht.

Indessen das Buch der Bücher, die Bibel, scheint er auf seiner Seite zu haben. Er könnte sich zumindest auf jene Texte berufen, in denen die Bibel uns zur Nüchternheit ermahnt und zur Enthaltsamkeit und zum Fasten. *Seid nüchtern und wachet* - liest man auch im Neuen Testament gleich mehrfach - eine unerbittliche Forderung, die selbst vor dem Bischof nicht halt macht (1Tim 3,2). Und weiß nicht Jesus Sirach selber, daß Wein und Weiber selbst die Weisen zu Narren machen (Jesus Sirach 19,2)? Und war es nicht der *zügellose* Belsazar, der - jedenfalls in Händels Oratorium - vom Wein frech behauptete: »Er hebt zum Himmel uns empor«?

Zum Himmel empor - das wäre ja eigentlich so schlecht nicht, jedenfalls dann, wenn man dort *bleiben* könnte, statt nach dem Rausch unendlich tief zu fallen. Aber eben: wer *so tief fällt*, der muß zuvor *hoch gestiegen* sein. Im Rausch, sagt Friedrich Nietzsche, steigert sich der Mensch zu *großer Form*, im Rausch steigt er zu *seiner Form* auf. Und wer von uns will denn nicht - zumindest von Zeit zu Zeit - zu großer Form, zu seiner ureigensten großen Form auflaufen?

Natürlich ist Wein ein Rauschgetränk. Und als solches gefährlich. Aber eben wegen seiner in die Nähe des Rausches führenden Kraft hat Jesus Sirach ihn ja mit der Lebenskraft des Menschen verglichen. An einen harmlosen Aperitif hat er bestimmt nicht gedacht. Und an ein diätetisches Gläschen zur Mahlzeit ganz gewiß auch nicht. Gewiß, gewiß: einigermaßen maßvoll soll es schon zugehen, aber deshalb doch keineswegs mittelmäßig. Denn der Wein wird vom Siraciden ja gerade deshalb gelobt, weil er *wirkt*. Kein Zweifel, Wein wirkt. Und wie!

Ja, wie denn? Zweifellos steigt er zu Kopf. Und er geht in die Beine. So sehr, daß der maßlose Trinker seine Füße recht ungewöhnlich zu bewegen beginnt: vorwärts ... und seitwärts links ... und seitwärts rechts ... und dann zurück ... und doch voran - jedenfalls solange es gut geht.

Doch halt: das kennen wir doch! Das kennen wir doch von den seltsamen Bewegungen der Narren, die zur Zeit wieder hüpfend und springend und schlurfend über unsere Straßen und Plätze ziehen. Der Wein scheint uns den Narren ähnlich zu machen. Und die ohnehin Närrischen macht er noch närrischer - sagt Jesus Sirach durchaus mit leicht erhobenem Zeigefinger.

Doch der Wein fährt nicht nur in die Beine, er steigt auch zu Kopf. Und wenn der Wein zu Kopf steigt, setzt er das trunkene Ich ganz anders noch in Bewegung, als wenn er ihm in die Beine fährt. Wenn der Wein in den Kopf steigt, dann wechselt unser Ich in ganz ähnlicher Weise seine Identität, wie das während der närrischen Zeit der Fall ist, wenn das alte Ich in die neue Rolle des Narren schlüpft. Rollenwechsel!

Jetzt setzt sich der *innere* Mensch in Bewegung und geht - Gott weiß wohin.

Das fängt mit der Zunge an, die zwar ein Organ unseres Körpers und also des *äußeren* Menschen ist, über die sich aber zugleich der innere Mensch zu Worte meldet. Der Wein *löst* die Zunge. Und siehe: nun kommen dem Ich Worte auf die Zunge, die es sonst niemals über die Lippen brächte. In vino veritatem esse dicitur: man sagt, im Wein soll Wahrheit sein. Und man sagt es nicht nur. Es ist so.

Darin gleicht der Wein wiederum dem Narren. Der hat ja die eigentümliche Freiheit, jene bitteren und unbequemen Wahrheiten auszusprechen, die sonst eben deshalb verschwiegen werden, weil man sich mit ihnen um Kopf und Kragen reden konnte. In der verlogenen Hofgesellschaft vergangener Zeiten war der Narr oft der Einzige, der die Freiheit hatte, auf vieldeutige Weise eindeutig zu werden und die unerwünschte Wahrheit gerade dort an den Mann zu bringen, wo man sie nicht hören wollte: Narrenfreiheit ...

Von solcher Narrenfreiheit hat - es ist noch nicht so lange her - in der sozialistischen Diktatur die evangelische Kirche Gebrauch machen müssen und - Gott sei Dank! - auch immer wieder Gebrauch gemacht, wenn sie den Regierenden gegenüber auf weiß Gott vieldeutige Weise gleichwohl eindeutig werden und jene unerwünschten Wahrheiten, die auszusprechen höchsten und allerhöchsten Zorn erregen konnte, an den Mann bringen wollte. Man mag gegen die »Kirche im Sozialismus« viel einzuwenden haben. Doch immer dann, wenn sie die Narrenrolle spielte, war sie eine tapfere Kirche.

Heute leben wir in einer anderen Gesellschaft als einst bei Hofe oder noch vor kurzem im angeblich real existierenden Sozialismus. Aber unsere Gesellschaft ist nicht weniger verlogen. Sie belügt sich zwar auf andere Weise, aber auch sie belügt sich selbst. In einem demokratisch verfaßten Rechtsstaat kann man zwar so gut wie alles sagen. Aber um *gehört* zu werden, bräuchte es wohl abermals etwas von jener Narrenkunst, die Wahrheit wirklich an den Mann zu bringen vermag. Ach, wenn unsere Kirche doch wenigstens von dieser Narrenkunst und also von der Narrenfreiheit Gebrauch machen würde, die den Narren um Christi willen von Gott selbst eingeräumt wird!

Doch unsere Kirche - das sind *wir*! Und wir sind wie unsere Kirche offensichtlich viel zu sehr mit uns selbst beschäftigt, um von jener Narrenfreiheit Gebrauch machen zu können. Dazu müssen wir offensichtlich erst einmal frei werden von uns selbst.

Vermutlich hat der Menschenkenner Jesus Sirach deshalb den *Wein* so gepriesen. Denn die Wahrheit, die im Weine ist, richtet sich erst in zweiter Linie an andere Menschen. Sie gilt in erster Linie dem eigenen Ich. Und so spricht denn auch der, dem der Wein die Zunge löst, bevorzugt mit sich selbst. Es sind einigermaßen seltsame Wahrheiten, die das eigene Ich da von sich selber zu hören bekommt. Es kommt zu ungewöhnlichen, aber eben auch ungewöhnlich aufschlußreichen Soliloquien. Etwa so:

»Du läßt Dich gehen« sagt da das trinkende Ich mit strenger Stimme zu sich selbst: »Du läßt Dich gehen. Du läßt Dich gehen.« - »Na und« hört es sich selber antworten und trinkt sich zu: »das wollte ich doch immer schon: mich gehen lassen, mich ganz und gar gehen lassen, mich von mir selbst entfernen.« - »Die Richtung ist falsch« ertönt es nun. »Du mußt *nach innen*, du mußt *in Dich* gehen.« - »Ich in mich? Nein, das ist mir nun doch *zu weit*. In mir werde ich mich bestimmt verlieren.« - »Du kannst dich nicht verlieren« tönt es zurück. »Denn Du läufst Dir doch schon immer selber hinterher. Und irgendwann holst Du Dich ein. Dann triffst Du Dich.« - »Um Himmels willen, dann müßt' ich mir ja selber in die Augen sehen! In die eigenen Augen! Da laß ich mich doch lieber stehn. Und wenn ich mich so einfach *stehen* lasse, laß ich mich *gehen*.«

*Prosit*, daß heißt: *es möge nutzen* - ist man versucht dem solchermaßen mit sich selber Zwiesprache haltenden Ich zuzurufen. Sich gehen lassen - das könnte ja in der Tat überaus wohltuend, das könnte mitunter geradezu eine Erlösung sein. Denn wenn ich mich wirklich gehen lassen könnte, dann wäre ich armer, elender Mensch mich selber endlich los, wär' meiner ledig. Im Weinrausch erfährt das trunkene Ich offensichtlich so etwas wie einen Vorgeschmack jener Freiheit, in der es den alten Adam für immer hinter sich lassen und also sich selber ganz vergessen kann. »Glücklich ist, wer vergißt ...«

Herrliche Freiheit der Selbstvergessenheit! Wenigstens für eine kleine Zeit das eigene Ich, den alten Adam und die alte Eva einfach vergessen - das tut zumindest allen denen, die unter ihrer alten Identität leiden, unendlich wohl. Weshalb wohl greifen verzweifelte Menschen besonders häufig zur Flasche? Sie verspricht ihnen wenigstens für die Dauer des Rausches Freiheit von sich selbst, eine befreiende Selbstvergessenheit. Aber auch den halbwegs normalen Erdenbürgern, also auch uns hier im Stift, vermag der Wein zu jener wohltuenden Selbstvergessenheit zu verhelfen, die Kraft gibt, das eigene Ich zu ertragen. Und insofern hat selbst der Rausch sein Gutes - allen Bedenkenträgern zum Trotz!

*Aber hinterher* ... sagt der Moralist. Ach, er hat ja recht. Also, liebe Stiftlerinnen und Stiftler, mit Maßen! Einerseits ...

Andererseits: in die *Nähe* des Rausches muß er schon führen, der wirkende Wein - jedenfalls dann, wenn er bewirken soll, daß das alte, geplagte Ich sich wenigstens für eine Weile wirklich vergessen kann.

Doch der Vorgeschmack der Freiheit, den der Wein im Augenblick der Selbstvergessenheit zu vermitteln vermag, verbindet sich immer wieder mit der trostlosen Erfahrung, von sich selber auf Dauer *nicht* los, *nicht* weg zu kommen. In den Vorgeschmack der Freiheit mischt sich alsbald der bittere Nachgeschmack verfehlter Lebensläufe. Und wenn sich in den herrlichen Vorgeschmack der Freiheit der bittere Nachgeschmack eines sich verfehlenden Lebens mischt, entsteht der Vorgeschmack der Hölle.

So ist denn auch der vom Wein Berauschte in der Regel beides: *himmelhoch jauchzend* und *zu Tode betrübt*. Und gerade darin ist der Trunkene nur das exzessive Beispiel dessen, was wir alle sind. Das ist die *Wahrheit*, die im Weine liegt: daß sie uns überdeutlich vor Augen stellt, was wir sein könnten: nämlich selbstvergessene freie Menschen, denen die Zukunft offen steht; und daß sie uns zugleich nicht weniger deutlich vor Augen stellt, wie sehr wir an uns selbst und damit zugleich an unsere allemal Schatten werfende Vergangenheit gefesselt sind. Wahrlich: dem Leben gleichzuachten ist der Wein für den Menschen.

Doch nun haben wir vor lauter Selbstgesprächen des trunkenen Ich mit sich selbst ganz außer acht gelassen, daß der Wein seine eigentliche Würde ja darin hat, *mehrere* Menschen zum Umtrunk zu *vereinen*. Verdanken wir nicht einem *Symposion* den schönsten aller Dialoge? Kein Zweifel, Wein verbindet. Und der *einsame*, der *solitäre* Zecher ist von vornherein ein hoffnungsloser Fall und die solipsistische Trinkerin selbstverständlich auch. Die Aufforderung, zum Becher zu greifen, wurde denn auch schon von den Römern *im Plural* formuliert: *Ergo bibamus* …

Das heißt noch ein altes, ein tüchtiges Wort:
es passet zum ersten und passet so fort,
es schallet ein Echo vom festlichen Ort,
ein herrliches *Ergo bibamus*.

Vom Wein vereint, kommen Menschen einander nah. Da entstehen Freundschaften fürs Leben. Da entstehen wohl auch liebevolle Lebensgemeinschaften. Aber selbst dann, wenn es nur beim freundlichen Symposion bleibt, sind die einander Zutrinkenden doch füreinander da. Und das ist am Ende eines Weingelages oft auch überaus notwendig. Dann nämlich, wenn die eigenen Füße, statt es den Narren gleichzutun - vorwärts zuerst ... und seitwärts links ... und seitwärts rechts ... und dann zurück ... und doch voran - wenn die Beine statt dessen einfach versagen und man nur noch zu Fall zu kommen droht. Dann ist man darauf angewiesen, von einem Anderen *gehalten* und *mitgenommen* zu werden.

Ja, auch darin ist der Wein dem Leben gleichzuachten: wir sind alle darauf angewiesen, *gehalten* und *mitgenommen* zu werden. Das werden wechselnde Personen sein, die uns derart zu Hilfe kommen, daß sie uns Halt bieten und uns zumindest ein Stück weit mit sich nehmen. Wohl dem, der an solchen Personen keinen Mangel hat!

Aber wenn wir dann wieder einigermaßen sicher auf den eigenen Beinen stehen, wenn wir wieder zu uns selbst gekommen sind und nun wieder einigermaßen selbstsicher existieren können, dann, ja dann - dann ist wieder alles beim alten. Die alte Identität ist wieder hergestellt. Und der Rollenwechsel ist gründlich mißglückt. Der Aschermittwoch läßt grüßen ...

Der fromme Katholik, der Intellektuelle zumal, begibt sich am Aschermittwoch bekanntlich in die Kirche, um in einem Bußgottesdienst seiner Taufe zu gedenken. Er bringt damit zum Ausdruck, daß es noch einen anderen Rollenwechsel gibt. Und daß alle Narrenfreiheit und ebenso auch der die Zunge lösende Wein nicht mehr, allerdings auch nicht weniger ist als ein *Gleichnis* für jenen ganz anderen Rollenwechsel, den Gott selbst vollzogen hat, um einer von uns, um Mensch zu werden und um dadurch auch uns einen wirklichen Rollenwechsel zu ermöglichen. »Er wird ein Knecht und ich ein Herr; das mag ein Wechsel sein!«

Der Mensch gewordene Gott bietet uns nicht nur Halt. Bei ihm laufen wir tatsächlich, ein jeder in seiner, eine jede in ihrer Weise, zu großer Form, zu unserer ureigenen Form auf. Bei ihm laufen selbst die Schwächsten gerade in ihrer Schwachheit zu so großer Form auf, daß sie sich ihrer Schwachheit rühmen können. Nein, unsere

Schwachheit wird nicht von uns genommen werden. Sie wird nicht durch illusionäre Stärke ersetzt. Aber an der Seite des menschlichen Gottes gewinnt selbst die Schwachheit Format.

An der Seite Gottes werden selbst die Häßlichen, werden wir, die wir uns nur zu oft selbst entstellen, Gott entsprechende und also durch und durch schöne Menschen. Wahrhaftig, bei ihm braucht sich keiner seiner selbst mehr zu schämen. Denn Gott sieht die Häßlichen so liebevoll an, daß sie vor ihm wirklich schön werden. Ja, ein einziger liebevoller Blick - der gibt Halt, bleibenden Halt: denen, die nicht auf eigenen Füßen zu stehen vermögen, aber auch den vermeintlich Sicheren, den allzu Selbstsicheren, die wohl sehr viel mehr noch als die Unsicheren auf Halt angewiesen sind.

Und so, an seiner Seite uns Halt gebend, nimmt er uns mit. Von uns wird dabei nicht mehr erwartet als nur eben dies: daß wir uns *gehen lassen*, daß wir uns in einem ganz anderen Sinne noch als beim Weine *ganz und gar gehen lassen*. An seiner Seite werden wir uns nicht verlieren. Da werden auch wir - wie die Narren und wiederum doch ganz anders - uns ganz und gar gegenwärtig und kommen eben deshalb eine Ewigkeit voran.

Und weil der *Wein* in aller seiner Ambivalenz dafür doch immerhin *ein Gleichnis* ist, könnte heute das *Amen* zugleich ein *Prosit* sein - zu deutsch: es möge nutzen ...

Nutzen? Nein, Freunde nicht diese Töne! Fragt, liebe Stiftlerinnen und Stiftler, nur ja nicht zuerst und vor allem nach Eurem Nutzen! Jedenfalls dann nicht, wenn Ihr keine Spießbürger werden wollt. Im Wein liegt *kein Nutzen*, so wenig wie im närrischen Spiel! Im Wein liegt *Wahrheit*. Und was ist schon der schäbige Nutzen gegenüber der herrlichen Wahrheit, die zwar nicht nur, aber auch im Weine auf uns wartet! Der Nutzen macht kleinlich. Die Wahrheit macht frei. Und *wahr* heißt auf hebräisch nun einmal - Amen.

**Matthäus 25,1-12**

Liebe Festgemeinde!
Am Reformationstag feiern wir die Wiederentdeckung des Evangeliums - des Evangeliums, ohne das nach dem Urteil Martin Luthers die Welt voller Tod und Finsternis wäre. Das Evangelium bringt Licht in die Welt, in unsere vom Tod so überdeutlich gezeichnete Welt. Und das ist ein lebendig machendes Licht, ein erhellendes Licht, ein wärmendes Licht.

Das Evangelium bringt ein *lebendig machendes Licht* in die Welt, das dem scheinbar allmächtigen Tod das Ende seiner Herrschaft und Macht ankündigt. Die kleinen und großen Handlanger des Todes, also diejenigen, die mit Blicken zu töten versuchen, und erst recht diejenigen, die mit Waffen Tod und Schrecken um sich breiten, sie alle seien gewarnt: es wird ein Ende mit ihnen haben.

Das Evangelium bringt ein *erhellendes Licht* in die Welt, das die von uns selbst erzeugte Finsternis aus unseren Köpfen, aber auch aus den sich befehdenden Völkern, ja auch aus den Religionen dieser Welt zu vertreiben in der Lage ist. Wieviel Finsternis wabert selbst in den Kirchen! Das Licht des Evangeliums durchbricht dieses Dunkel.

Und es bringt *wärmendes Licht* in die Welt: wärmendes Licht, das die eisige Kälte zu beenden verspricht, die aus kalten Herzen aufsteigt und am Ende eine ganze Gesellschaft in eine von eiskalter Unbarmherzigkeit klirrende Gesellschaft zu verwandeln droht, in deren Straßen Menschen auf Menschen Jagd machen und in der zuerst die Opfer, dann aber auch die Täter wie Unpersonen behandelt werden, die keine Würde haben. Das Evangelium bringt ein gnädiges Licht in die Welt, das auf jeden Menschen - auch auf die Untäter hinter den Gefängnistüren - fällt und die unantastbare Würde eines jeden Menschen zum Leuchten bringt.

Das ist *Gottes* Licht, das er in dieser Welt aufgehen läßt, wenn sein Evangelium Gehör und Glauben findet. Und dieses herrliche göttliche Licht wieder in seiner Reinheit wahrgenommen zu haben ist das bleibende Verdienst der

Reformation, auf die die Protestanten ungeniert stolz sein dürfen.

Doch wie steht es mit *unserem menschlichen Licht*? Wie steht es mit dem zugestandenermaßen kleinen, aber deshalb keineswegs überflüssigen Licht, das wir tagtäglich selber ins Dunkel unseres Lebens bringen müssen, um mit diesem unserem kleinen Licht das große Licht des Evangeliums zu reflektieren? Brennen unsere Lampen? Diese Frage verhandelt das Gleichnis von den zehn Jungfrauen, das deshalb der heutigen Reformationspredigt zugrunde liegen soll. Das Gleichnis steht bei Matthäus:

*Mit dem Himmelreich verhält es sich wie mit der Geschichte von zehn Jungfrauen, die ihre Lampen nahmen und hinausgingen, dem Bräutigam entgegen. Aber fünf von ihnen waren töricht, und fünf waren klug. Die Törichten nahmen ihre Lampen, aber sie nahmen kein Öl mit. Die Klugen aber nahmen Öl mit in ihren Gefäßen, samt ihren Lampen. Als nun der Bräutigam lange ausblieb, wurden sie alle müde und schliefen ein. Um Mitternacht aber erhob sich lautes Rufen: Siehe, der Bräutigam kommt! Gehet hinaus, ihm entgegen! Da standen die Jungfrauen alle auf und machten ihre Lampen fertig. Die Törichten aber sprachen zu den Klugen: Gebt uns von Eurem Öl, denn unsere Lampen verlöschen. Da antworteten die Klugen: Nein, sonst würde es für uns und für Euch nicht reichen. Geht doch zu den Kaufleuten und kauft, was Ihr braucht! Als sie aber, um es zu kaufen, weggingen, kam der Bräutigam. Und die bereit waren, zogen mit ihm hin und hinein in das Hochzeitshaus. Und die Tür wurde verschlossen. Später kamen auch die anderen Jungfrauen und sprachen: Herr, Herr, tue uns auf! Er aber antwortete und sprach: Wahrlich, ich sage Euch: ich kenne Euch nicht.*

Sag mir, wo die Jungfrauen sind; wo sind sie geblieben? Sie waren alle da - am Anfang. Sie wurden alle müde - nach langem Warten. Sie schliefen alle ein und wachten alle auf - im entscheidenden Augenblick. Am Ende aber war nur die Hälfte drin, und die anderen waren draußen. Sag mir, wo die Jungfrauen sind; wo sind sie geblieben? Ich meine jene fünf jungen Frauen, die in unserem Gleichnis von Anfang an die törichten heißen, obwohl sich doch erst am Ende herausstellt, wie töricht sie waren. Am Ende stehen sie vor einer verschlossenen Tür. Und hinter ihr, für die draußen unerreichbar, feiert man ein rauschendes Fest.

Eine ins Schloß fallende, eine für immer verschlossene Tür - das erinnert uns an vergleichbare Situationen in unserem eigenen Leben. Die meisten von uns haben dergleichen erlebt und denken wohl nur ungern daran zurück.

Denn ausgeschlossen zu sein - das schmerzt. Schattenseiten des Lebens, tragikumwittert!

Wohl dem, der das nie erleben mußte: daß eine Tür, durch die man lange Zeit ungehindert und vergnügt eingetreten ist in das Leben anderer Menschen, plötzlich verschlossen ist. »Meins Herzens Tür Dir offen ist« - das *war* dann einmal. Vorbei! Zutritt verboten! Jedenfalls für Dich ...

Selbst wenn eine Tür nicht für immer, wohl aber für unabsehbar lange Zeit ins Schloß fällt, schmerzt das empfindlich. Die Berliner werden da an das über Jahrzehnte zugemauerte Brandenburger Tor denken, das lange Zeit in aller Welt als Symbol für die deutsche Teilung wahrgenommen wurde.

Und am heutigen Reformationstag werden wir an die Trennung der christlichen Kirchen denken. Muß das Tor, das den Zugang zur anderen Konfession versperrt, wirklich noch immer verschlossen bleiben? Muß man es, wenn es sich endlich einmal mehr als nur einen Spalt weit öffnet, sofort erneut zuschlagen? Muß man es gar unter Berufung auf den *Dominus Iesus*, auf *Jesus den Herrn* noch stärker verriegeln, als es bisher schon verriegelt war? Schlägt dieser Herr gar wie der Bräutigam im Gleichnis die Tür endgültig zu?

Verriegelte Tore, eine verschlossene Tür - aus dem Gleichnis von den zehn Jungfrauen springt uns dieses Bild wie ein Signal in die Augen. Jesu Gleichnisse sind voll von solchen Signalen. Sie sind aus dem irdischen Leben gegriffen. Doch sie sollen uns auf Gott und sein kommendes Reich hinweisen, ja hinlenken.

Aus unserem Gleichnis springen uns zumindest drei solche Signale in die Augen: vom Warten ist die Rede, vom Schlafen und von der verschlossenen Tür.

Da sind zehn junge Frauen, die zu einem Hochzeitsfest eingeladen sind: zu einem Fest, das - wie in Palästina auch heute noch da und dort üblich - erst bei einbrechender Dämmerung beginnt. Dann gilt es, dem sich zusammen mit seinen Freunden von irgendwoher nahenden Bräutigam entgegenzueilen, um ihn und die Seinen im festlichen Schein brennender Lampen zum Festhaus zu geleiten. Eine Art Fackelzug - nur daß an die Stelle brennender Fackeln hier nicht weniger festliche Öllampen und an die Stelle fackelschwingender Jünglinge zehn Jungfrauen treten.

Doch die Ankunft des Bräutigams verzögert sich. Das soll ja vorkommen. Wir kennen solche Szenen vor allem aus einigermaßen komischen Filmen, in denen eine ganze Hochzeitsgesellschaft auf den durch immer neue Hindernisse aufgehaltenen Bräutigam wartet.

In Palästina treten solche Verzögerungen vor allem dann auf, wenn sich das zu einer ordentlichen Hochzeit gehörende Feilschen um die den Brauteltern zustehenden Geschenke hinzieht. Feilschen ist in einem solchen Fall ein Akt der Höflichkeit. Im Haus der Braut würde man einen kurz und schmerzlos ausgehandelten Ehevertrag als schwere Kränkung empfinden. Gefeilscht muß sein - aus Gründen der Höflichkeit.

In unserem Gleichnis muß der Bräutigam ein *überaus höflicher* Mann gewesen sein. Denn seine Ankunft verzögert sich ungewöhnlich lang. Sie läßt auf sich warten.

Warten - darauf kommt es in diesem Gleichnis augenscheinlich an. Die klugen und die törichten Jungfrauen warten. Warten allein tut's freilich nicht. Es kommt darauf an, wie man wartet: wie und worauf. Von den zehn Jungfrauen können die einen lange warten. Die anderen können genau das aus sehr profanen Gründen gerade nicht: sie haben kein Reserveöl in ihren Gefäßen. Doch Wartende sind auch sie.

Wir Menschen sind in vielerlei Hinsicht Wartende. Und nicht immer macht Warten ein solches Vergnügen, ist es so spannend, wie wir es vom Warten auf die Bescherung am Heiligen Abend in Erinnerung haben.

Warten ist würdelos - pflegte Tante Zabel zu sagen, die sich auf das Leben in dieser Welt verstand. Ich verdanke ihr viel, dieser welterfahrenen Tante. In vielen Fällen hat sie zweifellos recht. Aber nicht immer.

»Ein Schiff wird kommen, und das bringt mir den einen ...« Da wird das Warten aufregend schön. Und als vor einigen Wochen unzählige Kinder auf das Erscheinen des neuesten Harry-Potter-Buches warteten, da konnte man lauter vor Freude erregte Gesichter sehen.

Ganz zu schweigen von der Liese, die auf ihren Hans wartet: »Heut' kommt der Hans zu mir, freut sich die Lies. Ob er aber über Oberammergau oder aber über Unterammergau oder aber überhaupt nicht kommt, ist nicht gewiß.« Warten ohne Gewißheit, ungewiß Warten - für einen liebenden Mann, für eine liebende Frau ist das eine peinigende Erfahrung. Kommt er? Kommt er nicht? Und wenn er nicht kommt, kommt er dann überhaupt nicht mehr?

Manche Menschen warten ihr Leben lang, um am Ende ihres kafkaesken Wartens nur noch auf ihre Todesstunde zu warten. Sie kommt bestimmt.

Doch nicht nur Individuen sind Wartende. Auch ganze Völker können warten. Ein seiner Freiheit beraubtes Volk kann zu einem intensiv wartenden Volk werden - bis die Stunde kommt, in der es seine Geschicke selber in die Hand nimmt und aufsteht gegen Diktatur und Tyrannei.

Ob zornig oder freudig erregt, ob verzweifelt oder voller Entschlossenheit - immer wieder werden wir Menschen zu Wartenden: so oder so oder so ...

Und wenn es um Gott geht? Wie wartet man auf Gott und auf sein kommendes Reich? Unser Gleichnis gibt eine doppelte und dennoch ganz einfache Antwort.

Auf keinen Fall so, daß man Gott dabei in den Griff kriegen zu können meint. Das ist das eine. Und auf keinen Fall so, daß man die Welt dabei aus den Augen verliert. Das ist das andere. Und das eine hängt mit dem anderen unmittelbar zusammen. Die törichten Jungfrauen nehmen deshalb kein Ersatzöl mit, weil sie zu wissen meinen, wann der Bräutigam kommt. Ihr Warten ist genau kalkuliert: dann und dann muß er kommen. Aber ihr Verhalten zu den Geschäften dieser Welt, zur Ölversorgung und dergleichen, das ist unkalkulierbar und verantwortungslos.

Wer *so* auf Gott wartet, daß er ihn und sein Kommen *fixieren* zu können meint, dessen Frömmigkeit ist berechnend. Wer so auf Gott wartet, macht sich selber zum Herrn des Verfahrens. Er ist in all seiner Frömmigkeit ein berechnender Egoist. Doch da, wo er sich um die ganz und gar profanen Dinge dieser Welt kümmern soll, da, wo er nun wirklich ein die Dinge dieser Welt berechnender und inmitten allen Rechnens gleichwohl freier Herr über alle Dinge sein kann und sein soll, da versagt er kläglich. Und eben deshalb versagt er auch vor Gott. Denn: wer seinen irdischen Aufgaben nicht gerecht wird, wer nicht mit allem Fleiß der Erde treu bleibt, der verfehlt auch das Himmelreich. Und umgekehrt: wer Gottes Souveränität bejaht, wer es ihm überläßt, ihm und nur ihm, wann und wo er zu uns kommen will, der bleibt ganz von selbst auch der Erde treu.

Klug nennt die Bibel einen Menschen, der die Augen aufmacht und genau hinsieht. Wer der Erde treu bleibt, der macht die Augen auf in unserer Welt und sieht genau hin. Der Törichte tut das Gegenteil. Er läßt sich weder von den Notwendigkeiten der Welt noch von den Möglichkeiten Gottes beeindrucken. Der Tor verläßt sich auf sich selbst. Und deshalb scheitert er.

Zurück zu unseren Jungfrauen! Sie warten. Und allzu langes Warten macht müde - je länger, je mehr.

Kein Wunder, daß die jungen Frauen schließlich einschlafen, und zwar alle zehn. Und während sie schlafen, brennen ihre Öllampen und brennen und brennen ...

Wer wollte die Schlafenden tadeln? Ein gesunder Schlaf gehört zu unserem Leben wie das tägliche Brot. Nur wer sich im Schlaf entspannen kann, vermag danach wieder hellwach zu sein. Wir brauchen den Schlaf, um Kraft zu tanken und unsere Kondition aufzubauen für das wache Leben.

Es gibt allerdings eine überanstrengte Frömmigkeit, die *allezeit* wachen zu müssen meint.

Doch wer immer und überall wacht, der wird niemals hellwach, sondern allenfalls mißtrauisch und nervös und nörgelnd - eine mit sich selbst und mit aller Welt unzufriedene Person. Der Teufel liebt eine solche Frömmigkeit, die sich in ihrem Willen zur Wachheit, zum pausenlosen Wachsein hoffnungslos übernimmt und nicht wahrhaben will, daß Gott die Seinen auch im Schlaf mit lebenswichtigen Gütern versorgt. Nein, wir lassen auf den Schlaf nichts kommen! Ein rechter Christ *betet* vielmehr um einen *gesegneten* Schlaf - zum Beispiel so: » ... verschon uns, Gott, mit Strafen und laß uns ruhig schlafen. Und unsern kranken Nachbarn auch!«

Entscheidend ist, daß man im rechten Augenblick wach und dabei ist. Geht es um Gott, dann gilt: Dabeisein ist alles. Dazu ist allerdings noch etwas mehr als ein gesunder Schlaf nötig. Dazu muß man *vor* dem Einschlafen seine eigene Lebenswelt halbwegs in Ordnung gebracht haben. Es gibt Dinge, die kann man *hinterher* überhaupt nicht mehr in Ordnung bringen. Und dann sieht man plötzlich die traurigen Konsequenzen über sich hereinbrechen und sieht - ausgesprochen blöd aus: wie jene fünf Jungfrauen, die unser Gleichnis die Törichten nennt, weil sie durch ihr verantwortungsloses Verhalten ausgesprochen trostlose Konsequenzen über sich heraufbeschworen haben. Sie *verpassen* die traumhaft schöne Chance, den Hochzeitszug anzuführen. Und die Konsequenz: der Zugang zum Fest bleibt ihnen verwehrt. Sie bleiben »draußen vor der Tür«. Selbstverschuldete Einsamkeit, selbstverschuldete Trostlosigkeit! Und das war's denn auch.

War's das wirklich? Ist das der Sinn des Gleichnisses von den zehn Jungfrauen: 50 % drinnen, 50 % draußen? Die drinnen feiern und lassen es sich gut gehen. Wir gönnen es ihnen. Doch was wird aus den anderen, die draußen sind und draußen bleiben müssen: ausgeschlossen von der Gemeinschaft, auf sich selber zurückgeworfen - was wird aus ihnen? Sag mir, wo die Jungfrauen sind; wo sind sie geblieben?

*Eine* Antwort kennen wir alle: man hat sie in Stein gehauen. An den mittelalterlichen Domen, da sind sie zu sehen. Da trauern und weinen sie als Kontrastfiguren zu den sich ihres Lebens freuenden Klugen. Am Straßburger Münster, am Magdeburger Dom und an unzähligen anderen Kathedralen werden sie regelrecht vorgeführt, um dem Betrachter zu verstehen zu geben, was die Folge eines verfehlten Augenblicks ist. Wer zu spät kommt, den bestraft das Leben - scheinen sie uns unter ihren versteinerten Tränen zuzurufen.

Als junger Mensch habe ich in meiner Heimatstadt Magdeburg oft vor der sogenannten Paradiesespforte des alten Domes gestanden, in der die versteinerten Jungfrauen zu sehen sind - ein Meisterwerk gotischer Bildhauerei. Meine Sympathie galt allerdings von vornherein und immer wieder den fünf Törichten. Zunächst wohl aus rein ästhetischen Gründen. Die törichten Jungfrauen weinen zwar und verkörpern einen tiefen, namenlosen Schmerz. Aber sie sehen mit ihren Tränen in den Augen um ein vielfaches schöner aus als die anderen, die ihre Klugheit mit einem breiten Grinsen allzu aufdringlich zur Schau stellen. Sie lachen. Doch es scheint so, als ob sie nicht nur aus Freude über das ihnen zuteil gewordene Glück, sondern mehr noch aus Schadenfreude über das Unglück der anderen lachen.

Sollte es das gewesen sein? Soll das als Pointe bei uns zünden, daß am Ende aller Dinge ein Teil der Menschheit feiern wird - »und ihr Mund wird voll Lachens sein« -, während der andere Teil, der nichts zu lachen hat, auch noch ausgelacht wird?

Die Rückfrage wird noch bohrender, wenn man sich vor Augen führt, daß man in nicht wenigen unserer Gotteshäuser den beiden so gegensätzlichen Gruppen der jungen Frauen jeweils noch eine weitere Gestalt hinzugefügt hat: den Klugen die triumphierende Kirche - ewig jung und ewig schön - und den Törichten die Synagoge, die gegenüber der ewig jungen und ewig schönen Ecclesia triumphans ganz schön alt und abschreckend aussieht. Beide ziert zwar eine Krone, doch der Synagoge fällt die Krone vom Kopf. War das gemeint, als der Jude Jesus diese Geschichte erzählte: die Christen drinnen und die Juden draußen?

Spätestens bei dieser Deutung des Gleichnisses kommen wohl jedem von uns erhebliche Zweifel. Denn wir wissen, welche grauenhaften Kräfte diese in Stein gehauene Auslegung des Gleichnisses zu entfesseln vermochte und in unserem eigenen Land entfesselt hat. Nein, das kann es nicht gewesen sein, was der Mann aus Nazareth mit seinem Gleichnis vom Himmelreich erreichen wollte. Was aber dann? Am Ende unserer Erzählung heißt es doch hart und unmißverständlich: *Ich kenne Euch nicht.*

Er kennt sie ja wirklich nicht. Sie waren ja nicht dabei, als man ihn empfing und im festlichen Schein der Lampen zum Hochzeitsfest geleitete. Sie waren nicht dabei, als es darauf ankam, dabei zu sein. Sie waren nicht dabei, als nun wirklich galt: Dabeisein ist alles. Sie standen sich selber im Wege - vielleicht das schlimmste aller Hindernisse. Sie haben sich in ihrer unsäglichen Torheit selber ausgeschlossen: sie sich selbst.

Doch dieses Ende, liebe Gemeinde, wird uns nur erzählt, damit wir uns von Anfang an anders verhalten: nämlich so, daß der Teilnahme an Gottes Fest nichts im Wege steht - auch wir uns selbst nicht. Und so lenkt denn das Gleichnis am Ende unseren Blick wieder auf den Anfang zurück, also zu der Einladung, den kommenden Gott auf seinem Weg zu dem Fest, das er für uns bereitet hat, hellwach zu begleiten.

Freilich, noch sind wir Wartende. Und wie wartet ein Christ am besten?

Am besten wartet er so, daß er sich *betend* ganz und gar Gott anvertraut und sich mit den Worten an ihn wendet, die uns Jesus selber gelehrt hat: *Dein Reich komme!* Betend machen wir Gott keinerlei Vorgaben oder gar Vorschriften. Betend lassen wir Gott Gott sein - während wir Kraft und Zeit gewinnen für den Alltag der Welt und die dort auf uns wartende Arbeit. Die Sorge um Gott und um das Himmelreich ist nun einmal unsere Sache nicht. Die Sorge um Gott sollten wir uns verboten sein lassen. Er sorgt für uns - nicht umgekehrt! Und wenn wir uns um Gott keine Sorgen machen müssen, wenn wir also Gott Gott sein lassen, so daß er der Herr des Verfahrens bleibt, dann und nur dann, dann allerdings können wir mit souveräner Gewißheit und erhobenen Hauptes dem Himmelreich entgegengehen. Dann wird am Ende keiner mehr besorgt nach törichten Jungfrauen fragen müssen: wo sind sie geblieben …

Dann braucht man am Eingang zum rauschenden Fest auch nicht wie einst der derzeitige Bundeskanzler am Bonner Palais Schaumburg an dessen verschlossenen Türen zu rütteln und zu rufen: Ich will da rein! Denn wenn wir Gott wirklich Gott sein lassen, dann öffnen die Türen des Himmelreichs sich ganz von selbst. Amen.

## Markus 3,20-23a und 31-34

*Und er kam ins Haus. Und wieder kam eine Menge Volks zusammen, so daß sie nicht einmal ihr Brot essen konnten. Und als die Seinen es hörten, gingen sie hinaus, um sich seiner zu bemächtigen. Denn sie sagten: »Er ist verrückt«. Und die Schriftgelehrten, die von Jerusalem heruntergekommen waren, sagten: »Er hat den Beelzebub«, und: »Durch den Obersten der Dämonen treibt er die Dämonen aus«. Und er rief sie zu sich und redete in Gleichnissen zu ihnen ... Und es kamen seine Mutter und seine Brüder, standen draußen und sandten zu ihm, ihn zu rufen. Und eine Menge saß um ihn her, und sie sagten zu ihm: »Siehe, Deine Mutter und Deine Brüder und Deine Schwestern fragen draußen nach Dir«. Und er antwortete ihnen und sprach: »Wer ist meine Mutter und meine Brüder?« Und er blickte umher auf die, die im Kreise um ihn herum saßen, und sprach: »Siehe da, meine Mutter und meine Brüder.«*

War er nun verrückt, liebe Stiftsgemeinde, oder war er es nicht? Und fragen wir gleich weiter: Ist das ganze Christentum, ist unser Glaube die Folge einer religiösen Verrücktheit, oder handelt es sich bei der von Markus erzählten seltsamen Geschichte über Jesus und die Seinen um ein groteskes Mißverständnis?

Die Seinen haben mit erstaunlicher Rücksichtslosigkeit erklärt: Er ist verrückt, von Sinnen, außer sich. Die Seinen - das sind seine Mutter und seine Brüder und Schwestern. Seine Mutter und seine Geschwister - sie müßten ihn eigentlich kennen.

Geschwister haben in der Regel Intimkenntnisse voneinander. Sie durchschauen einander. Nicht zuletzt deshalb gehen sie oft auf Distanz zueinander, wenn es nicht gar zu krachen beginnt zwischen ihnen. In unserem Falle scheint, gerade weil die Geschwister den Bruder kennen und durchschauen, alles auf einen familiären Krach hinauszulaufen: Krach in der heiligen Familie.

Und die Mutter, auch sie läßt es darauf ankommen. Eine Mutter, eine gute Mutter kennt und durchschaut den Sohn nicht nur, sie *versteht* ihn. Und nicht selten versteht sie den Sohn besser als dieser sich selbst. »Er ist verrückt« - im Mund der Mutter gewinnt der Satz an Gewicht, gewinnt er in kaum zu überbietender Weise an Gewicht.

Die Evangelisten Matthäus und Lukas hingegen scheinen sich dahin entschieden zu haben, daß das Ganze ein groteskes Mißverständnis sein müsse. Sie haben die befremdliche Szene einfach gestrichen. Man sucht diese merkwürdige Geschichte über Jesus und die Seinen bei ihnen jedenfalls vergeblich. Und in der kirchlichen Überlieferung bleibt sie ebenfalls verschwunden.

Spätere Apologeten haben es sich vollends leicht gemacht und mit einem kleinen philologischen Kunststück statt ihn, Jesus, kurzerhand die Volksmenge für verrückt erklärt.

Das ergäbe natürlich einen wohltuenden, einen familienfördernden und damit einen der ganzen abendländischen Wertegemeinschaft zugute kommenden Sinn. Denn die Keimzelle der uns tragenden Werte ist doch, nicht wahr, die Familie. Die kleine philologische Korrektur der Apologeten wäre also eine überaus wertvolle Korrektur: pro familia, sozusagen. Und der Nutzen der Korrektur, der gemäß nicht er, Jesus, sondern die ihn bedrängende Volksmenge von den Seinen für verrückt erklärt wird, kann in der Tat gar nicht hoch genug veranschlagt werden. Der Familienfriede, der Friede der heiligen Familie wäre gewahrt. Und wir hätten ein ungestörtes, ein makelloses, ein heiliges Vorbild für unser oft so unheiliges, mit so vielen Makeln behaftetes, zumindest aber immer wieder gestörtes Familienleben.

Doch die Familienverhältnisse, die sind nicht so. Die Familienverhältnisse des Mannes von Nazareth sind jedenfalls alles andere als normal oder gar vorbildlich.

Schon daß der Vater, Joseph, allenfalls eine Randfigur der heiligen Familie gewesen zu sein scheint, kann höchstens extreme Feministinnen mit Befriedigung erfüllen. Doch lassen wir Joseph! Vielleicht war er ja darin wirklich ein frommes, ein theologisches Vorbild, daß er *nicht* von sich reden machte, sondern ganz und gar zurücktrat hinter den, den die Mutter und die Geschwister nicht ohne Grund für verrückt erklärt haben. Lassen wir Joseph!

Unterlassen wir aber auch jeden Versuch, die Familienverhältnisse des Zimmermannssohnes irgendwie zu beschönigen oder gar zu verklären. Auch religiöse Schminke ist nichts anderes als - Schminke. Redliche Theologie fragt leidenschaftlich nach der Wahrheit, aber sie schminkt sie nicht. Ungeschminkt die Wahrheit sagen, auch wenn sie wehtut - bei dem gestern verstorbenen Helmut Gollwitzer konnte man das lernen. Wir wollen seiner auch deshalb dankbar gedenken.

Markus hat auch über den, dem sein Evangelium gilt, ungeschminkt die Wahrheit gesagt. Daran sollten wir uns halten. Offensichtlich war Jesus für seine Familie ein Ärgernis. Sein Auftreten, seine die Massen bewegende Wirksamkeit war den Seinen suspekt. Sie ahnten wohl, daß durch sein Reden und Handeln nicht nur der Familienfriede, sondern auch der religiöse Friede Israels aufs Spiel gesetzt wurde. Deshalb waren sie entschlossen, ihn aus dem Verkehr zu ziehen - wobei es ganz egal ist, ob sie dabei nur an sich selber und ihren guten Ruf oder aber auch an sein eigenes Wohlergehen dachten. Verrückte zieht man nun einmal tunlichst aus dem Verkehr: zu ihrer und zu unserer Sicherheit.

Doch wer auf *Sicherheit* bedacht ist, der täte ohnehin besser, sich von dem Mann aus Nazareth ganz und gar fernzuhalten. *Safety first* war jedenfalls seine Parole nicht.

Gewiß, das irdische, das weltliche Leben verlangt danach gesichert zu werden. Für Flugzeuge z.B. ist es zweifellos angebracht, zuerst und vor allem an die Sicherheit zu denken. Insbesondere wenn man drinsitzt, über den Wolken, möchte man sich gern darauf verlassen, daß von der Konstruktion der Maschine an bis zur Durchleuchtung des Gepäcks vor dem Start alle Verantwortlichen nach jener Losung gehandelt haben. Aber auch sonst gehört es zu einem einigermaßen verantwortlichen Leben, sich zu sichern und sich versichern zu lassen. Und erst recht wird, wer nicht nur sein eigenes Leben, sondern die ganze Schöpfung bewahren will, Sicherheit großschreiben.

Aber *vor Gott*, vor *dem Gott*, dessen kommendes Reich der Nazarener verkündigte, kann man sich *nicht* in Sicherheit bringen. Ganz im Gegenteil: die Verkündigung Jesu läuft auf eine einzige große *Entsicherung* des religiösen Lebens hinaus. Vor Gott ist nichts und niemand sicher: der hartgesottenste Atheist so wenig wie der frömmste Christenmensch; das Halbdunkel, in dem die Dämonen ihr Unwesen treiben, so wenig wie der allerheiligste Sabbat.

Auch die Theologie kommt als Rückversicherung gegenüber Gott nicht in Betracht. Und selbst das Gebet, in das wir uns zurücknehmen, um zur Ruhe zu kommen, kann uns vor Gott nicht religiös sicherstellen. Jesus jedenfalls zerbricht jede religiöse Selbstsicherheit und liefert uns dem himmlischen Vater ungeschützt aus. Wie ein Dieb in der Nacht sucht Gott uns heim: plötzlich, unangemeldet, unberechenbar. Im Verhältnis zu Gott hört das Rechnen auf - diese Einsicht zieht sich wie ein roter Faden durch die Verkündigung Jesu.

Irgendwie scheint diese von Gott ausgehende Entsicherung auf das Leben seines Predigers abgefärbt zu haben. Schon ganz äußerlich! Selbst das Haus, in dem er, aus dem Gebirge zurückkehrend, sich mit den Zwölf zurückziehen will, bietet ihm keinen Schutz vor der nachdrängenden Menge, die ihn sogar daran hindert, sein Brot zu essen. Mitten im Haus eine unbehauste Existenz, im Vergleich mit der man sogar die Tiere beneiden könnte. Denn die Füchse haben Gruben, und die Vögel haben Nester, aber er hat keinen Ort, wo er sein Haupt niederlegen kann. Ortlos ist er. Nicht an *seinem* Ort - behaupten die Seinen. Er ist also schon in einem sehr äußerlichen Sinne ver-rückt.

Doch was heißt hier äußerlich? In der Äußerlichkeit seines Lebens drückt sich sehr adäquat aus, wie es mit seinem Innenleben bestellt ist. Wer sich mit Dämonen einläßt und ihnen befehlen zu können meint und - schlimmer noch - wer sich mit den religiösen Autoritäten einläßt und einen Konflikt mit der von ihnen bewachten Feiertagsgesetzgebung vom Zaun bricht, der muß doch wohl auch in seinem Innenleben, der muß ganz und gar verrückt sein. Die Mutter und die Brüder sprechen es aus. Und die aus Jerusalem (zur Begutachtung des Falles) herbeigeeilten Schriftgelehrten drücken dasselbe etwas theologischer und bösartiger aus: »Er hat den Beelzebub«. Was liegt da näher, als ihn aus dem Verkehr zu ziehen und so wenigstens äußerlich seiner Verrücktheit ein Ende zu machen! Die Seinen haben genau das versucht, als sie ihn an seinen natürlichen Ort im Schoß der Familie zurückholen wollten. Wer es gut mit ihm meinte, mußte wohl so handeln.

Doch wer es gut mit ihm meint, der hat eben *eine Meinung* über ihn. Und genau das kann nicht gutgehen, liebe Christinnen und Christen, die Ihr Euch doch nach *seinem* Namen nennt. Unsere Meinung über ihn, auch die besten Meinungen über ihn sind nicht gefragt, wenn es denn wirklich um *ihn* gehen soll: um den Verrückten, den Verrückten Gottes. Denn das *ist* er: der von seinem ursprünglichen und angestammten Ort an der Seite Gottes in unsere Welt Versetzte - in unsere Welt, in der er konsequenterweise nirgends an seinem Ort, überall fehl am Platz ist. Bis er dann am Galgen seinen Platz gefunden hat.

Jawohl, er ist ver-rückt: vom Himmel hoch hinab auf unsere Erde versetzt; aus dem Schoß des himmlischen Vaters mitten ins galiläische Land, in die Familie des Zimmermanns Joseph, der so eindrücklich hinter Maria und alle ihre Kinder zurücktritt. Als der derart in unsere irdischen Verhältnisse und so eben auch in die nur allzu irdischen Familienverhältnisse Versetzte ist der unbehauste Mann aus Nazareth *der Offenbarer*: der Offenbarer, über den *eine Meinung* zu haben schlechterdings irrelevant ist. Offenbarung ist das Ende aller menschlichen Meinungen, das Ende auch aller theologischen Lehrmeinungen.

Das *Ende* aller Meinungen ist deshalb gekommen, weil Offenbarung ein *Anfang* ist, in den wir durch den Offenbarer nun unsererseits versetzt werden. Der Offenbarer *enthüllt* uns ja nicht nur den *Willen* seines himmlischen Vaters, sondern er macht uns auch zu Kindern dieses seines Vaters: er versetzt uns in die nun wirklich *heilige* Familie, in die *familia dei*.

*Wie* er das tut? *Wie* er das schafft, daß ich armer, elender Mensch ein Kind Gottes und also ein Bruder, eine Schwester Jesu werde? Ganz einfach *so*, daß der Verrückte Gottes nun seinerseits auch uns wenigstens ein wenig verrückt macht. Das fängt mit seinen Gleichnissen an, mit denen er uns in das Reich versetzt, von dem sie erzählen. (Markus läßt mit Bedacht die Gleichnisrede Jesu mitten in der Erzählung von seiner Verrücktheit beginnen.) Und das geschieht erst recht im eucharistischen Mahl, in dem wir ihn zu uns nehmen dürfen, damit er uns mit sich nehmen kann auf den Weg zum Vater. In der Lebensgemeinschaft mit Jesus hören wir dann ganz von selbst auf, auch vor Gott noch selbstsichere und gesicherte Menschen sein zu wollen.

An die Stelle der Selbstsicherheit und Selbstsicherung tritt nun aber nicht etwa die schwankende Unsicherheit eines verwirrten Lebens. Die Selbstsicherheit des religiösen Menschen weicht vielmehr der durch nichts zu überbietenden *kindlichen Gewißheit*, zur *Familie Gottes* zu gehören und also ein *Vaterhaus* zu haben, in dem wir allezeit *zu Hause* sind.

In dieser Gewißheit lernt man nicht nur den lieben Nächsten, sondern nun doch auch sich selbst wenigstens halbwegs zu ertragen. Ja, wer sich *dieses Vaterhauses* gewiß ist, der wird des armen, elenden Menschen, der wir nun einmal auch sind, in einem wohl verstandenen Sinne des Wortes selber irgendwie ledig, dem wird sein alter Adam irgendwie fremd. Zumindest lernt er, mit ihm - und also mit sich selbst - einigermaßen humorvoll umzugehen. Etwa so, wie jener auf seine Weise ver-rückte Bochumer Kumpel, der sich nach einer durchzechten Nacht bei der Morgentoilette im Spiegel entdeckt und lakonisch bemerkt: Kenn' ich nicht, wasch' ich trotzdem.

Das Theologiestudium ist eine gute Gelegenheit für solche auf keinen Fall humorlosen Waschungen. Amen.

## Lukas 11,27-28

Liebe Stiftlerinnen und Stiftler und alle Gäste dazu, liebe Mitarbeiterinnen und Mitarbeiter, liebe Gemeinde!
*Maria!* - Wenn ein Mensch zur Welt kommt, fragen wir den Vater zuerst nach dem Neugeborenen, aber dann doch gleich auch nach der Mutter. Und oft fragen wir mit einer einzigen Frage nach beiden: sind sie, das Kind und die Mutter, sind sie wohlauf?

Wenn Gott zur Welt kommt, gilt unsere Aufmerksamkeit ebenfalls zuerst dem zur Welt Gekommenen. Das weihnachtliche Lied, das wir soeben gesungen haben, lobt denn auch *ihn*, den Gottessohn, der einer von uns geworden ist: *Gelobet seist Du, Jesu Christ, daß Du Mensch geworden bist.* Doch wie zur Menschwerdung eines Menschen so gehört auch zur Menschwerdung Gottes eine Mutter. Und so war denn in unserem Choral auch von ihr die Rede: *Gelobet seist Du, Jesu Christ, daß Du Mensch geworden bist von einer Jungfrau, das ist wahr.* Maria ist untergebracht in dem Lob, das den Gottessohn preist. Und dann ist gleich noch einmal von dieser Frau die Rede: *Den aller Welt Kreis nie beschloß, der liegt in Marien Schoß* ... Maria ist also kopräsent, wenn es um die Menschwerdung Gottes geht. Sie ist da und dabei und wird - wie im Magnificat (Lk 1,48) vorgesehen - seitdem selig gepriesen von allen Geschlechtern.

Und doch muß die Gebenedeite immer wieder zurücktreten - aus dem Licht zurück: zwar nicht ins Dunkel, wohl aber in einen bemerkenswerten Schatten, in den Schatten ihres Sohnes.

*Maria!* - Wir wollen ihr in dieser festlichen Stunde die ihr gebührende Aufmerksamkeit widmen und uns dabei zugleich sagen lassen, welche Aufmerksamkeit ihr nun wirklich gebührt. Dazu hören wir Gottes Wort, wie es im Lukasevangelium bezeugt ist:

*Es geschah aber, während er redete, da erhob eine Frau aus der Menge ihre Stimme und sagte zu ihm: »Selig der Leib, der Dich getragen hat, und die Brüste, an denen Du gesaugt hast!« Er aber sprach: »Vielmehr selig die, die das Wort Gottes hören und bewahren«.*

*Maria!* - Von diesem Namen geht ein Zauber aus: ein Zauber, dem sich auch stocknüchterne Protestanten nur schwer entziehen können. Und in der Weihnachtszeit schon gar nicht. Maria - welch eine Frau! Welch eine ungewöhnlich anziehende Frau! Welche Frau in der Weltgeschichte ist öfter gemalt, in Stein gehauen, bedichtet worden? Was macht sie so attraktiv?

»Das Ewig-Weibliche zieht uns hinan«, hatte Goethe geantwortet. Und dabei doch - Genie hin, Genie her - völlig daneben getappt.

Kein Zweifel, attraktiv, also anziehend ist sie. Mit Maria fing alles an, jedenfalls auf Erden. »Und jedem Anfang wohnt ein Zauber inne, der uns beschützt und der uns hilft, zu leben«. Macht das ihre Anziehungskraft aus, daß sie als Mutter Jesu für einen neuen Anfang steht, der uns beschützt und der uns hilft zu leben?

Wie auch immer, unbestreitbar ist: sie zieht uns an. Wir gehören zu ihr. Aber wie? Wie gehören wir zu Maria? Und wie gehört sie zu uns?

Ein westfälisches Adventslied gibt einen Hinweis: Hören wir zu!

*Chor:*
1. Maria durch ein'n Dornwald ging,
Kyrie eleison!
Maria durch ein'n Dornwald ging,
der hat in siebn Jahr kein Laub getragen.
Jesus und Maria!

2. Was trug Maria unterm Herzen?
Kyrie eleison!
Ein kleines Kindlein ohne Schmerzen,
das trug Maria unterm Herzen.
Jesus und Maria!

3. Da haben die Dornen Rosen getragen,
Kyrie eleison!
Als das Kindlein durch den Wald getragen,
da haben die Dornen Rosen getragen.
Jesus und Maria!

4. Wie soll dem Kind sein Name sein?
Kyrie eleison!
Der Name, der soll Jesus sein,
das war von Anfang der Name sein.
Jesus und Maria!

5. Wer hat erlöst die Welt allein?
Kyrie eleison!
Das hat getan das Christkindlein,
das hat erlöst die Welt allein.
Jesus und Maria!

*Jesus - Maria!* Nein, das ist nicht nur ein unbedacht über die Lippen kommender Fluch oder ein ebenso unbedacht über die Lippen kommender Ausruf höchster Verwunderung! *Jesus - Maria*: das ist zuerst und vor allem eine Mutter-Sohn-Beziehung, die auf Erden ihresgleichen sucht, eine *sehr irdische* Mutter-Sohn-Beziehung, in die jedoch *der ganze Himmel* einbezogen ist: der Himmel mit dem Engel Gabriel, dazu mit der Menge des himmlischen Heeres und mit dem, dem sie alle dienen, dem himmlischen Vater. *Seinen Sohn*, den ewigen Gottessohn, als *menschliches Kind* zur Welt zu bringen, wurde diese Frau erwählt: Maria **θεοτόκος** Gottesgebärerin Maria!

*Gott Vater - Jesus - Maria*: die drei Namen deuten eine Geschichte an, eine Dreiecksgeschichte, die freilich alles andere als eine Privatgeschichte, sondern eben eine Himmel und Erde, eine Zeit und Ewigkeit zusammenbringende Geschichte ist: *den aller Welt Kreis nie beschloß, der liegt in Marien Schoß.*

Und wir? Wie gehören wir dazu? Was geht es uns an, wenn der *ein Kindlein worden klein, der alle Ding erhält allein*? Wie gehören wir in diese Geschichte zwischen Jesus, seinem himmlischen Vater und seiner irdischen Mutter?

Der mittelalterliche, von Luther dann weiter gedichtete Hymnus, den wir vor der Predigt gesungen haben, gibt eine erste Antwort, wenn er jede seiner Strophen mit einem *Kyrieleis* enden läßt. Und auch in dem soeben gehörten westfälischen Marienlied kehrt in jeder Strophe das *Kyrie eleison* wieder: *Herr, erbarme Dich!* Ja, *so* gehören wir allemal und auf jeden Fall dazu: *so*, daß wir uns als Menschen erfahren, die auf *Erbarmen*, die auf *Gottes Erbarmen* angewiesen sind. Und da stehen wir unversehens an der Seite Marias. Denn auch sie war auf Gottes Erbarmen angewiesen. Und hat es gefunden. Sie wurde, wie es am Anfang des Lukasevangeliums heißt, *begnadet*. Nicht die »Gnadenreiche«, sondern die reich Begnadete - das ist Maria, das wurde sie durch Gottes Erbarmen. Seitdem geht jener unwiderstehliche Zauber von ihr aus, dem man sich kaum entziehen kann.

Und Josef? Von dem spricht kaum einer. Kein Zauber geht von ihm aus, und kein Geheimnis umgibt ihn. Josef ist wie wir, ist wie unsereiner. Doch offensichtlich hat Maria ja auch ihren Josef so sehr bezaubert, daß er selbst in der prekärsten Situation, in die ein Ehemann geraten kann, an ihrer Seite blieb: unaufdringlich, zurückhaltend, aber aufmerksam. Und so wie Josef, so wollen auch wir uns verhalten. Dann kommen wir seiner Maria und ihrem Zauber wohl ganz von selbst auf die Spur.

Zumindest in der Advents- und Weihnachtszeit erobert diese Frau ja auch unsere Herzen wie im Fluge: ganz spontan rührt uns das Bild an, das die biblischen Texte von ihr malen. Keine Frage: *dies Bildnis ist bezaubernd schön*. Es berührt unser Herz.

Und was tut ein erobertes Herz? Es fängt an zu singen - so wie ja auch Maria einst zu singen begann, als die Worte des Engels, als die ihre kommende Mutterschaft ankündigenden Worte des Engels Gabriel aus dem Mund ihrer Verwandten Elisabeth mit einer solennen Seligpreisung bekräftigt wurden: *Gesegnet bist Du unter den Frauen … Selig die, die geglaubt hat …* (Lk 1,42 u. 45). Da stimmte Maria ihr *Magnificat* an und gab singend ihrer Freude Ausdruck über den, *der die Niedrigkeit seiner Magd angesehen hat*. Maria sang.

Es gibt Wahrheiten, die sind erst dann in ihrem eigentlichen Element, wenn sie gesungen werden. Singend potenziert der Glaube seine eigene Wahrheit. Ja singend wird mitunter überhaupt erst wahr, was in Gestalt eines bürokratischen Protokollsatzes nicht einmal »richtig« genannt zu werden verdient. Die Wahrheit über Maria - gesungen ist sie in ihrem Element. Gesungen kommt sie an. Gesungen kommt die mit dem Namen der Maria unlösbar verbundene Wahrheit des irdischen Anfangs der Geschichte Jesu Christi auch bei uns so an, daß sie uns mit souveräner Attraktivität anzieht und einbezieht in die auf den ersten Blick so exklusiv anmutende Dreiecksgeschichte zwischen Gott, Maria und Jesus. Singend gehen wir mit. Und sind, ohne uns aufzudrängen, auch schon dabei, wenn *übers Gebirg Maria geht*.

*Gemeinde:*
Übers Gebirg Maria geht
zu ihrer Bas Elisabeth.
Sie grüßt die Freundin, die vom Geist
freudig bewegt Maria preist
und sie des Herren Mutter nennt;
Maria ward fröhlich und sang:
mein Seel den Herrn erhebet,
mein Geist sich Gottes freuet,
er ist mein Heiland, fürchtet ihn,
er will allzeit barmherzig sein.

Was bleiben immer wir daheim?
Laßt uns auch aufs Gebirge gehn,
da eins dem andern spreche zu,
des Geistes Wort das Herz auftu,
davon es freudig werd und spring,
der Mund in wahrem Glauben sing:
mein Seel den Herrn erhebet,
mein Geist sich Gottes freuet,
er ist mein Heiland, fürchtet ihn,
er will allzeit barmherzig sein.

*Ave Maria, sei gegrüßt, Du Begnadete!* - Von diesem Gruß des Engels geht aller Zauber aus, der diese Frau zu einer so bezaubernden Frau macht. Luther hätte den englischen Gruß am liebsten so übersetzt: *Gott grüße Dich, Du liebe Maria!* Denn »wer Deutsch kann, der weiß wohl, welch ein herzlich fein Wort das ist: die liebe Maria«. Dringt und klingt es doch »ins Herz, durch alle Sinne«. Und es kommt »die liebe Maria« auf diese Weise sogar neben »dem lieben Gott« zu stehen. Liebe Maria - das ist in seiner einfachen Sprache einfach schön, bezaubernd schön.

Doch von Maria geht nicht nur weihnachtlicher Zauber aus. Am Ende steht sie - nach dem Zeugnis des Johannesevangeliums - unter dem Kreuz. *Stabat Mater*: *Christi Mutter stand mit Schmerzen / bei dem Kreuz und weint' von Herzen*. Maria - das ist nicht nur die werdende Mutter. Maria - das ist auch die Mutter, die ihren Sohn sterben sieht. Und was gibt es Schlimmeres für eine Mutter als dies: den eigenen Sohn überleben zu müssen! Da ist es aus mit dem Zauber. Die weinende, die trauernde Maria hat allen Zauber verloren. Und wir beginnen uns zu fragen, ob *Zauber* im Blick auf Maria nicht ein von Anfang an unangemessenes Wort war.

*Zauberhaft* war doch allenfalls nur der *Rahmen* der weihnachtlichen Geschichte. Und auch der ist eigentlich nur für uns zauberhaft, für uns, die wir uns unseren mehr oder weniger sentimentalen Reim auf die in Wahrheit sehr unsentimentale Geschichte zu machen pflegen: auf die sehr spröde Geschichte von der Begegnung des Engels mit Maria, von der Begegnung Marias mit Elisabeth und von der Begegnung der Hirten auf dem Feld mit der Menge des himmlischen Heeres - ganz zu schweigen von der eher beklemmenden Geschichte der Geburt des Gottessohnes in einem erbärmlichen Stall. »Am Anfang der Stall, am Ende der Galgen« - das ist wahrhaftig alles andere als eine zauberhafte Geschichte.

Und doch ist und bleibt da das ganz und gar ungewöhnliche Licht, das nicht nur in der Geburtsgeschichte auf Maria fällt, sondern auch von der Verkündigung Jesu und von seinen Machttaten her auf Maria zurückfällt. Als er Dämonen austrieb und das Reich Gottes verkündigte, da erhob eine Frau aus der ihn umgebenden Menge ihre Stimme und pries den Leib selig, der ihn getragen hat, und die Brüste, an denen er gesaugt hat. Wohlgemerkt: erst aufgrund *seiner* Worte, erst aufgrund *seines* Wirkens wird Maria selig gepriesen. Nicht sie macht ihn, sondern er macht sie zu einer ganz besonderen, sagen wir ruhig: zu einer einmaligen Person.

Das Unzulängliche,
hier wird's Ereignis.
Das Unbeschreibliche,
hier ist's getan.

Die Frau aus der Menge hat ja mit ihrer Seligpreisung dieser einmaligen Frau zumindest in weltlicher Hinsicht einfach recht. Kein Mensch auf Erden war ihm, war Jesus Christus so nah. In ihrem Leib ist er zur Welt gekommen: *Mutterleib!*

An ihren Brüsten hat er das erste jener Lebensmittel gefunden, ohne die man in dieser Welt nicht leben, nicht werden und nicht sein kann: *Muttermilch!*

Und aus ihrem Mund hat er dann doch wohl auch die ersten Worte gehört, die ihn, den späteren Verkündiger des Gottesreiches, sprechen lehrten: *Muttersprache!*

Doch sein *Vaterland* war nicht von dieser Welt. Er sagte das kommende Himmelreich, das Reich Gottes an. Und das erzeugte eine die Geschichte der beiden, die Geschichte von Jesus und Maria durchgehend bestimmende Spannung. Kein Mensch war ihm so nah wie sie. Doch wie fern war er ihr!

*Ihre Nähe zu ihm* war eine vorläufige Nähe, die er verlassen mußte. *Seine Nähe zu ihr* mußte Fernen durchmessen. Kinder müssen immer aus der Nähe der Eltern heraustreten, wenn sie erwachsen werden sollen, um dann als Erwachsene eine ganz neue, eine mündige Nähe zu ihren Eltern zu gewinnen. Aber sie müssen nicht Fernen durchmessen, um neue Nähe zu ihnen zu gewinnen. Jesu Nähe zu Maria *mußte* Fernen durchmessen. Und erst aus solchen Fernen und durch sie hindurch konnte sich wahre, konnte sich bleibende Nähe zur Mutter, konnte sich die dem Gedächtnis der Menschheit sich einprägende Nähe Jesu zu Maria ereignen.

Schon als der Knabe im Tempel Gott dargebracht werden sollte, mußte sich Maria von Simeon sagen lassen, daß ihr Sohn nicht Zustimmung, sondern Widerspruch finden wird und daß ihre eigene Seele von einem Schwert durchdrungen werden wird (Lk 2,34f.). Die Mutter Jesu wird aufgrund der Geschichte ihres Sohnes zur *mater dolorosa* werden.

Und als sie wegen der ihn umringenden Menschenmenge nicht zu ihm gelangen konnte und man ihm mitteilte, daß seine Familie ihn sehen wolle, da weist er sie mit der schroffen Erklärung ab, nicht seine leibliche Mutter und seine leiblichen Brüder seien seine Familie, sondern »die, die das Wort Gottes hören und tun« (Lk 8,19-21).

Welch eine Umwertung aller familiären Werte! Vor dem Bundesverfassungsgericht hätte sie sicherlich keinen Bestand! Welch ein Kränkung der Mutter, deren Leib ihn getragen und an deren Brüsten er gesaugt hat! Nein, ein Muttersöhnchen war dieser Jesus von Nazareth wahrhaftig nicht. Die Neunmalgescheiten unserer Tage würden ihn wohl eher für einen pubertierenden Jüngling halten, der sich eben dadurch Bedeutung verschaffen muß, daß er die Seinen coram publico vor den Kopf stößt.

Und doch greift das alles zu kurz - und zudem peinlich daneben. Gewiß, Jesus und Maria - das ist eine überaus komplexe Mutter-Sohn-Beziehung und ein noch komplexeres Sohn-Mutter-Verhältnis. Die Jünglinge und die Männer unter uns wissen aus eigener Erfahrung um den Reichtum *und* um die problematische Komplexität dieser wechselseitigen Beziehung. Wir kennen das.

Und kennen doch gar nichts, wenn es um diese Mutter dieses Sohnes geht: um Maria, die sich uns selbst da, wo die Geschichte ihres Sohnes zur die Seele zerschneidenden Kränkung der Mutter wird, als eine inmitten aller Niederlagen seltsam überlegene Person erweist. Was macht sie zu dieser überlegenen, zu dieser auch im Leiden überaus bemerkenswerten Person?

Die Antwort hat Maria selber gegeben, als sie dem ihr die Geburt des Sohnes Gottes verheißenden Engel antwortete: *Siehe, des Herrn Magd!* Das macht sie zu der schlechthin überlegenen Frau, daß sie nichts anderes sein will als eine Magd, als die Magd des Herrn.

Martin Luther hat sie deshalb mit einer der schönsten Liebeserklärungen bedacht, die man sich überhaupt denken kann: *Sie ist mir lieb, die werte Magd, und kann ihr' nicht vergessen …*

*Chor:*

1. Sie ist mir lieb, die werte Magd,
und kann ihr' nicht vergessen.
Lob, Ehr und Zucht von ihr man sagt,
sie hat mein Herz besessen.
Ich bin ihr hold,
und wenn ich sollt
groß Unglück han,
da liegt nichts an:
sie will mich des ergötzen
mit ihrer Lieb und Treu an mir,
die sie zu mir will setzen
und tun all mein Begier.

2. Sie trägt von Gold so rein ein Kron,
da leuchten inn zwölf Sterne,
ihr Kleid ist wie die Sonne schon,
das glänzet hell und ferne,
und auf dem Mon
ihr Füße ston,
sie ist die Braut,
dem Herrn vertraut,
ihr ist weh und muß gebären
ein schönes Kind, den edlen Sohn
und aller Welt ein' Herren,
dem ist sie untertan.

3. Das tut dem alten Drachen Zorn
und will das Kind verschlingen;
sein Toben ist doch ganz verlorn,
es kann ihm nicht gelingen.
Das Kind ist doch
gen Himmel hoch
genommen hin und lässet ihn
auf Erden gar sehr wüten.
Die Mutter muß ganz sein allein,
doch will sie Gott behüten
und der recht Vater sein.

*Liebe Maria!* - Das war Luthers Liebeserklärung, die Liebeserklärung des Reformators, der sowohl *die werdende Mutter* wie auch *die einsam gewordene Maria unter dem*

*Kreuz* nicht vergessen kann. Späteren, sich von der hypertrophen Marienfrömmigkeit der römisch-katholischen Kirche provoziert fühlenden lutherischen Theologen war diese Liebeserklärung für Maria so peinlich, daß sie den Text kurzerhand umgedeutet haben: nicht Maria, sondern die Kirche habe Luther gemeint.

Die Harmlosen! Als ob es dem Glauben bekömmlicher wäre, wenn die Kirche an die Stelle Marias träte. Das sei ferne! Maria ist die Mutter des Herrn. Ihr Leib hat ihn getragen. *Ohne sie* wäre *er* nicht, wäre er jedenfalls nicht einer von uns, wahrhaftiger Mensch ... Die Kirche aber ist der Leib Christi. *Ohne ihn* wäre *sie* nicht, wäre sie gar nichts, gäbe es keine una sancta catholica et apostolica ecclesia.

Und doch teilen die Kirche und Maria ein und dasselbe Geheimnis. Geheimnis, Mysterium - das ist ohnehin die Dimension, in der wir Maria am ehesten verstehen. Nicht zauberhaft, sondern geheimnisvoll ist diese Frau. Der Zauber vergeht. Das Geheimnis aber bleibt. Der Zauber verschweigt etwas. Das Geheimnis aber teilt sich mit, es öffnet sich und signalisiert das Ende des Schweigens.

Und das nicht etwa deshalb, weil sich das Schweigen sozusagen erschöpft hat. Dann würde es bloß einem nichtssagenden Plappern weichen. Und das wäre nur die Fortsetzung des Schweigens mit anderen Mitteln - das eine so unerträglich wie das andere. Wohltätig wäre das Schweigen nur, wenn wir sagen könnten, was es bedeutet, wenn das Schweigen also einen beredten Kontext hätte.

*Kontextloses Schweigen* aber kann dies oder das bedeuten oder auch nichts. Und diese Ambivalenz macht das Schweigen *unheimlich*. Je wichtiger uns ein Mensch ist, desto unheimlicher und unerträglicher wird uns sein unerklärbares Schweigen. *Höllisch* kann solches Schweigen sein. Man kann daran zerbrechen.

Und wenn *Gott* schweigt?

Wenn *Gott schweigt*, dann ist das genauso unheimlich und unerträglich wie das Schweigen eines Menschen, der uns lieb und wert ist und von dessen Worten wir leben.

Ja, wir leben von Worten: von Worten, die nicht nur unser Ohr und unseren Verstand, sondern auch unser Herz erreichen.

Schon das Kleinkind lebt von der noch nicht einmal artikulierten sprachlichen Zuwendung der Mutter, die das Kind singend in den Armen wiegt: *Eiapopeia* ...

Später sind es dann wohlartikulierte, ja oft sogar recht eigenartig artikulierte Sprachereignisse, durch die uns ein anderer Mensch zu verstehen gibt, daß er uns mag. Die seltsamsten Kosenamen werden da ausgetauscht.

Und in der Todesstunde kann ein letztes Wort der Zuwendung uns sogar helfen, statt weiter leben zu müssen, in Frieden sterben zu können.

Doch was immer dem Säugling, dem Heranwachsenden, dem verliebten Ich oder dem Sterbenden unartikuliert oder überartikuliert gesagt wird: entscheidend ist, daß ich durch solche Worte *bejaht* werde. *Ja* ist das Urwort der Sprache. Davon leben wir, auch noch im Sterben.

*Ja* ist auch das Urwort in allen Worten Gottes. Er mag drohen, er mag schelten - er tut es, weil er uns *bejaht*. Und deshalb gibt es nichts Schlimmeres als das göttliche Schweigen. Wenn Gott schweigt, wenn der, durch dessen Wort alles geworden ist, penetrant schweigt, wird das Dasein hohl und das Leben gespenstisch.

Im alten Israel, in seinem erwählten Volk, war das die schlimmste aller Erfahrungen: daß Gottes Wort *ausbleibt*. »Da schwanken sie von Meer zu Meer und schweifen von Nord nach Ost, das Wort des Herrn zu suchen, und finden es nicht. Da fallen in Ohnmacht die schönen Jungfrauen und die jungen Männer vor Durst« - vor Durst nach dem Wort, das die Quelle des Lebens ist (Amos 8,12f.; vgl. 1Sam 3,1).

Solange Gott schweigt, ist er unheimlich und unerträglich. Denn auch schweigend läßt Gott uns ja nicht einfach los. Auch schweigend hält er uns bei sich fest und läßt uns doch ins Leere laufen. Schweigend ist Gott dem Teufel zum Verwechseln ähnlich. Ein penetrant schweigender Gott - das wäre selbst mitten im Paradies die schlimmste Hölle.

Maria aber signalisiert das Ende, das definitive Ende des göttlichen Schweigens. Das ist ihr Geheimnis. Die alte Kirche hat Maria deshalb zu den μυστήρια κραυγῆς gezählt, zu den schreienden Geheimnissen, mit denen der zur Welt kommende Gott sein Schweigen brach, für immer brach.

Wenn Mütter Kinder gebären, geht es ohne Schreien

nicht ab. Das wird auch bei der Geburt Jesu so gewesen sein. Aber die Schreie Marias kündigen zugleich an, daß Gottes Urwort die Welt erobern wird: sein Ja zu uns. »Denn Jesus Christus«, schreibt Paulus (2Kor 1,19f.), »war nicht Ja und Nein, sondern Ja ist in ihm Ereignis geworden ..., in ihm ist das Ja, daher durch ihn auch das Amen«.

*Ja und Amen* - definitiver kann ein Ja nicht sein. Doch dieses uns geltende definitive göttliche Ja ist noch unterwegs und wandert durch die Zeiten, um jede und jeden von uns zu erobern. Es will, daß auch wir es hören und bewahren.

Und deshalb, liebe Stiftlerinnen und Stiftler, liebe Repetentinnen und Repetenten, liebe Gäste, deshalb sind nicht zuerst und vor allem der Leib und die Brüste Mariens selig zu preisen, sondern *Ihr* seid selig zu preisen: *Ihr*, die Ihr von Gottes unwiderruflichem Ja erobert werden sollt und vielleicht sogar schon, und sei es ganz unmerklich, von diesem göttlichen Urwort erobert worden seid. Und erst recht *selig Ihr*, wenn Ihr dieses göttliche Ja nicht nur bewahrt, sondern glaubwürdig weitergebt, auf daß es neue Eroberungen machen kann. Ganz egal, ob Ihr es in die Welt hineinschreit oder dem Nächsten zuflüstert - wenn Ihr es nur glaubwürdig weitergebt: *Selig Ihr!*

Ich wünsche Ihnen allen, daß Sie an Gottes uns durch und durch und ganz und gar bejahendem Wort so viel Freude haben, daß ein jeder und eine jede von Ihnen wie Maria sagen kann: *mir geschehe, wie Du gesagt hast, fiat mihi secundum verbum tuum*. Dann wird Ihnen das Beste geschehen, was einem Menschen auf Erden überhaupt geschehen kann. Dann öffnet sich schon hier und jetzt »die Tür zum schönen Paradeis«. Denn was ist das Paradies, wenn nicht dies, daß Gott uns als ein *menschlicher Gott* begegnet und wir ihm als *menschliche Menschen*. Das ist's. Das ist's, was sich ereignet, wenn uns geschieht, was uns verheißen wurde: daß Gott uns *menschlich* begegnet - und wir uns auch. Ich wünsche es Ihnen. Ich wünsche es uns. Und Maria, die von jener Frau aus der Menge seliggepriesene Mutter des Herrn - sie würde gewiß einstimmen in die Seligpreisung derer, die Gottes Wort hören und bewahren und also ihrerseits sagen: *Selig Ihr!* Amen.

## Lukas 13,31-33a und 35b

*Frohe* Ostern, liebe Stiftsgemeinde, nein: *frohe* Ostern waren das nicht. Dazu schrie das Blut der Toten im Kosovo zu laut. Es schrie zum Himmel. Und es gellt nicht nur in *Gottes*, es gellt auch in *unseren* Ohren: himmelschreiendes Unrecht, himmelschreiender Völkermord! Und die, die helfen wollen, konnten nicht helfen, mußten vielmehr ihre Ohnmacht erfahren. Sie wollten Frieden bringen und steigerten - zumindest zunächst - doch nur Elend und Verzweiflung. Sie wollten die Vertreibung beenden und haben sie potenziert. Haben sie gleichwohl recht gehandelt? Wir wagen es zu hoffen; doch wir wissen es nicht. Ach, selbst die klügsten Köpfe wissen nicht mehr aus noch ein.

Nein, das waren keine *frohen* Ostern. Wer mag da aus vollem Halse singen: »Gelobt sei Gott im höchsten Thron samt seinem eingebornen Sohn, der für uns hat genug getan«? *Genug?* Man fühlt sich zurückgeworfen in die vorösterliche, die traurige Zeit, in die Zeit der Leidensgeschichte, in die Zeit der Ohnmacht Gottes: »O große Not! Gott selbst liegt tot.«

Doch anders als unter den schmerzlichen Erfahrungen von Ohnmacht und Leid war die österliche Botschaft nie zu vernehmen - die wenigen strahlenden Augenblicke der Weltgeschichte wurden stets schnell vertrieben. Schon Paulus hat dezidiert vom *Gekreuzigten* geredet, wenn er die Botschaft vom *österlichen Sieg* verkündete. Und die Evangelisten sind ihrerseits mit der Botschaft von der *neuen,* der *österlichen Zeit* zurückgekehrt in die *alte Weltzeit* und haben ihre Evangelien als *nach rückwärts verlängerte Passionsgeschichten* konzipiert.

Das lernen wir alles bereits in den neutestamentlichen Proseminaren. Doch man muß es eben auch sehr existentiell lernen und immer wieder lernen: Die österliche Botschaft ist voll von Verheißung, aber eben deshalb auch voll von Widerspruch gegen die alte, die von den Mächten des Verderbens beherrschte und deshalb hoffnungslos veraltete, aber noch immer sehr präsente Welt. Die ganze Macht dieses Widerspruchs, aber auch die ganze Fülle jener Verheißungen erfahren wir also nur, wenn wir mit der österlichen Freudenbotschaft in unsere oft so traurige Wirklichkeit zurückkehren, damit sich das Evangelium von der Auferstehung Jesu Christi an unserer harten Wirklichkeit abarbeiten und gegen sie durchsetzen kann.

Und deshalb wollen wir für diesmal am Anfang des Semesters, in dieser österlichen Zeit, mit dem Evangelium zurückkehren in das Leben des irdischen Jesus und auf die Spur achten, die vom Leben zum Tode führt, um mitten im Tod den Sieg über den Tod zu verkündigen. Wir sammeln uns um einige Verse aus dem 13. Kapitel des Lukasevangeliums:

*In derselben Stunde traten einige Pharisäer [an ihn] heran und sagten zu ihm: »Geh weg! Und wandere fort von hier! Denn Herodes will Dich töten.« Und er sprach zu ihnen: »Geht Ihr und sagt diesem Fuchs: Siehe, ich treibe Dämonen aus und vollbringe Heilungen heute und morgen. Und am dritten Tag werde ich vollendet. Aber heute und morgen und an [jedem] kommenden Tag muß ich wandern ... bis [der Tag] kommt, an dem Ihr sagt: Gesegnet sei, der da kommt im Namen des Herrn!«*

Das ist ein merkwürdiges Kommen und Gehen, so merkwürdig, daß man zunächst gar nicht begreift, wer da geht und wer da kommt.

Nur das begreifen wir auf Anhieb, daß auch wir irgendwie in jenes Kommen und Gehen verstrickt sind: in jenes merkwürdige Kommen und Gehen, das uns in dieser Geschichte von einem der letzten Tage Jesu vor Augen geführt wird. Kommt doch jenes Kommen und Gehen erst am Kreuz von Golgatha zur Ruhe, also dort, wo der Tod nach ihm und in ihm zugleich auch nach uns griff - und sich *vergriff*. Denn am Ostermorgen beginnt ein neues, noch ganz anderes Kommen und Gehen - an jenem österlichen Morgen, der die alte Welt, ohne daß sie es weiß, mit neuem Leben erfüllt hat: an jenem österlichen Morgen, von dem wir alle herkommen.

Eine seltsame Unruhe herrscht in diesem Text, in dem wir einige Menschen *kommen* sehen, um denjenigen *zum Gehen* zu bewegen, der in einem überlegenen Sinne *der Kommende* ist und bleibt. Eine seltsame, gleichermaßen profane und heilige Unruhe bestimmt die Szene. Und geht von ihr aus. Und kommt über jeden, der entdeckt, daß es in jenem Kommen und Gehen *um ihn* geht, jedenfalls *auch um ihn* geht.

Das aber entdecken wir nur, wenn wir zunächst einmal von uns selber absehen und es tunlichst unterlassen, uns voreilig in die fremde Geschichte einzufädeln oder gar einzumischen oder sonstwie »hereinzuzäunseln«, wie die Schwaben sagen. Zunächst ist es ja *seine*, ist es *Jesu Christi* ureigene Geschichte, die Lukas erzählt: freilich eine beziehungsreiche Geschichte!

Im Grunde ist es sogar *nur eine beziehungsreiche Stunde*, die der Evangelist uns vor Augen führt: eine Stunde aus dem Leben eines Wanderpredigers. Und von der ist es auch nur ein Bruchteil, sind es *nur einige sich jagende Augenblicke*. Die aber haben es in sich. In gewisser Weise haben sie sogar das Ganze in sich: die ganze Geschichte dessen, »der da kommen soll«. Und die ganze Geschichte derer, die vor ihm waren und nach ihm sein werden: in einem Augenblick - das Ganze.

Hin und wieder ereignet sich das ja auch unter uns, daß in einem erfüllten Moment Sein und Zeit eins zu werden scheinen. Das sind in der Regel Momente unendlichen Glücks. Und ich vermute, daß zumindest einige von Ihnen solche Augenblicke ebenfalls kennen, in denen sich »die unmittelbare Gegenwart des ganzen ungeteilten Daseins« zu ereignen scheint - Augenblicke, in denen man keine Vergangenheit und keine Zukunft mehr kennt, weil alles da ist, weil das ganze Leben präsent wird. Das sind Augenblicke des Hochgefühls, Augenblicke höchster Lust zumeist, zu denen man weiß Gott sagen möchte: »Verweile doch! Du bist so schön!«

*Schön?* Davon kann im Blick auf jene Szene aus dem Leben Jesu keine Rede sein. *Schön* ist an jenen Augenblikken und in ihnen gar nichts. Gewiß, *sie* haben es in sich. Diese Augenblicke haben sogar *das Ganze* in sich. Aber das deshalb, weil in ihnen über *die letzte Stunde* entschieden wird, also über *das Ende*, von dem her erst ein Menschenleben *seine Ganzheit* gewinnt. Erst der Tod macht aus den vielen Bruchstücken unseres Lebens ein Ganzes. Und um den Tod Jesu geht es in dieser Szene.

In den wenigen Augenblicken, die uns Lukas vor Augen führt, entscheidet sich, ob das Leben des Juden Jesus ein gewaltsames Ende nehmen wird oder aber ein »natürliches« und in gewisser Weise »gutes Ende« finden wird: »in aller Gottseligkeit und Ehrbarkeit« sozusagen, ein privates Ende also, das dann zumindest im nachhinein seine ganze Existenz als eine *Privatexistenz* zu qualifizieren erlaubt. Je privater, desto ungefährlicher ...

So etwas müssen sich wohl auch die paar Pharisäer gedacht haben: jene, die es *gut* mit ihm meinten. Sie wußten, daß die Staatsgewalt, daß es Herodes ganz und gar nicht gut mit ihm meinte. Deshalb ihr Ratschlag, ihr nur zu gut gemeinter Ratschlag: »Geh weg! Fort von hier! Denn Herodes will dich töten.«

Deshalb also waren sie *gekommen*, zu ihm gekommen: damit er *gehe*. In seinem eigenen, wohl verstandenen Interesse, wie sie meinten: »Zieh Dich ins Privatleben zurück. Das wird dich *retten*.«

Vermutlich hatten sie recht. Doch ob sie geahnt haben, daß dann die Welt *verlorengehen*, *definitiv verlorengehen* würde? Ob sie geahnt haben, daß seine Rettung unseren Untergang bedeutet hätte? Wohl kaum.

Aber wir, die wir uns Christen nennen und an die rettende Kraft seines Todes glauben - was sagen wir? Was sagt unser Herz? Murmeln nicht auch wir, was jene Pharisäer frei heraus sagten, nämlich: *Geh weg! In Deinem eigenen wohlverstandenen Interesse: Geh weg! Mit mir blamierst Du Dich nur.*

In der Tat: mit mir kann er sich nur blamieren. Soweit kennt sich jeder von uns selbst, daß mit uns kein Staat zu machen ist - jedenfalls nicht vor Gott.

Doch das weiß Gott auch. Er weiß, daß er sich mit uns wirklich nur blamieren kann. Aber das hält ihn nicht davon ab, sich auf den Weg zu uns zu machen. Ganz im Gegenteil! Deshalb ist ja der Mann aus Nazareth *unterwegs*, deshalb *kommt* er im Namen des Herrn, weil Gott auf jeden Fall - Blamage hin, Blamage her - mit uns *zusammensein* will. Und das nicht abstrakt, nicht aus majestätischer Distanz. Nein, er will ganz konkret mit uns zusammensein. Wenn wir essen und trinken, dann will er dabei sein. Gibt es etwas zu lachen, er will mit uns lachen. Und wenn jemand abseits von aller Fröhlichkeit einsam seinen eigenen Tränen überlassen ist - und auch das ist nicht selten in diesem Hause der Fall -, dann will er auch zu dem Weinenden kommen, um mit ihm zu weinen und, wenn es an der Zeit ist, seine Tränen zu trocknen. Nichts schlimmer, nichts verkehrter, als in einer solchen Situation mit letztem, verzweifeltem Stolz zu sagen: *Geh weg! In Deinem eigenen wohlverstandenen Interesse: Geh weg! Bei mir bist Du in schlechter Gesellschaft.*

Wohl wahr. Gott widerspricht dieser Feststellung nicht. Aber er antwortet mit der ihm eigenen Dialektik: Gewiß, bei Dir bin ich in schlechter Gesellschaft. Doch bei mir bist Du in guter, bist Du in bester Gesellschaft. Ich bleibe bei Dir.

Und wie Gott, so spricht auch der, der da kommt im Namen des Herrn. Wenn es konkret wird, sind sie beide identisch: der Galiläer und sein himmlischer Vater. Und wie Jesus nicht geht, um sich selber zu retten, so läßt sich auch Gott nicht wegschicken, wie man einen Kommilitonen oder eine Repetentin oder einen Ephorus wegschicken kann oder auch einfach weggehen lassen kann: zurück in ihre vier Wände. Nein, Gott läßt sich nicht wegschicken. Er geht nicht, um dann *ohne uns* bei sich selbst zu sein von Ewigkeit zu Ewigkeit. Gott will keine private Ewigkeit für sich selbst.

Und aus demselben Grunde läßt sich auch der, der im Namen des Herrn unterwegs ist, nicht ein auf den gut gemeinten Ratschlag: *Geh weg! Rette Dich!* Er weicht der tyrannischen Staatsgewalt nicht, sondern er fordert sie heraus. Nicht darin, daß er Herodes einen Fuchs nennt, besteht die Herausforderung - obwohl der König sich selber wohl eher mit einem Löwen verglichen hätte. Nein, Jesus fordert die Staatsgewalt ganz einfach dadurch heraus, daß er sie mit der Wahrheit konfrontiert. Nichts fürchten Tyrannen mehr als die Wahrheit. Deshalb sollen die Pharisäer, die es gut mit ihm meinen, nun ihrerseits weggehen, um dem Tyrannen die Wahrheit in Erinnerung zu rufen. *Geh weg!* - sagen sie. *Geht Ihr* - sagt er: *Geht Ihr und sagt diesem Fuchs Herodes: Siehe, ich treibe Dämonen aus …*

Er, der die Dämonen in die Flucht schlägt, er sollte vor der Staatsgewalt fliehen? Selbst Herodes muß begreifen, wie absurd das wäre. Der, dem die Dämonen weichen müssen, weicht niemandem. Nein, Jesus bleibt.

Und *wenn* er geht, weitergeht, dann tut er es als *der Kommende* und gerade nicht als der Weichende.

Und so geht denn jene *heilige Unruhe* von ihm aus, die schon seine Zeitgenossen zutiefst beunruhigte. Herodes zumal, der nach dem Bericht des Josephus die ungestörte Ruhe liebte. Diktatoren lieben immer die Ruhe, jene Ruhe, die von der Friedhofsruhe kaum zu unterscheiden ist. Der Nazarener stört diese Ruhe. Er stört sie empfindlich. Er stört immer. Er stört selbst im Reiche des Todes. Ja, auch das Totenreich wird vor seiner Unruhe nicht sicher sein. Denn von ihm geht *österliche Unruhe* aus.

Gewiß, *ohne Ruhe,* ohne ein *Minimum von Ruhe* kann auch die unruhigste Kreatur nicht leben. Wir brauchen alle ein Minimum an Geborgenheit. Und ich wünsche Ihnen, liebe Stiftlerinnen und Stiftler, daß Sie in diesem unserem Haus wenigstens solch ein Minimum an Geborgenheit finden. Wir brauchen alle so etwas wie Heimat, um dann hinausgehen zu können »ins feindliche Leben«. Und wie wir menschlichen, so brauchen auch die nicht-menschlichen Geschöpfe Ruheorte, Behausungen, in die sie sich zurückziehen können, um ganz bei sich selbst zu sein. Jesus weiß das. »Die Füchse haben Gruben, und die Vögel haben Nester«.

Aber er? Der Menschensohn hat keinen Ort, wo er sein Haupt bergen könnte. Er *muß* unterwegs sein. Das ist seine Sendung. Der ewige Jude, der Jude, der immer und ewig unterwegs sein muß, der so oft so bösartig karikierte ewige Jude - in diesem Text steht er vor uns. Und auch hier *steht* er nur für einen Augenblick, um Rede und Antwort zu stehen. Dann muß er weiter: »Heute und morgen und an [jedem] kommenden Tag muß ich wandern«.

Man hat nicht an ihn, man hat ganz gewiß nicht an Jesus gedacht, als man in Europa - und in Deutschland zumal - in bösester Absicht das Bild vom ewigen Juden beschwor, der in dieser Welt keine Ruhe findet. In meiner frühesten Jugend hat die damalige Propaganda uns diesen ewigen Juden fast täglich vor Augen gemalt. Und wenn dann der jüdische Kinderarzt ins Haus kam, fragten wir Geschwister uns beklommen, ob er es wohl sei: der ewige Jude.

Wir mußten erst älter werden und schlimme Erfahrungen machen, um zu begreifen, wie infam jene bösartige Karikatur war. Als wir es dann begriffen, war der jüdische Hausarzt schon längst nicht mehr da. Er hatte noch fliehen können - Gott sei Dank!

Der Jude Jesus hat nicht fliehen *wollen*, obwohl er nun zweifellos wußte, daß Herodes ihn töten wollte. Er nannte Herodes einen Fuchs und wanderte weiter, hinauf nach Jerusalem, dem gewaltsamen Ende entgegen. Und wir haben Grund, auch in diesem Fall hinzuzufügen: Gott sei Dank!

Gott sei Dank - nicht etwa weil wir für ein moralisch heroisches Vorbild dankbar sind, das wir brauchen, um unsere eigene moralische Schwäche zu kompensieren. Gewiß, gewiß: moralische Schwächlinge sind wir alle, die einen vielleicht etwas weniger, die anderen dafür um so mehr. Doch um ihnen, um uns *ein moralisches Vorbild* zu sein - dafür ist Jesus nicht in den Tod gegangen. Vorbilder rufen nach Nachahmung. Jesu Tod aber läßt sich nicht nachahmen. Jesu Tod steht für sich und kennt nicht seinesgleichen. Denn als er starb, er, der im Namen des Herrn unterwegs war, da gab es für den allmächtigen und in seiner Allmacht unendlich hohen Gott kein Halten mehr. Als Jesus starb, da erniedrigte sich der unendlich Hohe, da suchte Gott selbst den Tod heim, um ihn mit dessen eigenen Mitteln zu schlagen: »Die Schrift hat verkündet das, wie ein Tod den andern fraß; ein Spott aus dem Tod ist worden.«

Das aber verrät der Tod auf Golgatha selber noch nicht. Und Jesu Weg in den Tod auch nicht. Selbst die treusten seiner Weggenossen vermochten diesen Weg, als er begann, nicht zu begreifen, und, als er sich vollendete, nicht zu teilen: am Ende verließen ihn alle. Mit *menschlichen* Maßstäben vermessen wir uns in diesem Fall allemal. Denn was sich da ereignete, das ist ein Geheimnis, das ist das Geheimnis schlechthin. Wenn es in dieser Welt jemals ein wirkliches Mysterium gab, dann ist es der Weg des Menschen Jesu in den Tod, dann ist es dieser Tod selbst.

Erst im *österlichen Licht* enthüllt sich dieses Mysterium, ohne doch aufzuhören, geheimnisvoll zu sein. Erst *im Licht des Ostermorgens* beginnen wir zu entdecken, daß Gott selbst in diesem Tod gegenwärtig war. Und daß eben deshalb auch der Tod den Weg Jesu Christi nicht abzubrechen, nicht zu beenden vermochte.

Von den Toten auferstanden, trägt er aufs neue sein Kreuz durch die Welt, um bei den Lebenden, aber eben auch bei den Toten, um in diesem unserem lebhaften Haus am Neckar, aber eben auch auf den Totenfeldern des Kosovo zu sein. Ja, die »christlichen« Mörder sollen wissen, daß der, den sie anrufen, auf der Seite der von ihnen Ermordeten ist. Er kommt zu ihnen im Namen des Herrn. Er überläßt keinen Lebenden und keinen Toten mehr sich selbst. Friedrich Nietzsche hat - wenn auch in einem ganz anderen Sinne, als er selber es meinte - durch und durch recht: »dies ungeheure Ereignis ist noch unterwegs und wandert«. Seit dem Ostermorgen ist der Mann aus Nazareth erneut unterwegs und wandert: der ewige Jude, in dem der ewige Gott selbst unterwegs ist und wandert. Er ist und bleibt *der Kommende*.

Kommt er auch an? Kommt er bei uns an, liebe Stiftsgemeinde? Oder sagen wir abermals: »Geh weg! Wandere weiter«?

Doch selbst wenn wir das täten, er käme wieder. Denn er will, daß auch wir statt vergehende *kommende Menschen* werden. Deshalb will er uns bei sich haben, will er uns zu seinen Gesellen haben, die er mit sich nimmt auf seinen Weg, auf jenen geheimnisvollen Weg, auf dem jeder Schritt ein Ziel ist. Paul Gerhard hat es mit österlicher Klarheit besungen: »... wo mein Haupt durch ist gangen, da nimmt er mich auch mit. Er reißet durch den Tod, durch Welt, durch Sünd, durch Not, er reißet durch die Höll, ich bin stets sein Gesell«.

Ja, das sind wir, liebe Brüder und Schwestern: Gesellinnen und Gesellen dessen, der da kommt. Ist er im Kommen, dann sind es auch wir - quasimodogeniti, so wie neugeborene Kinder im Kommen sind. Und im Kommen bleiben, solange sie Kinder sind. Vor Gott, liebe Stiftsgemeinde, sind und bleiben wir allezeit solche Kinder und von nun an bis in alle Ewigkeit unwiderruflich *im Kommen*.

Deshalb: Was auch immer schiefgehen mag im nun beginnenden Semester - und es wird wohl auch diesmal einiges schiefgehen -, es wird uns nicht zugrunde richten. Denn der, der da kommt im Namen des Herrn, ist auch bei denen, denen einiges oder sogar alles schiefgeht. Der Herr kommt, auch in dieses Evangelische Stift.

*Wenn* er aber kommt - und er kommt in der Regel sehr unscheinbar, so unscheinbar wie in einem Stück Brot und einem Schluck Wein -, wenn er kommt, dann soll er uns von Herzen willkommen sein. Denn was am Ende aller Tage *alle* sagen werden, das können *wir* - welch ein Privileg! - schon hier und heute, schon jetzt sagen. Am Tisch des Herrn singen wir bereits jetzt: *Gelobt sei, der da kommt im Namen des Herrn*. Amen.

## Lukas 21,25-30

*Und es werden Zeichen geschehen an Sonne, Mond und Sternen.*
*Und auf Erden werden die Völker bange sein, ohne Ausweg angesichts des Tosens und Tobens des Meeres.*
*Die Menschen werden vergehen vor Furcht und Erwartung der Dinge, die über den Erdkreis kommen.*
*Denn die Kräfte des Himmels werden ins Wanken kommen.*
*Und alsdann werden sie den Menschensohn kommen sehen auf einer Wolke mit großer Kraft und Herrlichkeit.*
*Wenn aber dies zu geschehen beginnt, dann richtet Euch auf und erhebt Eure Häupter, weil Eure Erlösung naht.*
*Und er sagte ihnen ein Gleichnis: Schaut auf den Feigenbaum und auf alle Bäume! Wenn sie anfangen auszuschlagen und Ihr seht es schon, dann wißt Ihr, daß der Sommer nahe ist.*

Liebe Gemeinde!
Ziel oder Ende - das ist hier die Frage: lang ersehntes und eifrig erstrebtes glückliches Ziel oder oft befürchtetes und schon im voraus verfluchtes schreckliches Ende? »Wenn aber dies zu geschehen beginnt«, wenn am Himmel und auf der Erde jene grundstürzenden Veränderungen vor sich gehen werden, von denen in den drei ersten Evangelien ziemlich übereinstimmend die Rede ist, - kommt dann ein *Ziel* in den Blick, das der Weltgeschichte und deshalb auch unserem Leben in dieser Welt einen *Sinn* gibt? Oder hebt dann ein sinnloses, ja sinnwidriges *Ende* an, das allem, was jemals war, ist und sein wird, noch nachträglich das Signet der Vergeblichkeit anheftet: alles umsonst? Werden wir oder unsere Nachkommen am Ende unter einer zusammenbrechenden Welt begraben werden? Oder werden wir erhobenen Hauptes ins Ziel gehen und also dabei sein, when the saints go marching in?

Oder ist das alles eine falsche Alternative? Vielleicht bringt das Evangelium für den 2. Advent etwas ganz anderes noch in den Blick als das Entweder-Oder von Ziel und Ende, von Sinn und Sinnlosigkeit? Ein richtiger Advent ist ja allemal die Ankunft einer Zukunft, die sich keineswegs hochrechnen läßt aus dem, was bisher war und was uns gewohnt und vertraut ist. Ein richtiger Advent ist noch immer für Überraschungen gut. Sehen wir also genauer zu, was das Adventsevangelium uns in Aussicht stellt!

*Ziele* sind für Handelnde da. *Ziele* setzen wir uns, weil wir etwas *erreichen wollen*. Oder sie werden uns gesetzt, weil wir etwas *erreichen sollen*. Es müssen nicht unbedingt hochgesteckte Ziele sein, ja nicht einmal ehrenhaft müssen sie sein: solange wir zielgerichtet existieren, hat unser Dasein Sinn. Selbst ein Halunke, dem es gelingt, das selbstgesteckte Ziel - sagen wir einmal: der Banknotenfälschung - zu verwirklichen, wird sein Leben als sinnvoll beurteilen. Und solange wir das Ganze am Bildschirm verfolgen, urteilen wir auch so. Erst wenn es schief geht, erst wenn das schreckliche Ende - zum Beispiel in Gestalt des Kriminaloberinspektors - kommt, bevor das dubiose Ziel erreicht wurde, zerbricht der Sinn. Der Halunke ist frustriert. Seine kriminelle Energie war *umsonst*.

Ist in diesem Sinne am Ende *alles* umsonst? Was die synoptische Apokalypse ankündigt an unerhörten Ereignissen am Himmel über uns und im Abgrund unter uns, das scheint in der Tat auf so etwas wie ein Ende mit Schrekken hinauszulaufen. Der Blick nach oben und der Blick in die Tiefe wird dann Schreckliches sich ereignen sehen.

Solche Ankündigungen gehören seit der Zeit des Alten Testamentes zum apokalyptischen Szenario. Die Zeichen am Himmel, von denen bei Lukas die Rede ist, haben Markus und Matthäus denn auch mit Worten der Propheten genauer beschrieben: die Sonne, Quelle des Lichts, wird stockfinster werden; der Mond wird seinen zwar erborgten, aber doch zumindest den Liebespaaren lieblich leuchtenden Schein verlieren; die funkelnden Sterne werden die vertrauten Bahnen verlassen und vom Himmel stürzen. Lukas sagt es kurz und bündig: »Die Kräfte des Himmels werden ins Wanken kommen«, will heißen: das Firmament wird in Aufruhr geraten. Auf den gestirnten Himmel über uns, bisher Inbegriff der Verläßlichkeit, wird dann kein Verlaß mehr sein.

Doch damit nicht genug: bei Lukas treten den erschreckenden Ereignissen in der Höhe nicht weniger schreckliche Vorgänge in der Tiefe zur Seite. Die Urgewalt des Meeres wird entfesselt werden. Für die Menschen der alten Welt bedeutete das mehr noch als eine verheerende

Überschwemmungskatastrophe. Die Fesselung der Wasserkraft - das war ja ein Teil des göttlichen Schöpfungswerkes. Am Anfang, als Gott Himmel und Erde schuf und die Erde wüst war und leer, tohuwabohu, chaotisch also, da verwandelte Gott das Tohuwabohu in eine blühende Schöpfung. Und er tat dies nicht zuletzt dadurch, daß er die zerstörerische Urgewalt tobender Wasser fesselte und als chaotisches Urmeer hinab in die Tiefe verbannte. Am Uranfang der Schöpfung wurde das Wasser-Chaos gebannt. Am Ende aller Dinge aber, so will Lukas uns zu verstehen geben, am Ende bricht das Wasser-Chaos aus der Tiefe wieder empor. Und es ist dann nicht ein einzelner Mensch, es ist vielmehr die Menschheit, der dann das Wasser bis zum Halse steht.

Der gestirnte Himmel über uns bricht herab. Das chaotische Urmeer bricht aus der Tiefe herauf. Eine Welt bricht zusammen.

*Aporie*, *Ausweglosigkeit* ist das Wort, mit dem Lukas die Wirkung dieses kosmischen Zusammenbruchs auf die Menschheit beschreibt: »Und auf Erden werden die Völker bange sein, ohne Ausweg«. Wenn selbst auf den Himmel kein Verlaß mehr ist, wenn der Menschheit das Wasser bis zum Halse steht, dann ist *Ausweglosigkeit* in der Tat das treffende Wort.

Daß eine Welt zusammenbricht, das kann man freilich jederzeit erfahren. Man muß da nicht erst an das Ende aller Dinge denken. Es muß nicht gleich die Verläßlichkeit des gestirnten Himmels über uns ins Wanken geraten. Es reicht, daß ein Mensch, den ich für unbedingt verläßlich hielt, die Treue bricht - und eine Welt bricht zusammen. In den neuen Bundesländern muß jetzt so manche Person die bittere Erfahrung machen, daß der beste Freund, ja sogar der eigene Ehemann als Spitzel des Staatssicherheitsdienstes auf sie angesetzt war. Wer unmittelbar von solchem Treuebruch betroffen ist, dem wird das eigene Leben schnell wüst und leer. Ausweglos.

Ausweglos - das heißt, daß ich mit meinen Möglichkeiten *am Ende bin*, daß ich nichts mehr *machen* kann, nichts mehr *bewirken* kann. Im Neuen Testament wird so »die Nacht« geschildert, »da niemand wirken kann«.

Zur Zeit der ältesten Christenheit hat man offensichtlich massenweise und immer wieder dergleichen Erfahrungen von Ausweglosigkeit gemacht. Die antike Heiterkeit war längst verschwunden. Graue Resignation hatte sich über die einst so bunte Welt gelegt. Die Sonne Homers war verblaßt. Vergeblich suchte man seinen glücklichen Stern.

Vorbei die Lebensfreude früherer Zeiten! Vergangen die Zeiten der Götter Griechenlands, »da Ihr noch die schöne Welt regiertet an der Freude leichtem Gängelband«! Nichts war mehr leicht. Jedenfalls wurde nichts mehr leicht genommen. Die damalige Menschheit litt - darin der unsrigen durchaus vergleichbar - unter der Last des eigenen Versagens. Und sie wußte sich durch das Versagen früherer Generationen noch zusätzlich belastet.

Wenn aber das tägliche Leben derart penetrant als ausweglos erfahren wird, dann mag man der Weltgeschichte auch keine Fortschritte zum Besseren mehr zutrauen, dann traut man der Welt insgesamt kein gutes Ende zu. Da erscheinen dann die dunklen prophetischen Ankündigungen eines letzten, schrecklichen Tages wie ein gefundenes Fressen. Mit ihnen konnte man die tiefe Melancholie zum Ausdruck bringen, die sich auf die Gesamtstimmung der damaligen Welt gelegt hat: Endzeitstimmung, Weltuntergangsstimmung. Als *Tag des Zornes* wurde *jener Tag*, der letzte Tag erwartet, an dem zutage treten soll, was wir aus Gottes guter Schöpfung gemacht haben:

dies irae, dies illa
solvet saeclum in favilla
teste David et Sybilla.

In den gewaltigen Klängen des Requiems hallt auch unser Predigttext unüberhörbar nach. Und es ist wohl wahr, daß auch viele von uns unserer Welt keine andere Zukunft mehr geben als ein Ende mit Schrecken.

Muß ich aufzählen, was uns, die wir eben noch voller Hoffnung waren angesichts des Zusammenbruchs der östlichen Diktaturen, heute so bitter und mißtrauisch macht? Daß unsere jüdischen Mitbürger wieder Angst haben müssen in Deutschland, sagt mehr als genug. Und daß nun Woche für Woche sich mörderischer Terror gegen Ausländer richtet, das treibt uns die Schamesröte und die Zornesröte ins Gesicht. »Die Würde des Menschen ist unantastbar« und wird doch täglich mit Füßen getreten. Und das keineswegs nur in politischen Zusammenhängen und mit groben Stiefeln, sondern auch in sehr persönlichen, sehr privaten, sehr intimen Beziehungen, sozusagen auf Zehenspitzen, aber mit derselben zerstörerischen Wirkung. Wenn der gestirnte Himmel über uns sich empören könnte über die hemmungslose Unverfrorenheit und die bösartige Raffinesse, mit der das moralische Gesetz in uns Tag für Tag und Stunde für Stunde gebrochen wird, dann müßten Sonne und Mond sich augenblicklich verfinstern und die Sterne reihenweise vom Himmel fallen. Keiner von uns ginge dann noch einem Ziel entgegen. Jedem von uns käme dann nur noch ein zukunftsloses Ende entgegen.

Ingeborg Bachmann, unter den Dichtern dieses Jahrhunderts vielleicht die prägnanteste, hat die ganz persönliche Erfahrung einer zusammenbrechenden Welt in Worte gefaßt, als sie formulierte:

Nichts mehr wird kommen.
Frühling wird nicht mehr werden.
Tausendjährige Kalender sagen es jedem voraus.
Aber auch Sommer und weiterhin, was so gute Namen
wie 'sommerlich' hat -
es wird nichts mehr kommen.
Du sollst ja nicht weinen,
sagt eine Musik.
Sonst
sagt
niemand
etwas.

Wenn niemand mehr etwas sagt, dann wird weiß Gott nichts mehr kommen. Dann gilt: so viel Ende war noch nie.

Wir haben kein Recht, liebe Gemeinde, die Wahrheit einer solchen Erfahrung, wie sie die Dichterin in Worte gefaßt hat, in Frage zu stellen. Aber wir haben die Pflicht, ihr eine andere Wahrheit zur Seite zu stellen: eine Wahrheit, die nicht in tausendjährigen Kalendern, sondern im

Evangelium zur Sprache kommt. Und die sich gerade an jener bitteren Wahrheit bewähren will und also genau eben da gesagt zu werden verlangt, wo wir erfahren: »Nichts mehr wird kommen ...« Und: »... Sonst sagt niemand etwas.«

In unserem Predigttext tritt ja, verwirrend genug, der Ankündigung jenes zukunftslosen Endes ein Gleichnis zur Seite, das unsere Augen und unsere Urteilskraft in eine ganz andere Richtung lenkt. Mitten in der Erwartung des Endes der Welt wird unsere Aufmerksamkeit zurückgelenkt in die Welt und auf einen Feigenbaum gerichtet und auf all die anderen Bäume, deren Zweige gerade eben auszuschlagen beginnen, also einen neuen Sommer ankündigen. In Palästina kommt der Sommer - im Unterschied zu unseren Breiten - ohne das Zwischenspiel des Frühlings plötzlich und schnell. So plötzlich und schnell, daß man über den sommerlichen Anfang den noch herrschenden Winter sofort vergißt. Man hat nicht einmal Zeit, von der eigenen Trauer über die trostlose Winterzeit auch nur Abschied zu nehmen - so plötzlich fängt der palästinensische Sommer an.

Wer die Sprache des Feigenbaums versteht, der wird zwar nicht bestreiten, daß jederzeit eine Welt zusammenbrechen kann und daß am Ende aller Dinge sogar der ganze sichtbare Kosmos kollabieren mag. Aber er wird da, wo er selber nichts mehr machen, nichts mehr bewirken kann, den göttlichen Anfänger bereits am Werke sehen. Anfänge zu machen ist Gottes Lieblingstätigkeit. Das Gleichnis vom Feigenbaum soll uns dessen gewiß machen, daß Gott auch am Ende aller Dinge ein Gott des Anfangs sein wird. Und daß er sogar mit seinem herrlichen Anfang unserem elenden Ende *zuvorkommt*. Wenn es unwiderrufbar dunkel wird in unserem Leben, in unserer Welt, dann wird Gott selber das Licht sein, das uns leuchtet und wärmt. Das ist gemeint, wenn es heißt, daß der Menschensohn kommen wird mit großer Kraft und Herrlichkeit. Und wie das Sonnenlicht die Pflanze dazu bringt, sich aufzurichten und dem Licht entgegenzuwachsen, so wird der in Gottes Licht erscheinende Menschensohn uns aufrichten: äußerlich und innerlich aufrichten. Er wird aus dem krummen Holz, das wir nach dem Urteil des unbestechlichen Immanuel Kant alle sind, endlich, endlich aufrechte Menschen machen.

In vielen apokalyptischen Mythen haben der Menschensohn und all die anderen endzeitlichen Richtergestalten allerdings eine ganz andere Funktion. Sie verschärfen und intensivieren die kreatürliche Angst vor dem Ende und wirken insofern zutiefst demütigend, erniedrigend, niederdrückend. Nicht so unser Evangelium. Erhobenen Hauptes, sagt es, dürfen wir unserem Richter entgegengehen.

Wie das? Wie kann man in einer zusammenbrechenden Welt den Kopf oben behalten und den aufrechten Gang üben?

Insofern als die Welt nichts anderes ist als der provisorische Ort, die Bühne, das Theater auf Zeit, auf dem Gott und wir Menschen die »Personen der Handlung« sind - so haben die theologischen Väter auf diese Frage geantwortet. Handlungen brauchen nun einmal einen Ort, und die Personen der Handlung brauchen Boden unter den Füßen, um agieren zu können. So wie eine Tragödie oder Komödie eine Bühne, ein Theater braucht, um gespielt werden zu können, so haben die alten Theologen die Welt als theatrum dei, als Gottes Theater bezeichnet. Sie haben dabei allerdings offengelassen, ob es auf dieser Bühne auch etwas zu lachen gibt.

Die Welt ein Theater? Zutreffend ist diese Charakterisierung doch wohl nur dann, wenn man an das moderne Theater denkt, in dem die Bühne selber ein Teil der Handlung, also sehr viel mehr als nur Bretter und Kulisse ist. Weil sie zur Handlung, zur Geschichte selber als deren Teil dazugehört, deshalb wird die Bühne im modernen Theater so gern bei offenem Vorhang umgebaut. Für einen alteuropäischen Menschen wie mich ist das zwar absurdes Theater. Aber als Gleichnis für die Rolle der Welt in Gottes Geschichte mit uns lasse ich es mir gerne gefallen. Eine Sonne, die ihr Licht, ein Mond, der seinen Schein verliert, und Sterne, die vom Himmel fallen - das ist ja in der Tat (und selbst dann, wenn es naturwissenschaftlich wahrscheinlich sein sollte) ein ganz und gar absurdes Theater: so absurd und beklemmend, daß man am liebsten nichts mehr davon hören möchte. Mag's denn so kommen! Doch bitte kein Wort mehr davon! Amen. Sela. Psalmende …

Wenn da der Feigenbaum nicht wäre, mit seinen ausschlagenden Zweigen! Er gibt zu verstehen, daß der Winter bereits gebrochen und eine neue Zeit mit einer neuen Geschichte im Anbruch ist. Wer die Sprache des Feigenbaums versteht, der wird es ertragen, daß die Bühne der Welt mitten in der Handlung umgebaut wird. Entscheidend sind dann nur noch die Personen der Handlung. Und deren eine, die göttliche Person der Handlung, die sorgt dafür, daß ihre Geschichte mit uns »weder Ziel noch Ende« haben wird. Denn seit Gott zur Welt gekommen ist, hat seine Geschichte mit uns einen unerschöpflichen Anfang. Einen Anfang, mit dem man immer wieder anfangen und von dem aus man erhobenen Hauptes weitergehen kann.

Wer in diesen Anfang verstrickt ist, der hat so etwas wie Ziel und Ende, der hat auch jedweden Sinn weit hinter sich gelassen. Verliebte Menschen fragen nicht nach dem Sinn ihrer Liebe. Sie lieben sich und sind sinnlos glücklich. Genau so ist es auch mit der Adventsgemeinde, wenn sie nur weiß, was sie da eigentlich feiert am ersten, zweiten, dritten und vierten Advent: sinnlos glücklich - oder etwas frömmer formuliert: selig sind alle, die mit Gottes Anfang, die mit Gottes Advent etwas anzufangen vermögen. Sie werden auch mitten im Weltzeitwinter vieles entdecken und kommen sehen, »was so gute Namen wie ›sommerlich‹ hat«. Amen.

## Johannes 6,47-51

*Amen, Amen, ich sage Euch: Wer glaubt, der hat ewiges Leben.*
*Ich bin das Brot des Lebens.*
*Eure Väter haben in der Wüste das Manna gegessen und sind gestorben.*
*Dies ist das Brot, das vom Himmel herabkommt, damit, wer davon ißt, nicht sterbe.*
*Ich bin das lebendige Brot, das vom Himmel herabgekommen ist. Wer von diesem Brot ißt, der wird leben in Ewigkeit.*
*Und das Brot, das ich geben werde, ist mein Fleisch, (gegeben) für das Leben der Welt.*

Das ist kein Evangelium für Satte, liebe Gemeinde: weder für die im weltlichen Sinne Satten noch für die, die vor lauter Frömmigkeit satt sind. Brot des Lebens - das ist Brot für Hungrige, für Lebenshungrige. Wer lebenssatt ist, wer gar schon in seiner Jugend saturiert ist und von allem genug hat - nein, für den sind diese Sätze nicht geschrieben. *Es sei denn*, der Satte und Allzusatte ließe sich durch dieses ungewöhnliche Lebensmittel, durch dieses vom Himmel gekommene Lebensbrot in ganz neuer Weise den Appetit wecken, so daß er aufs neue Geschmack bekäme, »Geschmack fürs Unendliche«, wie der junge Schleiermacher das genannt hat.

Das muß dann allerdings eine ganz besondere, eine wunderbare Speise sein, die nicht nur den Hungrigen Sättigung, sondern nun eben auch den Satten einen ganz neuen Hunger verspricht. Wenn das wahr ist, dann konfrontiert uns das Evangelium vom Brot des Lebens mit einer überaus ungewöhnlichen Wahrheit.

Wie ungewöhnlich sie ist, darauf weist schon das doppelte *Amen* am Anfang der Rede Jesu hin. *Amen* am Anfang - das läßt aufhorchen. In der Regel sagen wir das ja zum Schluß: *Amen*. Am Ende der Predigt, am Ende eines Gebetes, am Ende des Segens und also des ganzen Gottesdienstes - da gehört es hin, das liturgische *Amen*. Denn mit diesem hebräischen Wort bestätigen und bekräftigen wir, was wir gehört oder selber gesagt haben. Was Gott uns und was wir ihm, Gott, zu sagen haben, das alles setzen wir unwiderruflich in Kraft, indem wir *Amen* dazu sagen: »Amen, Amen, das sei wahr«. *Amen* -

das ist eigentlich ein Schlußwort, ein letztes Wort voller Gewißheit.

Um so bemerkenswerter, wenn ein Satz oder eine Rede so *beginnt*, wenn, wie in unserem heutigen Predigttext, das hebräische *Amen* am Anfang steht: »Amen, Amen, ich sage Euch: Wer glaubt, der ...« Was immer nun folgen mag - es ist offensichtlich etwas ganz Besonderes, es ist aller Aufmerksamkeit wert. *Amen* am Anfang eines Satzes Jesu und nun gleich noch ein doppeltes *Amen* am Anfang - das ist in der Sprache des Neuen Testaments so etwas wie ein theologischer Trompetenstoß. Er kündigt eine elementare Wahrheit an, eine Lebens-Wahrheit, die uns unbedingt angeht.

Die Musikalischen unter uns kennen ein solches Trompeten-Signal aus Beethovens Oper Fidelio, die drüben in der Staatsoper vor kurzem neu und überaus eindrücklich inszeniert worden ist. So wie im Fidelio das bis in den Kerker durchdringende Trompeten-Signal die rettende Ankunft des gerechten Gouverneurs kundtut, ein Ereignis also, das den mißhandelten Gefangenen endlich, endlich *Befreiung*, Befreiung zu einem *menschenwürdigen Leben* verheißt - so signalisiert das anfängliche doppelte Amen im Munde Jesu Christi eine elementare Lebens-Wahrheit, die nun *uns* wie durch Kerkermauern hindurch erreichen will, ja die bis in unser Innerstes hindurchdringen will, um dort *in* und *für* uns tätig und wirksam zu werden: »Amen, Amen, ich sage Euch: Wer glaubt, der hat ewiges Leben. Ich bin das Brot des Lebens ... Ich bin das lebendige Brot, das vom Himmel herabgekommen ist. Wer von diesem Brot ißt, der wird leben in Ewigkeit.«

Wir wollen zunächst vernachlässigen, was es mit dem *Glauben* auf sich hat und warum ausgerechnet der *Glaubende* ewiges Leben haben soll. Halten wir uns zunächst an das unbestreitbar Konkrete, also an den Zusammenhang von Brot - Essen - Leben. Die elementare Wahrheit, die zwischen Brot, Essen und Leben waltet, ist ja schnell entdeckt: Wer leben will, muß essen. Zum Leben braucht man Lebensmittel. Elementar bis hin zur Trivialität ist das. Zum Leben gehört das tägliche Brot.

In der Sprache der Bibel ist das Brot zusammen mit dem Wein das Grundlebensmittel schlechthin. Davon leben wir. Und selbst wenn wir uns eines Besseren belehren und uns sagen lassen, daß der Mensch *nicht vom Brot allein* lebt, gilt doch auch dann und ohne jeden Abstrich, daß wir, um leben zu können, unser tägliches Brot brauchen. Es ist unentbehrlich. Wer reichlich davon hat, der vergesse nur ja nicht, den Hungernden von seinen Lebensmitteln abzugeben. Und das nicht zu knapp!

Gerade eben haben sich in Kopenhagen mehr als einhundert Staats- und Regierungschefs feierlich dazu verpflichtet, »die Armut auszurotten«. Möge es gelingen! Doch wenn das auch nur halbwegs gelingen soll, braucht es mehr als nur den Willen der Regierenden. Dazu braucht es unseren eigenen Willen und ein den Willen steuerndes hilfreiches Herz. Die Welt der Hungernden und Verhungernden braucht unser Brot: jetzt ganz gewiß in Tschetschenien, dessen Volk unter den Augen derselben Regierungschefs, die doch die Armut ausrotten wollen, in die Armut hineingetrieben, ja regelrecht hineingeschossen wird. Jetzt also ganz gewiß in Tschetschenien und noch immer in so vielen Ländern Afrikas und Südamerikas. Aber auch hier in Berlin, gleich um die Ecke, ist der Hunger zu Haus. Wer Augen hat zu sehen, der sehe nur genau hin - und er wird wissen, was er zu tun hat. Wohl dem, der Brot für die Welt hat - und gibt.

Doch nun ist das Brot und ebenso der Wein schon in der Bibel *nicht nur* ein Nahrungsmittel, das unser *Körper* aufnimmt und verzehrt, um die nötige Lebensenergie zu gewinnen. Um Brot und Wein *versammeln* sich auch die Menschen, um *gemeinsam* Mahlzeit zu halten. Brot und Wein sind nicht nur dem Körper zugute kommende, sie sind auch *Gemeinschaft stiftende* Lebensmittel. Und was ist der Mensch ohne Gemeinschaft mit Menschen? Ein lebendiger Mensch, vielleicht. Aber ein menschlicher Mensch? Leben heißt immer: zusammenleben. Und menschlich sein heißt allemal: beieinander sein und füreinander dasein. Und so ist die Bitte um das tägliche Brot immer auch eine Bitte um alles, was wir brauchen, damit unser Leben gleichermaßen lebendig und menschlich bleibt oder wieder wird. Luther hat denn auch bei der Auslegung der Bitte um das tägliche Brot ausdrücklich erklärt, was alles zum täglichen Brot dazugehört, nämlich nicht nur: »Essen und Trinken«, sondern genauso »gute Freunde und getreue Nachbarn«. Und noch einiges mehr.

Alles also, was wir wirklich zum Leben brauchen, zur Lebendigkeit unseres menschlichen Lebens und zur Menschlichkeit unseres Lebens - das alles gehört zu dem täglichen Brot, um das wir unseren *Schöpfer* bitten. Und so ist denn das tägliche Brot zum Inbegriff dessen geworden, was unser irdisches Leben erfordert und was uns der Vater im Himmel gewährt. Friedrich Hölderlin hat es in seiner großen Elegie »Brot und Wein« eindrücklich festgehalten: »Brot« heißt es da, »Brot ist der Erde Frucht, doch ists vom Lichte gesegnet«.

Vom himmlischen Lichte gesegnet, gewiß. Doch als »der Erde Frucht« teilt es das Geschick alles Irdischen: es vergeht. Auch die »treuen Nachbarn und guten Freunde« werden zu unserem Schmerz irgendwann nicht mehr da sein - wie alles, was zum *täglichen Brot* gehört. Dieses Brot kommt und geht, und deshalb sättigt es nur vorübergehend. Es hat seine Zeit, und es wirkt nur auf Zeit. Der Hunger wird wiederkehren. Und dann muß neues Brot her. Und auch das wird nur *den* Hunger stillen, der *wiederkehrt*. Jedes irdische Lebensmittel trägt das Stigma der Vergänglichkeit an sich. Und deshalb dient es auch nur dem Aufbau eines Lebens, das seinerseits vergänglich ist: ein Leben auf Zeit.

Selbst das Manna, dieses wunderbare Brot, mit dem Gott die Israeliten in der Wüste gespeist hat, war nur ein Lebensmittel auf Zeit für ein Leben auf Zeit. »Eure Väter haben in der Wüste das Manna gegessen und sind gestorben.« Auch dieses rettende, aber eben nur auf Zeit rettende Brot war kein Pharmakon der Unsterblichkeit.

Ein ganz anderes Brot ist hingegen gemeint, wenn Jesus Christus von sich selber sagt: »Ich bin das Brot des Lebens.« Auch dieses Brot soll offensichtlich *Hunger* stillen, aber einen Hunger von anderer Art, einen Hunger, der sich nicht auf Zeit befriedigen läßt: nämlich den Hunger nach dem Leben selbst. Das Brot des Lebens gilt dem Lebenshunger.

Und wer von uns kennt diesen eigenartigen Hunger nicht? Jeder hat ihn irgendwann kennengelernt, und jeder kennt ihn wahrscheinlich ein wenig anders als der Nachbar. Der eine spürt ihn vielleicht als starken Appetit, die andere hingegen hat einen richtigen Heißhunger danach, und wieder ein anderer lebt mit einer regelrechten Lebensgier. Doch wie auch immer: keiner soll sich dieses Hungers schämen. Ganz im Gegenteil, ohne Lebenshunger fangen wir an, uns dem Tod auszuliefern. Deshalb: Wohl dem, den nach Leben hungert und dürstet. Er soll gesättigt werden. Das Brot des Lebens, es wartet auf ihn.

Wer wirklich lebenshungrig ist, der weiß freilich auch, was diesen Hunger von dem üblichen Verlangen nach dem irdischen Brot unterscheidet. Der übliche Hunger verlangt ja immer nur nach Beendigung eines Mangelzustandes. Ist das Brot im Bauch, hört der Hunger auf. Lebenshunger hingegen will nicht das, was *fehlt*, sondern *mehr* von dem, was *schon da* ist. Lebenshunger verlangt nach Lebenssteigerung, nach mehr und noch mehr Leben. Und es sind nicht die Schattenseiten, es ist nicht Leid und Weh, sondern es sind die guten, die schönen Seiten unserer irdischen Existenz, die diesen Hunger erzeugen. »Weh spricht: vergeh! ... Doch alle Lust will Ewigkeit -, ... will tiefe, tiefe Ewigkeit!«

Ewigkeit aber kann nur *durch Ewigkeit* ermöglicht werden. Und so ist denn das Brot des Lebens, das ewiges Leben verheißt, alles andere als ein *irdisches* Lebensmittel. Dieses Brot ist *nicht* »der Erde Frucht«. Es bedarf deshalb auch nicht wie alles *irdische* Gut des himmlischen Segens. Es ist ja selber - mit unserem Text zu reden - *vom Himmel herabgekommen*. Und *Himmel* - das ist in der Sprache der Bibel nicht etwa der sichtbare, der »bestirnte Himmel über uns«. *Himmel* - das ist in der Sprache der Bibel ein anderer Ausdruck für Gott selbst.

Was in der Person Jesu Christi vom Himmel herabgekommen ist, das ist also nicht weniger als »Gott von Gott«, das ist das ewige Leben in Person, in der Person des Sohnes Gottes. Und das ist die elementare Wahrheit, die uns unbedingt angeht und auf die das doppelte *Amen* am Anfang unseres Textes so nachdrücklich aufmerksam machte: Es gibt nicht nur einen Gott im Himmel über uns, sondern es gibt auch den ewigen, den himmlischen Gott mitten unter uns. Wir nehmen den Mund nicht zu voll, wenn wir bekennen: in Jesus Christus - da begegnet uns der Himmel auf Erden.

Aber nun eben so, daß der Himmel für uns genauso *genießbar* wird wie das Brot, das der Erde Frucht ist. Gottes Himmel, diese uns allen schlechthin überlegene Instanz, kehrt nicht ihre Überlegenheit, kehrt nicht die himmlische Majestät gegen uns heraus. Die himmlische Majestät läßt sich vielmehr zu uns herab und bietet sich uns als Brot des Lebens dar. Der ewige Gott läßt sich genießen und verzehren *wie* das tägliche Brot. Also wie das, was man zum Leben unbedingt braucht.

Und dazu gehört, wie wir sahen, mehr als das, was wir zu uns nehmen. Das *Kleinkind* lebt nicht nur von der Muttermilch, sondern erst recht davon, daß die Mutter es in die Arme nimmt und ans Herz drückt. Und der Vater nimmt es zunächst vielleicht auf den Rücken und später dann bei der Hand, um es Schritt für Schritt mit der Welt, mit ihrer Schönheit und ihren Gefahren vertraut zu machen. Und der *Freund* lebt nicht nur von Freundschaftsdiensten, sondern davon, daß ihm der Freund in die Augen sieht und jederzeit in die Augen sehen kann. Die *Verliebten*, sie leben nicht nur von den Liebesgrüßen, die sie sich in immer wieder anderer Gestalt zukommen lassen, sondern sie leben vor allem davon, daß sie einander ganz und gar und in jeder Hinsicht nahe kommen. Und der *älter* werdende und schließlich wirklich *alt* gewordene Mensch, er lebt nicht nur davon, daß man für ihn das tut, was er selber nicht mehr zu tun vermag, sondern er lebt sehr viel mehr noch davon, daß man Worte für ihn findet, Worte, die ihm zu verstehen geben: ich bin bei Dir, bin für Dich da. Solche Worte sind Brot, Lebensbrot.

Brot für das *ewige* Leben - das kann freilich nur der ewige Gott sein. Er *will* es sein. Er *ist* es. Und das heißt, daß er bei uns ist und ganz und gar für uns da ist, ja daß er wie ein Lebensmittel in uns eingeht, daß er uns also unmittelbar nahekommt, näher noch, als wir uns selber nahe zu sein vermögen. Nun ist Gott selbst mein Nächster. Und ich bin mir ganz gewiß nicht mehr selbst der Nächste. Nun bin ich mir selber vielmehr heilsam entfremdet, während er, Gott, so bei mir und in mir ist, daß nichts und niemand mehr mich von ihm trennen kann.

Und genau das ist *ewiges Leben*. Leben, so sagte ich vorhin, heißt immer Zusammenleben. Ewiges Leben aber ist ungehindertes, ist gelingendes Zusammenleben mit Gott. Kein Mensch lebt wirklich, wenn er für sich allein lebt. Leben ist immer beziehungsreich. Wo menschliche Beziehungen abbrechen, wo unser Leben beziehungslos und einsam wird, da beginnt bereits das Ödland des Todes.

*Gegen* die tödliche Beziehungslosigkeit in allen ihren Gestalten bietet Gott seinen unbeugsamen Willen auf, mit uns zusammenzuleben. Deshalb wurde er, der ewige Gott, ein Mensch unter Menschen. Deshalb ist er als lebendiges Brot vom Himmel und mit seinem ganzen Himmel zu uns herabgekommen. Und nun ist er da: der Himmel ganz und gar für die Erde, Gott ganz und gar für uns Menschen. Und nun wartet er darauf, daß wir von seiner Gegenwart Gebrauch machen, daß wir uns das Brot des Lebens schmecken lassen. Denn dieses Brot *ernährt* nicht nur, es *schmeckt* auch. Und wie! Es *verhilft* nicht nur zu ewigem Leben, sondern es gibt zugleich einen *Vorgeschmack* von dem, was uns erwartet.

Ach, wenn doch die Christenheit, wenn doch unsere Kirche der Welt ein wenig deutlicher und vergnügter zu erkennen gäbe, wie schmackhaft dieses Brot ist. Doch statt aller Welt zu zeigen, wie gut es schmeckt, demonstriert unsere Kirche ihre religiösen Verdauungsprobleme.

Selbstverständlich gibt es wie bei jedem Genuß auch bei dieser geistlichen Nahrung allerlei zu verdauen. Selbstverständlich kann es da auch zu so etwas wie religiösen Blähungen kommen. Doch eine Kirche, die sich nur noch auf ihre religiösen Eingeweide konzentriert, gibt unserer Welt ein schlechtes Zeugnis. Man wird allenfalls die Nase über sie rümpfen.

Nein, nicht die unvermeidlichen religiösen Verdauungsprobleme verdienen unsere Aufmerksamkeit, sondern dies und nur dies: daß wir schmecken und sehen können, wie freundlich der Herr ist. Wer schmeckt und sieht, wie freundlich der Herr unser Gott ist - der ist in Wahrheit ein *glaubender* Mensch. Und wenn es am Anfang unseres Textes heißt: »Wer *glaubt*, der hat ewiges Leben«, dann wird uns damit bedeutet, daß *wir* für unser Zusammenleben mit Gott nichts weiter tun müssen, als es uns eben schmecken, als uns Gott gefallen und wohlgefallen zu lassen. Was wollen wir mehr? Was brauchen wir mehr? Das Brot des Lebens - es ist da. Es will, wie das irdische Brot, jeden einzelnen von uns stärken und uns alle gemeinsam um sich versammeln in der Gemeinschaft der Glaubenden. Das Brot des Lebens - da ist es. Kommt, denn es ist alles bereit.

Und wenn Ihr Euch das Brot des Lebens habt schmekken lassen, dann ist auch *am Ende* ein *Amen* am Platz. Wenn Euch die lebendigmachende Wahrheit wirklich erreicht hat, wenn sie Euch so nahe gegangen ist, daß nun keiner mehr sich selbst der Nächste ist - ja, dann danket Gott und sprecht von Herzen: *Amen*.

## Römer 8,18-24a

Liebe Gemeinde!
Noch klingt der Jubel des herrlichsten aller christlichen Feste in uns nach. Noch äußert sich etwas von der unbändigen Osterfreude der ersten Gemeinden auch in unseren Gottesdiensten. Noch strahlt Zuversicht aus unseren Gesängen. Ja, »wir wollen alle fröhlich sein in dieser österlichen Zeit, denn unser Heil hat Gott bereit' ... Es ist erstanden Jesus Christ, der an dem Kreuz gestorben ist, dem sei Lob, Ehr zu aller Frist.« Unser eigener Jubel scheint sogar nur ein schwaches Echo des großen, universalen Osterjubels zu sein, der aus der ganzen Schöpfung zu Gott emporsteigt. »Es singt der ganze Erdenkreis dem Gottessohne Lob und Preis, der uns erkauft das Paradeis.« Und wir singen mit. Noch! Noch hört die erstaunte Welt das österliche Halleluja der Christenheit, himmelhoch jauchzend ...

Doch der graue Alltag sorgt von selbst dafür, daß die österliche Freude allmählich ermattet - so wie ja auch das hellste Osterfeuer allmählich in sich zusammenfällt und langsam, aber sicher unter der glimmenden Asche verschwindet.

Da tut es gut, auf einen neutestamentlichen Text zu hören, in dem zwar ebenfalls der Jubel des Ostermorgens nachklingt, doch dies so, daß sich der Blick sofort auf die »real existierende Welt« richtet mit den oft bitteren Enttäuschungen, die sie auch dem heitersten Menschen bereiten kann. Der Apostel Paulus schreibt im 8. Kapitel seines Briefes an die Römer vom 18. Vers an dies:

*Ich bin überzeugt, daß die Leiden dieser Zeit nicht ins Gewicht fallen gegenüber der Herrlichkeit, die an uns offenbar werden soll. Denn das ängstliche Harren der Kreatur wartet darauf, daß die Kinder Gottes offenbar werden. Die Schöpfung ist ja unterworfen der Vergänglichkeit - ohne ihren Willen, sondern durch den, der sie unterworfen hat -, doch auf Hoffnung hin. Auch die Schöpfung soll ja befreit werden von der Knechtschaft der Vergänglichkeit zu der herrlichen Freiheit der Kinder Gottes. Denn wir wissen, daß die ganze Schöpfung bis zu diesem Augenblick mit uns seufzt und sich ängstet.*
*Aber auch wir, die wir den Geist als Erstlingsgabe haben, seufzen in uns selbst und sehnen uns nach der Kindschaft, und das heißt: nach der Erlösung unseres Leibes. Denn auf Hoffnung hin sind wir gerettet.*

Wenn es nicht der Apostel wäre, liebe Gemeinde: die Unbeirrbarkeit, mit der in diesem Text ein Mensch »wir wissen« sagt und »ich bin überzeugt« - diese Unbeirrbarkeit würde uns wohl mißtrauisch machen. Wenn es nicht der Apostel wäre, der mit dieser penetranten Gewißheit verborgene, ganz und gar verborgene zukünftige Dinge in Aussicht stellt, wenn es nicht der Apostel wäre - wir würden wohl sagen: da hört jemand das Gras wachsen.

Man sagt das, zumeist etwas kopfschüttelnd, von jenen Personen, deren Wahrnehmungsfähigkeit sehr viel schärfer und deren Sensibilität sehr viel feiner ist, als es bei uns normalen Sterblichen der Fall zu sein pflegt. Die Redensart geht auf die norwegisch-isländische Sage zurück, die dem göttlichen Wächter des Himmels, dem Asen Heimdall, dies nachsagt: »er … sieht sowohl bei Tag wie bei Nacht hundert Rasten weit, ja er hört auch das Gras in der Erde und die Wolle auf den Schafen wachsen«. Wer das Gras wachsen hört, der merkt schneller als andere, was uns bevorsteht; der weiß schon jetzt, was - für andere noch verborgen - auf die Gegenwart zukommt. Er ist, wie der Wächter des Himmels in der Edda, zum Sehen geboren, zum Schauen bestellt: zur Wahrnehmung dessen, was uns normalen Sterblichen noch verborgen ist.

Daran kann man wohl denken, wenn man das hohe Lied der Hoffnung hört, das der Apostel Paulus im 8. Kapitel des Römerbriefes angestimmt hat. Dieser Mann scheint schon jetzt zu erkennen, was uns bevorsteht, wenn es zu Ende geht mit uns und mit dieser vergänglichen Welt. Der Apostel scheint schon jetzt zu merken, was aus Gottes verborgener Ewigkeit auf uns zukommt: auf die ganze Schöpfung und speziell auf uns glaubende Menschenkinder. Von einer bevorstehenden Herrlichkeit ist da die Rede, die an uns offenbar werden soll; von der herrlichen Freiheit der Kinder Gottes und von der Erlösung unseres Leibes. Wenn es nicht ein Apostel wäre, der uns das alles ankündigt und als unsere Zukunft in Aussicht stellt - nicht wahr, wir würden sagen: der Mann hört das Gras wachsen!

In seinem Fall müßte man sogar davon reden, daß er das Gras nicht nur *wachsen*, sondern - seltsam genug - auch noch *vergehen* und über sein eigenes Vergehen seufzen und stöhnen hört. Nimmt der Apostel doch wahr, daß die ganze Schöpfung seufzt, Schmerz empfindet, sich ängstet (wie Luther übersetzt). Mit dieser Erfahrung will Paulus sich allerdings gerade nicht von uns abgrenzen als ein Mann höherer Einsicht, als Augur gar, der aus seinem besonderen Wissen Vorteile für sich selber zieht. Paulus deutet kein religiöses Privat- oder Geheimwissen an - dergleichen kennt der christliche Glaube nicht. Sondern seine eigene gesteigerte Wahrnehmungsfähigkeit, diese überaus empfindliche Sensibilität für das Leiden der anderen, der nichtmenschlichen Kreatur, mutet Paulus auch jedem von uns zu. Nicht nur *er* weiß, »*wir*« - so schreibt er - »*wir* wissen: die ganze Schöpfung seufzt, stöhnt, ängstigt sich bis zum heutigen Tag«.

Heute muß man uns diese Sensibilität allerdings nicht erst zumuten. Wir haben es, unter Schmerzen, gelernt, wieder gelernt, was den alten Völkern noch selbstverständlich war: daß der Mensch und die nichtmenschliche Kreatur untrennbar zusammengehören und daß es sich bitter rächt, wenn wir Menschen alle anderen Kreaturen zu bloßem Material herabwürdigen, das man gebraucht, bearbeitet, instrumentalisiert, das man jedoch nicht um seiner selbst willen achtet. Die alten Völker wußten noch, daß jedes Lebewesen, ja, jedes Ding ein *Wesen* hat und deshalb um seiner selbst willen *wesentlich* ist. Doch seitdem wir die uns von Gott anvertraute Herrschaft über die Erde mit deren Ausbeutung verwechselt und deshalb begonnen haben, nur noch uns selbst für wesentlich zu halten, wurden die anderen Kreaturen für uns *wesenlos*, *unwesentlich*, auszubeutendes Material, mehr nicht.

Wir selbstbezogenen Menschen haben dunkle Schatten über Gottes gute Schöpfung geworfen. Und nun merken wir zu unserem Entsetzen, daß diese Schatten noch dunkler auf uns zurückfallen. Erst vorgestern konnte man am Fernsehschirm sehen, wie eine der schönsten Ostsee-Inseln von einem letztlich durch Menschenhand verursachten Fischsterben riesigen Ausmaßes so sehr verseucht wurde, daß sogar die dort Erholung suchenden Gäste vor dem die ganze Insel bedeckenden Verwesungsgeruch die Flucht ergreifen mußten. Allmählich fangen wir alle an zu begreifen, daß sich rächt, was wir der Schöpfung antun. Seitdem entdecken auch wir, daß nicht nur wir Menschen seufzen und unter Schmerzen stöhnen, wenn uns etwas widerfährt, was unserem Wesen widerspricht. Seitdem entdecken wir, daß jede Kreatur seufzt und stöhnt, wenn man sie um ihr Wesen betrügt und sie dazu mißbraucht, nur noch Mittel zum Zweck, nur noch ein wesenloses Material zu sein, das man ohne weiteres gegen etwas anderes austauschen würde, das denselben Zweck besser erfüllt. Die Austauschbarkeit aller Dinge ist das Signet einer gefallenen Welt. Weil wir allmählich zu begreifen beginnen, was für einen Teufelskreis wir da in Bewegung gesetzt haben, begeht die ganze Welt den heutigen Sonntag als »Tag der Erde«: der gequälten Erde, deren Wunden zum Himmel schreien.

Und doch ist alles, was wir heute als die Folgen unserer Vermessenheit gegenüber unserer Umwelt so bedrängend erfahren, nur eine schwache Erinnerung an das, was Paulus eigentlich meint, wenn er davon spricht, daß die ganze Schöpfung seufzt, stöhnt und sich ängstigt. Der Apostel macht dafür keineswegs nur unser schäbiges Verhalten gegenüber unseren Mitgeschöpfen verantwortlich. Paulus führt vielmehr das Unheil, das über die ganze Schöpfung hereingebrochen ist, auf unser nicht weniger schäbiges Verhalten gegenüber dem Schöpfer selber zurück. In unserem Verhältnis gegenüber den anderen Geschöpfen spiegelt und wiederholt sich nur, was wir Gott selbst antun und schon immer angetan haben, wenn wir sein wollen wie Gott. Was am Anfang der Bibel als Sünde Adams beschrieben wird, ist ja nichts anderes als dies, daß auch Gott von uns nicht in seinem ihm eigenen Wesen, in seinem schöpferischen göttlichen Wesen respektiert wird. Indem wir selber wie er unerschöpflich schöpferisch und, ohne dankbar zu empfangen, grenzenlos kreativ sein wollen, indem wir selber darüber entscheiden wollen, was gut und was böse ist, maßen wir uns das göttliche Wesen des Schöpfers an. Und damit machen wir auch ihn, Gott, unwesentlich, wesenlos. Wir tauschen nicht nur alle Dinge aus, sondern wir vertauschen sogar Schöpfer und Geschöpf, indem wir uns das unerschöpflich schöpferische Wesen anmaßen, das doch allein Gottes eigenes Wesen ist. »Alles Göttliche … verbraucht …, danklos, ein schlaues Geschlecht« diagnostiziert treffend Friedrich Hölderlin.

Diese Anmaßung gegenüber Gott ist der Ursprung der Nichtigkeit, von der Paulus redet: der Nichtigkeit, der wir und mit uns auch alle anderen Kreaturen unterworfen sind. Denn wir gehören mit der übrigen Schöpfung und diese gehört mit uns untrennbar zusammen - im guten wie im bösen. Darin ist sich der Apostel des Neuen Bundes mit den Propheten und Apokalyptikern des Alten Bundes ganz und gar einig: daß die Sünde des Menschen die ganze Wirklichkeit und alle ihre Möglichkeiten in Mitleidenschaft zieht. »Als Adam meine Gebote übertrat« - heißt es z.B. im 4. Buch Esra (7,11f.) - »da wurde [mit ihm zugleich] die ganze Schöpfung gerichtet. Da sind die Wege in dieser Welt [diesem Äon] schmal geworden und traurig und voller Mühe.« Das Sein der geschaffenen Welt ist unteilbar. Es gibt so etwas wie eine objektive, eine faktische Solidarität aller Kreaturen, deren Repräsentant und Exponent im guten und im bösen wir Menschen sind.

Wir erfahren heute besonders empfindlich die objektive Solidarität im bösen. Wir erfahren mit Furcht und Zittern, daß wir das Tohuwabohu des Anfangs und mit ihm das gähnende Nichts über die ganze Schöpfung heraufzubeschwören im Begriffe sind. Paulus nennt diese Erfahrung treffend die Erfahrung der »Knechtschaft der Vergänglichkeit«, unter der *um unseretwillen* alles leidet, was ist. »Denn alles, was entsteht, ist wert, daß es zugrunde geht« hat Mephistopheles dieses Schicksal hämisch kommentiert. Paulus nennt es ein Sklaven-Schicksal, Knechtschaft. Es ist in der Tat eine sklavische Existenz, da zu sein und doch ständig damit rechnen zu müssen, schon im nächsten Augenblick nicht mehr da sein zu dürfen, sondern vergehen, zugrunde gehen zu *müssen*. Solange wir sterben müssen, bleiben am Menschen Züge der Knechtschaft. Und solange die übrige Kreatur vergehen, wider Willen vergehen muß, trägt auch sie das Antlitz der Knechtschaft. Das erklärt die seltsame Traurigkeit, die sich immer wieder über uns und die Welt legt, und zwar gerade dann, wenn sie uns besonders schön erscheint. Bonjour tristesse …

Um so überraschender, daß Paulus das Seufzen der Kreatur nicht nur negativ beurteilt, sondern positiv als einen Hinweis darauf deutet, daß die Leiden der Gegenwart nicht ins Gewicht fallen gegenüber der Herrlichkeit, die an uns offenbar werden und von der dann sogar die ganze Welt profitieren soll. Ein kühnes Urteil, das sich der Apostel Paulus da auszusprechen erlaubt! Die Leiden der Gegenwart, das ganze unvorstellbare Ausmaß irdischen Elends, das Gottes gute Schöpfung so grausam entstellt, soll nicht ins Gewicht fallen gegenüber der Herrlichkeit, die uns in einer besseren Zukunft erwartet?

Die *Einwände dagegen* braucht man nicht erst in - mehr oder weniger - gelehrten Büchern oder in gewitzten Versen nachzulesen. Sie liegen auf der Hand und steigen aus dem eigenen, durch schmerzliche Erfahrungen angefochtenen Herzen immer wieder empor. Auch wenn es nicht jedem so ohne weiteres über die Lippen kommt, es liegt uns doch auf der Zunge, was alles dagegen spricht, daß man sich angesichts gegenwärtiger Schmerzen auf eine herrliche Zukunft vertrösten läßt. Religiöse Hoffnung als »Opium für das Volk« - nein danke! Wir wollen nicht betäubt oder berauscht werden, um uns auf diese Weise mit der traurigen Gegenwart abzufinden. Wir wollen uns nicht zu solchen »Kandidaten des Jenseits« weichklopfen lassen, die dann vor lauter Sehnsucht nach dem *ewigen* Leben keine Zeit und keine Kraft mehr haben, das *irdische* Leben genau zu studieren und gegebenenfalls auch so zu verändern, daß schon das Leben vor dem Tode lebenswert ist. »Wir wollen hier auf Erden schon«, wenn auch nicht gleich »das Himmelreich«, so doch wenigstens ein irdisches Gleichnis dessen errichten, was uns als ewiges Leben erwartet.

Doch das wollte der Apostel Paulus ganz gewiß alles auch. Nicht umsonst ermahnt er im selben Brief nur wenige Seiten später die christliche Gemeinde, Gott durch ein neues Denken zu dienen und dadurch, daß wir seinem Willen gemäß handeln und ins Werk setzen, was *gut* ist und *wohlgefällig* (vor ihm) und *vollkommen* (Röm 12,1-3). Paulus denkt gar nicht daran, sich mit einer weltfremden Hoffnung über das Elend unserer Gegenwart unverfroren hinwegzusetzen. Ganz im Gegenteil: es ist die seriöse, die wohl begründete Hoffnung auf ein Leben in Herrlichkeit, die den Christen ganz besonders sensibel für alles macht, was uns weh tut in dieser Welt und was uns ängstigt. Wer wirklich hoffen kann, überspielt die Angst nicht. Wer wirklich hoffen kann, deckt die Angst vielmehr auf: die eigene und die seiner Mitmenschen und die aller anderen Kreaturen. Und er geht der Angst auf den Grund, um sie von Grund auf zu bedenken und sie, soweit möglich, dann auch zu verwinden. Wer wirklich hoffen kann, mag vielerlei Ängste haben; doch er hat keine Angst vor der Angst.

So auch Paulus. Er weiß, daß ohne Angst zu sein genauso unmenschlich wäre wie eine Existenz ohne Hoffnung. Denn mit ihrer Hoffnung und mit ihrer Angst meldet die Kreatur ihr Recht auf Zukunft an.

Diese Zukunft aber wird *herrlich* sein. Das ist die Verheißung des Evangeliums, die unseren Text zum hohen Lied der Hoffnung, zu einem apostolischen Hymnus der Hoffnung macht. Wer das Evangelium nicht kennt, der *muß* in der Tat wohl meinen, hier höre jemand das Gras wachsen. Doch der Glaube hört nicht das Gras in der Erde wachsen, sondern er hört, wie das Reich Gottes wächst: nicht in und auf dieser Erde, sondern wie es ihr und uns zuwächst, vom Himmel her, von Gottes Ewigkeit her zuwächst. Dort nämlich, zur Rechten Gottes, sitzt - so glauben und bekennen wir - der gekreuzigte und von den Toten auferweckte Herr Jesus Christus. Auch er hatte Angst, so sehr, daß sein Angstschweiß wie Blutstropfen zu Boden tropfte - berichtet uns Lukas (22,44). Auch er ist der Knechtschaft der Vergänglichkeit, ist dem Nichts unterworfen worden: gekreuzigt, gestorben, begraben. Doch eben diesen am Galgen exekutierten Jesus Christus hat Gott auferweckt und erhöht zu ewiger Herrlichkeit. Es ist der Osterglaube, der uns und aller Kreatur Hoffnung zuspricht: Hoffnung auf ein Leben in Herrlichkeit.

Verherrlicht werden - das ist es, worauf alles hinausläuft. Ich armer, elender Mensch soll verherrlicht werden. Wir verlorenen und verdammten Menschenkinder sollen verherrlicht werden. Ja, jede seufzende Kreatur soll teilhaben an der herrlichen Freiheit der Kinder Gottes.

Was heißt das? Was wird uns und aller Welt da in Aussicht gestellt?

Man muß *konkret* werden, wenn man nicht von vornherein an dem vorbeireden will, worauf sich die apostolische Hoffnung richtet. Und *konkret* ist für uns allemal das, was wir am eigenen Leibe erleben. Auch Paulus geht ganz offensichtlich davon aus, wenn er uns die »Erlösung unseres *Leibes*« verheißt. Denn damit ist nicht etwa - wie man uns seit Jahrhunderten hat einreden wollen - die Erlösung der Seele *vom* Leibe, ist keineswegs ein leibloses seliges Leben gemeint.

Ein Leben ohne Leib wäre nach dem Urteil der heiligen Schrift überhaupt kein Leben - so wie denn auch ein Jenseits ohne Diesseits überhaupt kein Jenseits wäre. Was die heilige Schrift uns als ewiges Leben verheißt, das ist auf jeden Fall ein Leben *bei lebendigem Leibe* - nun aber befreit von der Sünde und Schuld, mit der wir unser irdisches Leben ständig belasten; befreit von den Schmerzen, die wir uns gegenseitig zufügen, und befreit von dem Leid, das uns ohne erkennbaren Grund überfällt; befreit von dem die ganze Schöpfung ergreifenden Verhängnis, wider Willen vergehen zu müssen. Dann wird unser Leben eine Bleibe haben.

Von diesem Leben bei ewig lebendigem *Leibe* sagt Paulus: es wird herrlich sein. Ein herrlicher Mensch - das ist im Diesseits wie im Jenseits auf jeden Fall ein Mensch, der sich sehen lassen kann. Nach herrlichen Menschen dreht man sich um. Man schaut ihnen nach. Und wenn man jung und frech und verwegen genug ist, vergißt man sogar seine gute Erziehung und pfeift ihnen keck hinterher.

Nun haben *wir* sicherlich wenig vorzuweisen, was uns *in alle Ewigkeit sehenswert* machen könnte. Ewig sehenswert ist Gott allein. Doch er, der von sich aus herrliche Gott, unterscheidet sich von uns eitlen Menschen nicht zuletzt darin, daß er seine Herrlichkeit mit uns *teilen* will. So sehr liebt er uns, daß er sich selber nicht sehen lassen will ohne uns. Deshalb ist und bleibt er verborgen, bis wir uns zusammen mit ihm sehen lassen können. Die Verborgenheit des Schöpfers, unter der die ganze Schöpfung leidet wie ein Kind, das seine eigene Mutter nicht sehen kann oder darf, die Verborgenheit des Schöpfers, nach deren Ende sich die ganze Kreatur seufzend sehnt, sie kommt also uns Menschen *zugute*. Und so wartet denn alles darauf, daß Gott sich *zusammen mit uns* endlich sehen läßt.

In seiner Gesellschaft aber - da *können* auch wir uns sehen lassen: wir, die wir auf uns allein gestellt doch wohl vor Scham vergehen müßten. Doch wenn schon auf Erden kleinere und schwächere Knaben sich gern neben ihrem größeren und stärkeren Bruder sehen lassen, um wieviel mehr können wir uns an der Seite Gottes sehen lassen! Neben *ihm*, liebe Schwestern und Brüder, neben *ihm* beginnen auch wir in unvergleichlichem Sinne schön, ja herrlich zu werden.

Und fast möchte ich wetten, daß dann die Engel im Himmel sich nach uns umdrehen werden. Und wer weiß, vielleicht sind einige von ihnen frech und verwegen genug und schauen uns nicht nur nach, sondern pfeifen sogar, ihre gute himmlische Erziehung vergessend, keck hinter uns her. Amen.

## 1. Korinther 4,8-10

Liebe Gemeinde!
Die heutige Predigt hat eine *Vorgabe* - vorgegeben zwar nicht von dem, der im Gottesdienst eigentlich das Sagen hat oder doch haben sollte, vorgegeben also nicht vom dreieinigen Gott, vorgegeben aber immerhin von der sich dem lieben Gott besonders nahe wissenden Evangelischen Studentengemeinde zu Tübingen. Die Predigerinnen und Prediger der Universitätsgottesdienste dieses Semesters sollen - so die Vorgabe - der hier um 11 Uhr versammelten Tübinger Christenheit eine ihnen besonders eindrückliche biblische Gestalt vor Augen führen und - anhand eines Textes heiliger Schrift, versteht sich - nacherzählen, wie diese Person »ihr Leben im Glauben versteht«. Soweit die Vorgabe.

*Unser Leben im Glauben* - das ist ein Thema! Das kann sich sehen lassen! Und hören! *Unser Leben im Glauben* - das klingt konkret, sehr viel konkreter jedenfalls als unsere *Lehre* vom Glauben. *Unser Leben im Glauben* - das verheißt zumindest interessantere Predigten, verspricht jedenfalls deren Unterhaltungswert um einiges zu steigern.

Doch nun will es zwar nicht das Schicksal, aber immerhin der Predigtplan, daß in diesem Semester auch ein ordentlicher Professor für Dogmatik auf dieser Kanzel steht: ein Christenmensch also, der von Amts wegen in ganz besonderer Weise für die Reinheit der christlichen Lehre, für die pura doctrina evangelii zuständig ist. Und eben deshalb bringt ihn besagte Vorgabe in nicht geringe Verlegenheit. Denn zur reinen Lehre gehört der Auftrag, nicht dies oder das, sondern *Christus* zu verkündigen, den *gekreuzigten Christus* (1Kor 1,23), *ihn allein* und nichts sonst (1Kor 2,2). *Ihn allein* und nicht etwa das eigene Glaubensleben oder die eigene Frömmigkeit. »Wir verkündigen nicht uns selbst, sondern Jesus Christus« (2Kor 4,5) deklariert in der ihm eigenen Monotonie der Apostel Paulus. Und wenn die ganze gottesdienstliche Veranstaltung überhaupt einen Sinn hat, dann deshalb, weil in ihr nicht Menschenworte, sondern Gottes Wort wirken soll: »Darum danken wir auch Gott ohne Unterlaß dafür«, schreibt wiederum der monotone Apostel, »daß Ihr das Wort der göttlichen Predigt ... nicht als Menschenwort aufgenommen habt, sondern als das, was es in Wahrheit ist, als Gottes Wort, das in Euch wirkt, die Ihr glaubt« (1Thess 2,13).

Offensichtlich kennt der Apostel die fromme Versuchung, von den großen Taten Gottes möglichst schnell auf die religiöse Erfahrung überzugehen und statt Geschichten vom lieben Gott lieber Geschichten vom lieben Ich zu erzählen. Dieser frommen Versuchung setzt er sein monotones *Christus allein, allein der Gekreuzigte* entgegen.

Unser Leben im Glauben einerseits - allein der Gekreuzigte andererseits: was nun, liebe Gemeinde? Der Professor für Dogmatik steht selbstverständlich auf der Seite des monotonen Apostels. Doch mein liebes Ich, das ja auch nicht ganz unfromm ist, zieht's zur Studentengemeinde. Was nun? Was tun? Da steh ich nun, ich armer Tor ...

Armer Tor? Narr also! Narr in Christo gar - das ist's. Das hilft mir heraus aus meiner Verlegenheit. In die Narrenrolle war ich schon immer vernarrt. Und Narren kommen in der heiligen Schrift reichlich vor, wenn auch solche und solche: mal werden sie gelobt, sehr viel häufiger werden sie getadelt. Sei's drum! »Mein Ehrgeiz geht auf eine bunte Jacke«.

Und nun, gelobt sei Gott, nennt ausgerechnet der monotone Apostel sich seinerseits einen Narren. Paulus, der sich am Anfang seiner Briefe gern einigermaßen feierlich einführt, *Paulus, durch den Willen Gottes berufener Apostel*, stellt sich den Korinthern pointiert als *Narr* vor. Als ein *Narr um Christi willen*, versteht sich.

Das *Christus allein* kommt also zu seinem Recht, die reine Lehre kommt zu ihrem Recht. Doch die Studentengemeinde mit ihrem Interesse an einer biblischen Gestalt und deren Glaubensleben kommt ebenfalls zu ihrem Recht. Denn dieser Narr erzählt ja zweifellos von seinem *Glaubensleben*, dies aber wiederum so, daß es in seinem Glaubensleben gerade nicht um sein Ich geht, sondern in gewohnter Monotonie *allein um Christus*: »Ich lebe, doch nun *nicht* ich, sondern *Christus* lebt in mir« schreibt er den behexten Galatern (2,20).

Schauen wir also dem närrischen Leben des Apostels ein wenig zu! Im 1. Korintherbrief, im 4. Kapitel erzählt er davon. Wenn es dabei ein wenig turbulent zugeht, mitunter auch bissig und spitz, dann wissen wir nun, warum. Narren arbeiten mit allen Mitteln. Ihre Sprache ist vieldeutig. Aber ihre Pointen sind eindeutig. Narren verstehen es, auf vieldeutige Weise eindeutig zu werden.

Der Apostel schreibt:

*Ihr seid ja schon satt geworden. Ihr seid ja schon reich geworden. Ihr seid ja - im Gegensatz zu uns! - wie Könige. Ach, würdet Ihr doch wirklich herrschen wie Könige, damit auch wir mit Euch Könige wären.*
*Denn mir scheint, Gott habe uns Apostel zu den Allerletzten gemacht, wie Todgeweihte. Denn zum Schauspiel sind wir geworden für die Welt, für Engel und Menschen. Wir sind Narren um Christi willen.*
*Ihr aber seid klug in Christus. Wir sind schwach. Ihr aber seid stark. Ihr hoch geehrt, wir aber verachtet.*

Theater, liebe Gemeinde - das Wort steht wirklich da: Theater soll das Leben der Apostel gewesen sein, das Leben des Apostels Paulus zumal. Apostolisches Theater ...

Was ist gemeint? Was wird uns da vorgeführt? Vergleichen wir das *apostolische* ein wenig mit dem *weltlichen* Theater!

Von einem erfolgreichen Schauspiel erwartet man, daß es zumindest spannend ist. Und wenn es um Spannung geht, kann der Apostel durchaus mithalten. Spannend ist sein Leben allemal. Jedenfalls dann, wenn nicht allein der Unterhaltungswert darüber entscheidet, was spannend genannt zu werden verdient.

Wirklich spannend wird eine Geschichte nämlich erst dann, wenn sie in sich spannungsreich ist, wenn sich in ihr konfliktreiche Spannungen aufbauen und dann mehr oder weniger kunstvoll verarbeitet werden.

Das Leben des Apostels ist von solchen konfliktreichen Spannungen geradezu stigmatisiert. In Korinth zum Beispiel hat die von ihm selbst gegründete Gemeinde gegen ihn Front gemacht: eine geistlich überreiche Gemeinde, die ihre Herzen zum Herrn erhoben hat und nun mit ihrem Herrn in dessen Himmel zu sein wähnt - gegen einen doch recht poweren Paulus, der als apostolische Gestalt nicht gerade eine *bella figura* macht. Eine weltoffene Kirche - gegen einen in seiner Monotonie offensichtlich geistlich sterilen Apostel. Eine lebendige Gemeinde - gegen einen morbiden Versager. Und so stehen sie sich nun gegenüber: die Korinther wie Könige - der Apostel wie der letzte Dreck. Oder, wie Paulus statt dessen im selben Atemzug auch sagen kann: die Korinther wie Weise - der Apostel wie ein Narr. Welch ein Gegensatz! Welch eine Spannung! Welch ein Theater!

Ungewöhnliches Theater auf jeden Fall! Schon das Publikum ist bemerkenswert. Kein Kammerstück vor ausgesuchten Zuschauern, kein erlesenes Auditorium für esoterische Darbietungen! Nein, ein Stück für jedermann. Die ganze Welt sieht zu. Das apostolische Theater geht alle Welt an.

Alle Welt - das ist in diesem Fall allerdings nicht nur unsere Menschenwelt. Ein Schauspiel nicht nur für Menschen, sondern auch für überirdische Wesen, ein Schauspiel für Engel und Menschen soll sich da abspielen, wo der Apostel auftritt. Seltsam, diese Engel ... Die Menschheit müßte doch eigentlich genügen.

Ein Schauspiel für die Menschenwelt, für den ganzen bewohnten Erdkreis, erleben wir noch heutzutage alle Jahre wieder, wenn der Papst am Ostermorgen auf dem Petersplatz zu Rom erscheint und in allen möglichen Sprachen die Völker der Welt grüßt, um schließlich urbi et orbi, der Stadt und dem Erdkreis, den apostolischen Segen zu erteilen. Was sich da abspielt, beansprucht ebenfalls, jeden anzugehen, alle Welt. Aber eben nur die Menschenwelt.

Der Apostel hingegen hat ein noch größeres Publikum. Seinem Auftritt sehen nicht nur Menschen, sondern eben auch Engel zu. Was für ein Publikum! Wer wünschte sich dergleichen nicht? Ganz egal, ob wir nun eine große Rolle spielen oder nur uns selbst darstellen - Zuschauer, bei denen wir Anerkennung finden, wollen wir alle haben. Denn Anerkennung braucht der Mensch. Anerkennung braucht er wie das tägliche Brot. Und wenn wir bei unserer Suche nach Anerkennung nun sogar ein weltweites Publikum hätten, ein Publikum gar von Engeln und Menschen und also grenzenlose Anerkennung fänden: ach, das müßte schön sein ...

Alles andere als schön war das, was der Apostel Paulus erleben mußte, als er zum Schauspiel wurde für alle Welt. Und das hat wohl mit den Engeln zu tun, die bei den Reaktionen des Publikums offensichtlich den Ton angeben.

Die gelehrten Ausleger unseres Textes können mit den Engeln allerdings nichts Rechtes anfangen. Die gelehrte Theologie kann schon seit Jahrhunderten mit Engeln nichts Rechtes anfangen. Sehr zum Schaden der Theologie! Doch diesmal haben die Gelehrten recht. Denn mit *den* Engeln, die der Apostel zu seinen Zuschauern zählt und die er sogar dem Papst voraushat, mit *diesen* Engeln kann man wirklich nichts anfangen.

*Engel* kann man sie eigentlich nur unter Vorbehalt nennen. Denn was es mit diesem engelhaften Publikum des apostolischen Theaters auf sich hat, das ist eine ausgesprochen *wüste Sache*. Wie wüst, das läßt ein erneuter Vergleich mit dem Papst schnell deutlich werden.

Wenn das päpstliche Schauspiel in Rom, wenn der urbi et orbi geltende Auftritt des Papstes zu Ende ist, dann braust auf dem Petersplatz unüberhörbarer Beifall auf. *Eviva il Papa* kann man dann hören. Und es wird geklatscht und gejubelt - wie in einem richtigen Theater. Und der alte Mann im weißen Gewand wird von diesem Beifall sichtbar erfreut. Es ist ihm zu gönnen.

Ganz anders geht das apostolische Theater zu Ende. Der Apostel kann sich keines Beifalls erfreuen. Sein weltweites Publikum applaudiert nicht. Keine Engel, die Beifall klatschen. Keine Menschen, die Beifall klatschen. Die Engel, die sogenannten Engel sorgen vielmehr für einen ausgesprochenen Eklat. Und das menschliche Publikum macht's ihnen nach. Es wird gezischt und gepfiffen, gebuht und gebrüllt. Und wenn jemand lacht aus der Menschen oder der Engel Ordnungen, dann ist es ein boshaftes, ein vernichtendes Gelächter, wie es wohl die Gladiatoren hören mußten, wenn sie in der Arena versagten und den Bestien preisgegeben wurden.

Apostolisches Theater? Ein Mißerfolg sondergleichen! Eine Fehlinszenierung! Oder sollte das Ganze *Absicht* gewesen sein?

Der Regisseur dieser Fehlinszenierung, der Verantwortliche für diesen Mißerfolg ist immerhin kein geringerer als Gott. Das behauptet jedenfalls der Apostel. Man bedenke: Gott selber verantwortlich für den Mißerfolg des von ihm selber berufenen Apostels! Gott selber verantwortlich dafür, daß der Name Gottes in Mißkredit zu geraten droht. Paradoxer geht's nicht. Man bedenke: der allmächtige und ewigreiche Gott auf der Seite eines nach weltlichen Maßstäben in jeder Hinsicht versagenden und zudem auch noch an Koliken leidenden Mannes! Närrischer geht's nicht. Und das alles auch noch *um Christi willen*!

Die Person Jesu Christi soll also gutstehen für diese ganze närrische Paradoxie. Sein seltsamer Apostel wagt in der Tat zu behaupten, daß Gottes Hoheit ganz unten zu finden ist; daß seine Heiligkeit am profansten aller Orte, an einem Galgen entdeckt werden will, um von dort aus die gottlose Welt für sich zu gewinnen. *Uns* also will er gewinnen. Und ausgerechnet ein Galgen, ausgerechnet das Kreuz Jesu Christi soll das Mittel sein, mit dem wir durch und durch profanen Menschen zur Lebensgemeinschaft mit Gott durch und durch geheiligt werden. Sagt Paulus.

Welch ein Anspruch, welch eine Anmaßung! Der dreimal Heilige - wird er nicht entsetzlich profanisiert, entehrt, ja gelästert, wenn der Apostel sich das Heil und die Heiligung der Welt von einem Hingerichteten, eben: von dem Gekreuzigten verspricht? Ist dem denn nichts mehr heilig - werden der fromme Jude und der religiös faszinierte Grieche angesichts dieses apostolischen Theaters empört fragen. Will der denn die ganze Welt auf den Kopf stellen?

In der Tat, liebe Gemeinde, das alles ist entweder ein groteskes Mißverständnis oder aber, wie Friedrich Nietzsche scharfsinnig erkannte, die »Umwertung aller antiken Werte«. Doch wenn Nietzsche recht hat, wenn der Apostel also in eine von Gott selbst ins Werk gesetzte Umwertung aller Werte verstrickt ist, dann, ja dann ist es wahrhaftig kein Wunder, daß Paulus darüber zum *Narren* geworden ist.

In Korinth hingegen wollte man *weise* sein. In Korinth hielt man es mit dem *Gott in der Höhe*, der auch auf Erden nur durch das in dieser Welt *Höchste* repräsentiert werden sollte. Gott als höchstes Gut, Gott als höchster Wert - das galt es der Welt vor Augen zu führen. In diesem Sinne wollten auch die Korinther Darsteller Jesu Christi sein, Darsteller aber eben nicht des Gekreuzigten, sondern des Erhöhten, des zur Rechten des allmächtigen Vaters erhöhten Herrn.

Und man war offensichtlich mit Eifer bei der Sache in Korinth. Eine überaus *lebendige Gemeinde*, eine nach allen Seiten *offene Kirche* sah es als ihr Privileg an, im eigenen Leben und mit dem eigenen Leben den zur Darstellung zu bringen, der aufgefahren ist gen Himmel, sitzend zur Rechten Gottes, des allmächtigen Vaters. Sein elender Tod galt allenfalls als Durchgangsstadium zur ewigen Herrlichkeit. Mehr war das Kreuz nicht wert. Und also war der Gekreuzigte auch keiner Darstellung wert. In Korinth faszinierte der strahlende Gottessohn. Jesus Christ Superstar. Oder um es etwas klassischer auszudrücken: »Jugendlich, von allen Erdenmalen / frei, in der Vollendung Strahlen / schwebet hier der Menschheit Götterbild«.

Die Korinther sahen den Himmel offen. Sie sahen *mehr,* als die ungläubige Welt zu sehen vermag. Und nicht nur das, sie rühmten sich zugleich, selber an diesem idealen Leben schon jetzt und hier Anteil zu haben. Wie der Herr, so seine Gemeinde. Wie sein Leben, so unser Leben. So lautete ihre - theologisch ja durchaus überzeugende - Devise.

Und siehe, schon stellen sie nicht mehr nur das ewige Leben ihres erhöhten Herrn, sondern zugleich sich selber dar. Die Darstellung Jesu Christi durch seine Gemeinde gerät nun zwangsläufig zur Selbstdarstellung. Wenn gilt: wie der Herr, so seine Gemeinde, dann muß sich die Herrlichkeit seines ewigen Lebens ja in unserem irdischen Leben ausweisen, dann müssen auch wir so herrlich leben wie er: geistlich reich - fast wie der ewigreiche Gott selbst; allezeit überlegen und potent - fast wie der Allmächtige, der Omnipotente selbst; allemal alles besser wissend - fast wie der Allwissende selbst.

Fast wie der Ewigreiche, Allmächtige und Allwissende selbst - wer so existiert, der hat schon jetzt teil an der endzeitlichen Königsherrschaft Gottes. Der hungert und dürstet nicht mehr nach Gerechtigkeit. Der ist längst satt. Der wird dann durch nichts und niemanden mehr angefochten. Der ist geistlich reich. Eben in jeder Hinsicht überlegen - wie Könige.

Im Verhältnis zu solchen Königen wirkt der Apostel allenfalls wie ein Hofnarr. Nein, er wirkt nicht nur so wie ..., er *mußte* zum Narren werden. »Notwendigkeit liegt auf mir« sagt er selbst (1Kor 9,16). *Um Christi willen* mußte er zum Narren werden.

Als solcher aber hält er den vermeintlichen Königen den Spiegel vor. Narren haben ja genau diese Freiheit: einer verblendeten Gesellschaft auf närrische, aber unmißverständliche Weise die Wahrheit zu sagen. Und die Wahrheit ist in unserer Welt nicht selten das Gegenteil einer verlogenen Wirklichkeit. Wer in dieser Welt die Wahrheit sagen will, der muß die Welt auf den Kopf stellen. Narren stellen immer die Welt auf den Kopf. Sie tun es im doppelten Sinne des Wortes. Denn oft entdeckt erst eine auf den Kopf gestellte Welt, *daß* sie überhaupt *einen Kopf* hat, einen *Kopf*, den zu benutzen für sie die Rettung bedeuten könnte. Paulus, Narr um Christi willen, führt uns auf seine närrische Weise vor Augen, was es in Wahrheit heißt, Jesus Christus darzustellen.

Und da lernt man zuerst, daß man Jesus Christus *nur gemeinsam* darstellen kann. Ein einzelner kann das alleine nicht. Auch der Apostel kann das allein nicht. Deshalb bezieht er - wie in einem modernen Theaterstück - das Publikum in seinen eigenen Auftritt ein. Das apostolische Theater ist kein Ein-Mann-Theater. Als Narr um Christi willen bemüht sich der Apostel vielmehr, aus den vermeintlichen *echte* Darsteller Jesu Christi zu machen. Und zu diesem Zwecke verwickelt er sie in höchst bissige Dialoge. Seine Briefe sind voll davon.

Zeugen Jesu Christi wollt Ihr sein? Recht so! Ich bin's auch.

Ihr seht mehr von der Wirklichkeit als die ungläubige Welt und könnt deshalb auch *mehr darstellen*? Recht so! Ich kann's auch.

Ihr meint, mehr vom Himmel wahrzunehmen und in Korinth das Himmelreich darstellen zu können? Eia, wär'n wir da!

Das jedenfalls kann ich, Paulus, durch den Willen Gottes berufener Apostel, nicht. Noch nicht!

Aber was ich kann, das könnt auch Ihr lernen. Denn auch ich nehme mehr von der Wirklichkeit wahr als die ungläubige Welt: freilich nicht mehr vom Himmel, sondern mehr von der Erde. Ich sehe einen Gekreuzigten und in ihm, aber eben nur in ihm den Himmel auf Erden, auf einer Erde, die an allen Ecken und Enden noch sehr erlösungsbedürftig ist und die ja selber an allen Ecken und Enden nach Erlösung schreit. Sie wird bekommen, sie wird in Gottes Namen bekommen, wonach sie verlangt. Unsere Welt wird erlöst werden - wenn der Herr kommt. Bis dahin aber gilt es, der Erde treu zu bleiben. Wir sind, liebe Gemeinde, noch längst nicht irdisch genug. Wer an den Gekreuzigten glaubt, der entdeckt immer noch mehr von unserer Erde.

Und wem sich dieses *Mehr an Erde* erschließt, der merkt, wie erlösungsbedürftig noch alles ist: um uns herum, aber auch in uns, tief in uns selbst. Da werden die Satten erneut ansprechbar auf die, die da hungert und dürstet nach der Gerechtigkeit. Da werden die geistlich Reichen nicht nur bei anderen, sondern auch in sich selbst klaffende Abgründe an geistlicher Armut entdekken: Anfechtungen, die man sich einzugestehen hat, um dann mit brüderlicher oder schwesterlicher Hilfe gemeinsam de profundis nach Gott zu rufen. Da entdecken die Wissenden und Weisen, wie mißbrauchbar und verführbar die Vernunft ist, die uns doch von allen anderen Kreaturen unterscheiden soll. »Er nennt's Vernunft und braucht's allein, / nur tierischer als jedes Tier zu sein«.

Und schließlich: Menschen, denen sich im Zeichen des Kreuzes ein *Mehr an Erde* erschließt, entdecken, wie sehr sie in eigene und fremde Schuld verstrickt sind. Mögen sie leben wie Könige und wie Königinnen: im Zeichen des Kreuzes nehmen sie sich als auf Gnade angewiesene Sünder wahr.

Ein auf Gnade angewiesener Sünder zu sein, das macht freilich wenig her. Es demütigt. Das schmeckt uns nicht. Aber zu *entdecken,* daß man auf Gnade angewiesen ist und bleibt, auf die uns mit Gott versöhnende und uns unserer kommenden Erlösung gewiß machende Gnade, das ist eine *rettende* Entdeckung. Das ist eine *befreiende* Wahrheit, herrlicher als alle Könige und Königinnen dieser Welt.

Zum Leben eines Christen gehört beides: jene demütigende Wirklichkeit und diese befreiende Wahrheit. Das Evangelium mutet uns zu, die Spannung zwischen beidem auszuhalten. Paulus hat das versucht. Man kann darüber, wie gesagt, zum Narren werden. Aber das wäre einer, der mit Fug und Recht ein *heiliger Narr* genannt zu werden verdient. Geheiligt zur Lebensgemeinschaft mit Gott. Und eben deshalb dazu geheiligt, die Welt, die gottlose Welt auf den Kopf zu stellen. Shakespeares kecker Ausruf ist diesmal wirklich ein *frommer*, ist jedenfalls *mein* frommer Wunsch: *Oh wär' ich doch ein Narr! Mein Ehrgeiz geht auf eine bunte Jacke!* Amen.

## Philipper 2,6-11

Gnade sei mit Euch und Friede von Gott, unserem Vater, und dem Herrn Jesus Christus,

*der in göttlicher Gestalt gewesen*
*es dennoch nicht für einen Raub*
*gehalten hat, Gott gleich zu sein:*
*Er entäußerte sich selbst,*
*nahm Knechtsgestalt an*
*und ward den Menschen gleich,*
*von jedermann als Mensch erkannt.*
*Er erniedrigte sich selbst*
*und ward gehorsam bis zum Tod,*
*ja bis zum Tode am Kreuz.*
*Darum hat ihn Gott auch erhöht*
*und gab ihm den Namen,*
*der über allen Namen ist,*
*auf daß in dem Namen Jesu*
*sich beuge jedes Knie,*
*im Himmel, auf Erden und unter der Erde,*
*und jede Zunge bekenne:*
*Herr ist Jesus Christus,*
*zur Ehre Gottes des Vaters.*

Ein poetischer Text, liebe Gemeinde! Aber Poesie fürs prosaische Leben! Daß Ihnen da eben ein überaus poetischer Text zu Ohren gekommen ist, das werden Sie, verehrte Schwestern und Brüder, wohl auf Anhieb bemerkt haben. Es ist ein Lied, ein hymnisches Lied, das die Geschichte Jesu Christi besingt. Doch dieses poetische Lied will dem prosaischen Leben zu Hilfe kommen.

Also einem Leben, wie auch wir es leben: halbwegs ordentlich, einigermaßen ehrbar und fleißig, mehr oder weniger bürgerlich - aber zugleich doch auch immer durchsetzt von allerlei Selbstgefälligkeit, von viel rücksichtsloser Selbstverwirklichung und ausgestattet mit hoher Konfliktbereitschaft. So leben wir. So leben wir vielleicht nicht alle Tage, aber ganz gewiß viele, zu viele Tage: heute artig, morgen weniger artig, und übermorgen schlagen wir über die Stränge.

Ein solches Leben braucht Orientierung, es hat Orientierung bitter nötig. Und es bekommt Orientierung: *Orientiert Euch an der Geschichte Jesu Christi* - schreibt Paulus den Christen zu Philippi, bei denen es offenbar nicht anders war als bei uns. Man will etwas darstellen. Man blickt auf andere herab. Das Eigeninteresse wird kultiviert. Und die weltlich und geistlich Starken, die ohnehin schon mit enormer Ich-Stärke Ausgestatteten, die wollen nur zu gern immer noch höher hinaus, nach ganz oben: dahin, wo man der hohen und mit sich selbst zufriedenen Gottheit immer ähnlicher zu werden und dennoch niemals genug von ihr zu haben meint. »So tauml' ich von Begierde zu Genuß, / und im Genuß verschmacht' ich nach Begierde.« Ein Höhenrauschtaumel, in dem ich nur noch mich selbst wahrnehme und die anderen, die unten, zwangsläufig aus den Augen verliere. Wer den Boden unter den Füßen verliert, verliert auch den Blick für die Nöte des Nächsten.

Gegen solchen Höhenrauschtaumel bietet der Apostel Paulus ein *Lied* auf, ein Orientierung gebendes Lied, das den Blick von oben nach unten lenkt. Denn es besingt den Weg Jesu Christi, der vom ewigen Thron seiner Gottheit herabgestiegen ist, um in die Fremde zu gehen - nach unten, nach ganz unten in eine weiß Gott befremdliche Fremde.

Er ging dahin, wo Menschen die bunten Farben der Schöpfung in ein tristes Grau in Grau verwandeln; dahin, wo Menschen sich nicht nur gegenseitig das Leben unnötig schwer, sondern nicht selten regelrecht zur Hölle machen und wo man auch schon mal andere Menschen aus ethnischen oder - schlimmer noch - aus religiösen Gründen in die Luft sprengt: christliche Serben muslimische Albaner und umgekehrt; dahin, wo man, um sich sein Deutschtum zu beweisen, Angehörige anderer Völker mit Füßen treten oder »um die Ecke bringen« zu dürfen meint. Dahin also, wo Sünder ihr teuflisches Spiel mit dem Tod treiben - in diese ihm unendlich fremde Lebenswelt kam der ewige Gottessohn. Er kam zu uns. Der Hymnus aus dem Philipperbrief erinnert daran.

Der Hymnus kommt aus dem Gefängnis. Ein Lied aus dem Kerker, aber ein befreiendes, ein vor Freiheit geradezu berstendes Lied.

Seltsame Paradoxie! Da sitzt ein Apostel im Knast und - singt. Nicht zu seiner eigenen Unterhaltung, nicht zum eigenen Zeitvertreib, sondern um einer befreienden Wahrheit Gehör zu verschaffen, die Himmel und Erde bewegt. Und die doch auch die kleine Gemeinde zu Philippi bewegen soll. Eben deshalb stimmt ja der inhaftierte Apostel diesen solennen Hymnus an, den er wohl selber irgendwo kennengelernt hat und der seitdem seinen Lauf nimmt - zunächst nach Philippi, einer Stadt im antiken Mazedonien. Und mit dem Philipperbrief breitete sich das Lied dann auf dem ganzen Erdkreis aus. Man hörte es gern und stimmte ein: das Lied kam an.

Wie so manches Lied! »Ein Lied geht um die Welt« - dergleichen kennt man. Mitunter ist es ein eher albernes Lied, das man aber trotzdem ganz unwillkürlich und gerne mitsummt: »Ich möchte nochmals 30 sein und so verliebt wie damals« - zum Beispiel.

Doch auch Kampflieder gehen um die Welt, die man mit geballter Faust singt, weil sie nicht nur das Ohr, sondern zugleich den Willen besetzen: »Vorwärts und nicht vergessen, worin unsere Stärke besteht! Vorwärts, nie vergessen die Solidarität« - zum Beispiel.

Es gibt allerdings auch Lieder, die den Willen regelrecht ausschalten und sich aufs Gemüt legen und nach denen man geradezu lüstern werden kann wie nach einem alten Bordeaux oder nach einem reifen schottischen Whiskey. Ja,

es gibt Melodien und Lieder,
die bestimmte Rhythmen betreun,
die schlagen Dein Inneres nieder,
und Du bist am Boden bis neun.

*Nicht* unser Inneres *niederschlagen*, sondern den inneren Menschen *aufrichten* und den äußeren Menschen *in Bewegung setzen* - das will der Christus-Hymnus, der nicht nur das Ohr, nicht nur den Willen, nicht nur das Gemüt, sondern auch den Verstand, vor allem aber das Herz erreicht. Und wer das Herz gewinnt, der hat gewonnen, der hat den ganzen Menschen gewonnen. Wer mein Herz gewonnen hat, der *hat* mich, der hat mich *ganz und gar*.

Das ist nicht ungefährlich. Es ist niemals ungefährlich, sich ganz und gar erobern zu lassen. Man droht dann eben auch ganz und gar abhängig zu werden. Ich bin dann so etwas wie ein Knecht, wie der Knecht eines Herrn, der Gewalt über mich hat. Eine gefährliche Lage! Eine Lage, in der man schamlos ausgebeutet werden kann! Eine Lage, in der man um seine eigene Identität gebracht werden kann.

Beglückend, überaus beglückend ist eine solche Situation jedoch dann - aber auch nur dann -, wenn die Abhängigkeit gegenseitig ist. Liebende wissen das. In der Liebe endet die abstrakte Dialektik von Knecht und Herr. In der Liebe wird man *nicht* um seine Identität gebracht. Ganz im Gegenteil: in der Liebe gewinnt man seine wahre Identität.

Das gilt auch für die Liebe zwischen dem allmächtigen Gott und uns mehr oder weniger ohnmächtigen Menschen. Seine Liebe hat ihn ja in die Fremde getrieben, hin zu uns, die wir für einen Gott so gar nichts Liebenswertes an uns haben. Eigentlich eine verrückte Liebe, eine ekstatische Liebe, ein göttlicher amour fou! In einer solchen Liebe gerät man außer sich, gerät auch Gott der Herr so außer sich, daß er die Gestalt des Knechtes annimmt. Der Apostel wußte ein Lied davon zu singen, als er mitten im Kerker den Hymnus anstimmte, der den göttlichen amour fou, der Gottes Liebe zu uns besingt.

Das ganze Universum wird in diesem Hymnus durchmessen. Besingt er doch einen Weg, der von der höchsten Höhe bis in die tiefste Tiefe, bis in den Abgrund des Todes hinab führt. Und besingt er doch einen ganz und gar freien Herrn über alle Dinge, der niemandem untertan ist und dessen Freiheit sich doch gerade darin bewährt, ein dienstbarer Knecht aller Dinge zu werden und jedermann untertan. Die schroffsten Gegensätze begegnen sich in diesem Hymnus. Und bleiben doch nicht sich selbst überlassen. Denn da ist Einer, der diese Gegensätze in ihrer ganzen Wucht durchlebt, ja durchlitten und sie gerade so miteinander versöhnt hat. *Nichts ist so groß, er ist noch größer. Nichts ist so klein, er ist noch kleiner* - hat Martin Luther von diesem *Einen* gesagt.

Wir nehmen freilich, wenn wir an Gott denken, nur den ersten Satz ernst: Nichts ist so groß, Gott ist noch größer. So denkt man sich Gott, wenn man ihn überhaupt denkt:

ewig, allmächtig, allwissend und eben ganz und gar frei. Ach, das müßte schön sein - mag sich da der alte Adam in uns sagen. Und genau das hat denn auch schon die alte Schlange dem ersten Adam und seiner Eva in Aussicht gestellt: ewig zu sein, allwissend, allmächtig und ganz und gar frei - »Ihr werdet sein wie Gott«!

Wer träumt nicht davon?

Und da das einzelne Individuum davon doch immer nur träumen kann, versucht man es eben im Kollektiv. Nun soll das politische System unseren Traum, wie Gott zu sein, erfüllen. Nun wird der Staat, wie es einige bedeutende Philosophen formuliert haben, zum zweiten Gott.

Ein allmächtiger Staatsapparat, ein allwissender Staatssicherheitsdienst, eine unendliche Dauer versprechende Armee und die sich als Freiheitssicherung drapierende Unterdrückung - das soll dann des Menschen höchstes Glück sein. Und alle diese vermeintlichen Errungenschaften werden mit Zähnen und Klauen verteidigt - so wie man ein gefundenes Fressen verteidigt, das man auf keinen Fall wieder hergeben will. Man könnte auch sagen: wie eines Raubes fette Beute, die man auf jeden Fall für sich behalten will.

Nichts hergeben zu müssen, nichts abgeben zu müssen - ja, das müßte schön sein, das wäre göttlich, sagt sich der alte Adam und denkt dabei keineswegs nur an das Finanzamt. Nichts hergeben und schon gar nicht sich selber hergeben zu müssen - so stellen nicht nur die Heiden, so stellen sich sogar die Frommen die Gottheit vor: sie hat, sie besitzt alles, ja sie besitzt sogar sich selbst. Sie lebt ein volles und sattes Leben und »wandelt droben im Licht, auf weichem Boden ...« Wie Gott sein - *so müßte das sein*.

Unser Hymnus behauptet das Gegenteil. Er besingt Jesus Christus als den, der es *nicht* für einen Raub, *nicht* für ein gefundenes Fressen hielt, Gott gleich zu sein. Das unterscheidet den wahren Gottessohn von den menschenfeindlichen Götzen. Auf sie trifft zu, was Friedrich Nietzsche kritisch bemerkte: »Böse heiße ich's und menschenfeindlich: all dies Lehren vom ... Vollen ... und Satten und Unvergänglichen«. Der Gottessohn hingegen geht seinen

Weg aus dem Reichtum ewigen Lebens in die Armut einer irdischen Existenz. Und das konsequent - bis hinein in den Tod, ja bis in den ehrlosen Tod am Galgen, am Kreuz.

Tod - das meint hier freilich nicht nur das Lebensende, das dann irgendein Arzt auf einem amtlichen Totenschein zu bestätigen pflegt: exitus. Die Bibel spricht anders vom Tod. Für die heilige Schrift beginnt der Tod bereits mitten im Leben, nämlich immer dann, wenn wir uns in unserem Leben auf Kosten anderer rücksichtslos durchsetzen zu müssen meinen. Doch wer Wind sät, wird Sturm ernten. Am Lebensende zahlt der Tod dann all die Rücksichtslosigkeiten wieder zurück, mit denen wir das Leben unserer Mitmenschen und damit auch Gottes eigenes Leben beschädigt haben. Denn wer Gottes Ebenbild beschädigt, der vergreift sich zugleich an Gott. Und so beginnt für die Bibel die Herrschaft des Todes bereits überall da, wo der Beziehungsreichtum des Lebens aufgrund unserer rücksichtslosen Selbstverwirklichungsversuche Schaden nimmt. Und es triumphiert die Kultur des Todes.

Zur Kultur des Lebens gehört hingegen eine Selbstbejahung, die auch zum Anderen Ja zu sagen vermag: zu den anderen Menschen, die neben mir leben; aber auch zu denen, die auf unserer Erde lange nach mir noch leben wollen und deshalb einen elementaren Anspruch darauf haben, daß wir pfleglich umgehen mit unserem schönen Stern.

Doch was machen wir? Wir sagen *Ja* zu uns selbst. Und wir tun es gern. Recht so! Denn Ja ist ein gutes, ein schönes, ein herrliches Wort. Schon im Erzanfang, als Gott Himmel und Erde, Pflanzen und Tiere und schließlich auch uns Menschen erschuf, schon da hat er mit ein und demselben Wort seine Schöpfung und sich, sich selbst und seine Schöpfung bejaht. Es gibt kein schöpferischeres, kein kreativeres Wort als ein unverdorbenes Ja.

Ohne Selbstbejahung kann kein Mensch menschlich, geschweige denn glücklich werden. Deshalb: Wohl dem, der auf schöpferische Weise Ja zu sich selber zu sagen vermag! Gott sieht es gern, wenn wir uns unbefangen und unverkrampft selber bejahen. Gott segnet die Selbstbejahung. Denn er ist ein Freund des Lebens.

Doch die Selbstbejahung wird zum Feind des Lebens und der Segen wird zum Fluch, wenn wir das Ja zu uns selbst mit einem rücksichtslosen Nein gegen andere Menschen erkaufen. Dann werden wir zu Handlangern des Todes, und der Tod wird zu einem großen selbstverschuldeten Nein, das sich über unser ganzes Leben legt und ihm jeden Sinn zu rauben droht.

Eine erschreckende, eine deprimierende Wahrheit, die die Lust zur Selbstbejahung niederzuschlagen, wenn nicht ganz und gar auszurotten geeignet ist. Eine lähmende Wahrheit!

Der Apostel erinnert daran und - singt. Er sitzt im Schatten des Todes und fängt an zu singen: ein Lied, das Lied vom Tod. Doch dies so, daß es sich in ein Lied gegen den Tod verwandelt. Denn in diesen Tod, in den Tod Jesu Christi hat Gott sein Leben investiert. Und er hat es getan, um noch einmal und ein für allemal Ja zu uns zu sagen. Es ist ein unverdientes, ein gnädiges und eminent kreatives Ja, das die Karwoche unaufhaltsam dem Ostermorgen entgegentreibt.

Viel wäre von diesem wunderbaren Ja-Wort zu sagen. Die Theologen versuchen es seit zwei Jahrtausenden und sind mit ihrer Schulweisheit noch lange nicht am Ende. Auch jeder von uns sollte es auf seine ureigene Weise versuchen und zu erzählen beginnen, was er von diesem göttlichen Ja-Wort erfahren und wie er es erfahren hat. Wer weiß, vielleicht wird ein neues Lied daraus.

Ich weise jetzt nur auf dreierlei hin.

Zuerst dies: Gottes Ja ist ein *eindeutiges* Ja. Denn es ist das Ja, mit dem Gott selbst auf unsere Seite tritt, und das für Zeit und Ewigkeit. Gott ist für uns - jetzt und immerdar. Niemand hat das Recht, das in Frage zu stellen - weder mit dummen noch mit klugen Behauptungen, weder mit unfrommen noch mit frommen Hypothesen. Wer es dennoch tut, ist - auch in seiner unfrommen Gestalt - ein pfäffischer Mensch, der selber nur allzusehr der göttlichen Liebe bedarf: jener Liebe, die selber eindeutig ist und zugleich unser oft so vieldeutiges und verworrenes Leben wenigstens halbwegs eindeutig macht.

Zweitens: Gottes Ja ist ein *unwiderrufliches* Ja. Am Ostermorgen wurde es öffentlich in Kraft gesetzt, um den verneinenden Kräften und den Mächten des Verderbens ihr Ende anzusagen. Noch versuchen sie, uns zu terrorisieren. Noch treten Hölle, Tod und Teufel und deren menschliche Handlanger in Siegerpose auf. Doch ihre Macht ist gebrochen. Seit Ostern herrscht der Gekreuzigte. Seit Ostern gilt unwiderruflich: Herr ist Jesus. Wer ihm vertraut, der läßt sich nicht mehr terrorisieren: von Hölle, Tod und Teufel nicht und von deren Adepten schon gar nicht. Am Ende werden sie nur noch lächerlich sein.

Schließlich: Gottes Ja ist ein *leidenschaftliches* Ja. Denn es ist das Ja-Wort einer überaus leidenschaftlichen Liebe. Also einer Liebe, die alles andere als harmlos ist, die einen vielmehr ganz schön mitnehmen kann. Und mitnehmen soll. Und wenn das geschieht, wenn wir uns von dem aus dem Dunkel des Karfreitags hervorbrechenden leidenschaftlichen Ja Gottes mitnehmen lassen, dann entstehen Melodien und Lieder, die einen neuen Rhythmus betreuen: einen Lebensrhythmus, der uns nicht nur Orientierung gibt, sondern zugleich in Bewegung setzt.

Wohin? Gewiß nicht mehr höher und immer noch höher hinauf! Sondern dahin, wo Gott bereits auf uns wartet: also hinab zu denen, die unten, die am Boden sind. Hinab in die Nähe von Menschen, die nichts dringender brauchen als ein sie aufrichtendes Ja und eine diesem kreativen Ja entsprechende einfallsreiche Tat. Hinab in die Nähe von Menschen, die dann vielleicht sogar ganz unten in unseren Hymnus einstimmen, um den Weg Gottes in die Fremde zu preisen: den Weg Gottes zu uns.

Wo dies geschieht, da kehrt Poesie in unser so prosaisches Leben ein, da kehrt selbst in das prosaischste Leben zumindest etwas von jener Poesie ein, die uns mit Gottes Leben in Einklang bringt. Und das mag dann klingen, wie es will: es ist ein guter Klang. Amen.

## Psalm 119,81-82
(Hochzeitspredigt)

*Meine Seele verlangt nach Deinem Heil. Ich hoffe auf Dein Wort. Meine Augen sehnen sich nach Deinem Wort und sagen: wann tröstest Du mich?*

Liebes Hochzeitspaar, liebe Hochzeitsgemeinde!
Eine Seele voller Verlangen, sehnsüchtige Augen, sprechende Blicke, leidenschaftliches Harren auf das entscheidende Wort - man muß gar nicht erst nachdenken, um zu begreifen, *wovon* die Rede ist, wenn *so* geredet wird. Und sollte dennoch jemand begriffsstutzig sein, so helfen ihm die gelehrten Übersetzer des Psalms auf die Sprünge. Die kompetenten alttestamentlichen Kollegen - die zwar besser Hebräisch können als Martin Luther, aber bei weitem nicht so gut Deutsch - sie lassen die Seele sogar *schmachten* und attestieren auch den Augen einen *schmachtenden* Blick. Keine Frage also, worum es geht. So hat die Lyrik aller Zeiten *das liebende Ich* zur Sprache gebracht, genauerhin: das sich nach dem geliebten Du verzehrende Ich. Es liebt, und es hofft inbrünstig auf Gegenliebe: inbrünstig, aber auch vehement und ungeduldig. »Meine Ruh ist hin, / mein Herz ist schwer; / ich finde sie nimmer / und nimmermehr ...« Wir kennen das. Irgendwo, irgendwann ist es wohl jedem von uns so ergangen. Hoffentlich ...

Sie, liebes Hochzeitspaar, haben sich dieses Psalmwort *als Trauspruch* ausgesucht. Eine gewagte Wahl, eine überaus gewagte Wahl!

Denn es ist ja nicht irgendwer, nach dem sich die Seele des Psalmisten sehnt und von dem sie sich nicht irgendeine Liebelei, sondern nicht weniger als ihr Heil verspricht. Es ist überhaupt keine menschliche Person, kein menschliches Du, nach dessen Wort das verliebte Ich verlangt und von dem es getröstet zu werden begehrt. Die Person, um die es dem Psalmisten geht und nach der er geradezu »schmachtet«, das ist die Person des allmächtigen Gottes. Also nicht irgendein faszinierender Dämon, nicht ein faszinierender Götze wird hier angerufen, sondern der Gott, der Himmel und Erde geschaffen hat. Es geht um die Person des Herrn, der allen anderen Mächten und Gewalten gebietet. Es geht um die Person des Hochheiligen, dessen Herrlichkeit auf eine uns jetzt noch verborgene Weise die ganze Welt durchwaltet, die aber von den Engeln schon jetzt gerühmt und gepriesen wird.

Frühere Zeiten hätten dieser Person *maiestas* zugesprochen. Die Bibel nennt Gott denn auch den König der Könige, die Majestät der Majestäten. Und dabei denkt man besser nicht an eine so leutselige Majestät wie die mit Gin und Champagner zu erfreuende 100jährige Queen Mum. Ist doch die göttliche Majestät so erhaben, daß bedeutende Dichter und Denker sie sich nicht einmal *als eine Person* vorzustellen erlaubten, sondern allenfalls als »das All und Eine«. »Der Professor ist eine Person, Gott ist keine« meinte Goethe zu wissen.

Unser Psalmist kennt diesen Gott vor allem als souveränen Gesetzgeber, der mit seinen Befehlen und Weisungen »alles so herrlich regieret« und der als strenger Richter über die Einhaltung seiner Gebote wacht. Wer sie befolgt, dem verheißt er Leben. Wer sein Gesetz hingegen verachtet, den verwirft er - behauptet der Psalmist. Eine erschreckende Majestät, diese göttliche Majestät, dieser Herr über Leben und Tod! Selbst der Verfasser unseres Textes bekennt einige Verse später: »Ich fürchte mich vor Dir so sehr, daß mir die Haut schaudert und Entsetzen mich überfällt vor Deinem Gericht« (V. 120). Nichts ist so groß - dieser Gott ist immer noch größer. Nichts ist so erhaben - dieser Gott ist immer noch sehr viel erhabener. Deus semper maior ...

Um so aufregender, daß derselbe Psalmist zu diesem immer noch Größeren, zu dieser sich immer noch steigernden Majestät zu reden vermag wie ein Liebender. Also so, daß nun der Herr über Leben und Tod, der Erwählende und Verwerfende, der dreimal Heilige - einem geliebten Menschen zum Verwechseln ähnlich erscheint: »Meine Seele verzehrt sich nach Dir. Ich harre auf ein Wort von Dir. Meine Augen sehnen sich nach Deinem Wort ... Wann wirst Du mich trösten?« Menschlicher kann man *von Gott* nicht reden. Menschlicher kann man *zu Gott* nicht reden. Menschlicher nicht, aber auch nicht kühner! Man bedenke: auf den *unsichtbaren* Gott, den kein Auge je gesehen, richten sich die *Augen* des Beters! Und das sind *Augen*, die nach einem *Wort* Ausschau halten: Augen, die an den Lippen eines anderen hängen! Seltsame Paradoxie: Augen, die doch eigentlich zum Sehen bestimmt sind, warten auf ein Wort!

Doch diese Paradoxie hat ihre Wahrheit! Oh ja, es gibt Worte, die die Augen hell machen. Das sind Worte, die unser Herz erobern. Worte, von denen wir hingerissen sind, so schön sind sie. Und wer von ihnen hingerissen wird, der ist dann eben hin und weg ...

Vielleicht, liebes Hochzeitspaar, ist Ihnen damals in Yale am Anfang Ihrer Begegnung ebenso oder doch ähnlich zumute gewesen. Vielleicht können sich sogar auch Ihre hier versammelten Verwandten und Freunde an Situationen erinnern, in denen ihre Seele dergleichen erfahren hat: also dies, daß das Zentrum des eigenen Lebens nicht *in* mir ist, daß es überhaupt nicht *bei mir selbst* ist, sondern bei einem anderen Ich, eben: bei dem geliebten Du. In einem solchen Fall kreist mein Leben nicht mehr um mich selbst. Ich bin dann vielmehr in einem wohlverstandenen Sinne außer mir - eben bei der geliebten Person.

Und wenn ich nicht bei ihr, wenn sie nicht bei mir ist, dann überfällt mich *die Sehnsucht*. Und die Seele verzehrt sich nach dem abwesenden Du und nach dem ausbleibenden tröstenden Wort. Und es beginnen jene Selbstgespräche, in denen sich Selbsterfahrungen aussprechen, die für jede echte Liebe genauso charakteristisch sind wie für den Glauben. Das ist die Erfahrung, sich selbst nicht finden zu können, ohne sich zu verlieren - um sich dann bei einem Anderen wieder zu finden, ja überhaupt erst wirklich zu finden. Nicht in den Tiefen meiner selbst finde ich Ruhe und Frieden, sondern bei Dir. Nicht in mir, sondern in Dir ist das lebendige Zentrum meines Daseins. Ohne Dich wird mein Dasein unkonzentriert, inhaltslos. Ohne Dich wird es in mir öde und wüst und leer. Ohne Dich wächst die Wüste, die jeder von uns in sich birgt. Du aber, Du bist *die Oase* inmitten der Wüste.

Das ist die ebenso harte wie herrliche Wahrheit Eures Trauspruches, liebes Hochzeitspaar. Martin Luther hat es - am Ende seines Traktates von der Freiheit eines Christenmenschen - so gesagt: »ein Christenmensch lebt nicht in ihm selbst«. Ihm widerfährt vielmehr eine heilsame Entfernung von sich selbst. Denn im Glauben »fähret er über sich in Gott«, und in der Liebe ist er beim Nächsten.

Doch das gilt nicht nur für den Christenmenschen, das gilt für jeden Menschen. Keine Menschenseele vermag bei sich selbst zu sich selbst zu kommen. Und für jede Menschenseele ist es eine nicht genug zu bejubelnde Erfahrung, wenn sie von einer anderen Person aus sich herausgelockt wird, um bei diesem anderen Ich zu sich selbst zu kommen. Ekstase? Wenn man darunter keine hysterischen Mätzchen versteht, dann ist der Begriff Ekstase hier durchaus am Platz. Denn was in unserem Leben verdient *ekstatisch* genannt zu werden, wenn nicht *Glaube* und *Liebe*? Und wohl auch die *Musik*, die sich ja nahezu von selbst einstellt, wenn Menschen glauben und wenn Menschen lieben.

Und nun kann man diese ekstatische Erfahrung auch mit Gott machen. Ja, mit Gott kann man diese Erfahrung sogar zu zweit und zu mehreren machen. Während die Liebe zwischen zwei Menschen etwas ausgesprochen Exklusives ist, eine Zweiergeschichte, in der für einen Dritten keinen Platz ist, kann und will Gott von uns allen gemeinsam geliebt werden - so wie er ja seinerseits nicht einen einzigen oder einige wenige Menschen, sondern *die ganze Welt* geliebt hat, auf daß *alle*, die an ihn glauben, nicht verloren werden, sondern das ewige Leben haben (Joh 3,16). *Deshalb* ist der ewige Gott zur Welt gekommen, wie ein Menschenkind zur Welt kommt. *Deshalb* hat er den Tod erlitten, den wir Menschenkinder über dieser Welt heraufbeschworen haben und noch täglich heraufbeschwören. *Deshalb*, weil er wirklich - wie die Kinder sagen - *der liebe Gott* ist. Der liebe Gott aber ist er deshalb, weil er unsere *Nähe* sucht. Liebe sucht immer Nähe: jene Nähe, die auch der Tod nicht zu zerstören vermag. Es hat seinen guten Grund, daß heute, an Eurem Hochzeitstag, an dem Eure Liebe ihre hohe Zeit hat, der vor einem Jahr verstorbene Brautvater Eurem Herzen besonders nahe ist. Die Nähe, die der Liebe entspringt, kann nichts zerstören.

Und so wünschen wir Euch beiden, die Ihr Euch heute vor diesem lieben Gott und seiner Gemeinde einander zusprecht, daß Ihr Euch nicht nur nah und immer noch näher kommt, sondern daß Ihr Euch nahe bleibt. Sich näher kommen, ohne sich nahe zu bleiben - das ist bloße Liebelei. Wir wünschen Euch, daß Ihr auch dann einander nahe bleibt, wenn die schwarzen Stunden der Anfechtung kommen oder die grauen Stunden ermüdender Gewohnheit. Dann mag sich Eure Liebe bewähren als eines jener »unbegreiflich hohen Werke« der Schöpfung, die auch, wenn man sich längst an sie gewöhnt hat, so »herrlich wie am ersten Tag« sind.

Ja, das wünschen wir Euch, daß Eure Liebe »all' Morgen ganz frisch und neu« sein möge. Dann wird sie auf menschliche Weise genau so kreativ sein, wie Gott auf seine göttliche Weise kreativ ist. Dann werdet Ihr in unserer alten Wirklichkeit neue Möglichkeiten entdecken - und zwar nicht nur, wenn Ihr Euch in die Augen seht, sondern auch dann, wenn Ihr gemeinsam *in die Welt* blickt. Liebende verjüngen die Welt - wenn sie auch selber alt dabei werden. Liebenden ist mehr möglich, als die Wirklichkeit gestatten will. Deshalb gedeiht in ihrer Nähe auch das Leben anderer Menschen. Die Liebe baut nicht nur ein Nest für Euch zwei. Die Liebe baut ein Haus, das dazu einlädt, in es einzutreten und in ihm Hilfe oder auch nur Erquikkung zu finden. Die Liebe baut ein Haus, in dem eben einfach mehr möglich ist als draußen, im unbehausten Dasein.

Und mitunter wird das Haus sogar zu einer richtigen Burg, in der man Zuflucht finden kann - so wie einst hier auf Burg Guttenberg die ersten Reformatoren Zuflucht gefunden haben -, eine Burg, in der man allerdings von nichts anderem verteidigt wird als von der Liebe ihrer Bewohner.

Einladendes Haus - schützende Burg - weltverwandelnde Kraft - Zuwachs an Möglichkeiten: in alledem ist Eure menschliche Liebe ein Gleichnis des Gottes, der selber - noch einmal mit Luther zu reden - »ein glühender Backofen voller Liebe« ist. Verwechslungen sind ausgeschlossen. Wir werden uns, auch wenn wir lieben und geliebt werden, nicht mit Gott selber verwechseln. Er ist die Liebe selbst. Wir sind immer nur Liebende und Geliebte. Aber als Liebende teilen wir mit Gott ein und dasselbe Geheimnis.

Und so wünschen wir Dir, David Syverson, und Dir, Ehrengard von Gemmingen-Guttenberg, daß Euer Leben immer tiefer in dieses Geheimnis eindringt. Dann werdet auch Ihr einander immer geheimnisvoller. Dann werdet Ihr Euch jeden Morgen - und selbstverständlich auch jeden Abend - immer wieder ganz neu entdecken. Und Euer Leben fängt an zu klingen. Selbst mit allen seinen Dissonanzen wird es wundersam klingen - so wie nur ein Loblied in Gottes Ohren klingen kann. Und wer es gut mit Euch meint, wird in dieses ganz besondere Loblied auf seine eigene Weise mit einer jeweils eigenen passenden Melodie einstimmen - so wie jetzt auch wir Euer gemeinsames Leben mit einem Gott lobenden Gesang begleiten wollen: Dir, Dir, o Höchster, will ich singen. Amen.

## **Psalm 31,9b und 16a**
(Trauerpredigt)

Verehrte, liebe Frau Noelle-Neumann, verehrte Trauerfamilie, liebe Trauergemeinde!
*Meine Zeit steht in Deinen Händen* hieß es in dem Psalm, den wir soeben gehört und vielleicht ja auch gebetet haben. Im selben Psalm bekennt der alte Beter voller Dankbarkeit: *Du hast meine Füße auf weiten Raum gestellt.* Auf diese beiden Raum und Zeit, menschlichen Lebensraum und menschliche Lebenszeit bedenkenden Sätze wollen wir uns jetzt konzentrieren:

*Meine Zeit steht in Deinen Händen -*
*Du hast meine Füße auf weiten Raum gestellt.*

Jetzt - das heißt in der Stunde, in der wir auf die irdische Lebenszeit von Heinz Maier-Leibnitz nur noch zurückblikken können: sie ist zu Ende. Jetzt - das heißt in dem Augenblick, in dem der weite Raum, den zu durchmessen dem Verstorbenen vergönnt war, seine unverrückbaren Grenzen gefunden hat: im Tod wird es eng, so eng, daß demgegenüber sogar der kleinste Punkt im Raum unendlich groß erscheint. Selbst dem, »dem hier die Welt zu enge, dem wird ein enges Grab zu weit«.

Und dann ist *die Klage* an der Zeit: die Klage und die Trauer darüber, daß uns dieser Mensch *fehlt*, daß er in unser eigenes Leben *eine schmerzliche Lücke* reißt. Klage und Trauer haben ihre eigene Würde. Niemand muß sich ihrer schämen - so wie sich auch Heinz Maier-Leibnitz der Tränen nicht geschämt hat, die aus ihm hervorbrachen, als er im Orden Pour le mérite die Gedenkrede für einen ihm besonders nahestehenden Kollegen und Freund hielt. Der Psalm, dessen Sätze uns in dieser Stunde begleiten, bringt den Schmerz eines vom Tode gezeichneten Menschen sogar sehr leidenschaftlich zum Ausdruck. Er ist ein ausgesprochener Klagepsalm.

Um so überraschender, daß in diesem leidenschaftlichen Klagepsalm jene beiden von Dankbarkeit und Zutrauen geradezu strotzenden Sätze laut werden: *Du hast meine*

*Füße auf weiten Raum gestellt ... Meine Zeit steht in Deinen Händen.* Das sind Sätze, die stehen wie ein Fels in der Brandung. Das sind tröstliche Wahrheiten, die auch unter uns inmitten noch so großer Trauer und Klage einer noch größeren Dankbarkeit und Zuversicht Geltung verschaffen: *weiter Raum - geborgene Zeit*!

Ja, Heinz Maier-Leibnitz hat weite Räume durchmessen. Wir denken an den Forscher, der auf Grenzen nur stieß, um sie zu überwinden und immer noch weiter hinaus zu schieben - Forschergeist. Was Lessings Saladin seinem Nathan nachrühmte, gilt auch für ihn: »Ein Mann wie Du bleibt da nicht stehen, wo der Zufall der Geburt ihn hingeworfen«. Er bricht vielmehr immer wieder zu neuen Ufern auf. Heinz Maier-Leibnitz war in ganz besonderem Maße eine solche immer wieder aufbrechende Forscherpersönlichkeit, die suchte, fand und weiter ging, um abermals Neuland zu suchen. Irgendwo selbstzufrieden stehenzubleiben und die das Leben eines forschenden Geistes zutiefst bewegende Suchbewegung willkürlich abzubrechen - das war seine Sache nicht. *Wie kommt man auf einfaches Neues?* Diese Frage steht repräsentativ für die wissenschaftliche Existenz des Verstorbenen.

Neues kommt nur in den Blick, wenn man sich vom Gewohnten und Allzuvertrauten zu entfernen wagt. Kreative Erkenntnis muß *Fernen* durchmessen - bis sie Neues entdeckt, um dann auch dies zu entdecken, daß das Neue ganz einfach ist, so einfach wie das *Nächstliegende*. Nur aus zu erobernden Fernen gewinnt ein kreativer Geist Nähe. Hölderlins Einsicht bestimmt auch ihn: »nämlich zu Haus ist der Geist / Nicht im Anfang, nicht an der Quell. Ihn zehret die Heimat / Kolonie liebt, und tapfer Vergessen der Geist«. Er ist in einem mehr als nur moralischen Sinne *selbstlos*.

Auf Wegen der Forschung entfernt man sich immer von sich selbst. Das ist nicht ungefährlich. Man kann sich bei solchen Entfernungen von sich selbst auch verlieren. Der Mensch früherer Zeiten reagierte denn auch, wenn der weite Raum *unendlich* weit zu werden drohte, mit dem *horror infiniti*, der zurückschrecken ließ und das menschliche Ich zurückwarf in vertrautes, aber eben auch vielfach begangenes Gelände.

Doch nicht nur der *unendliche Raum*, auch die *dahineilende Zeit* kann erschrecken, kann als ausgesprochen bedrohlich erfahren werden. Dann nämlich, wenn sie als vergehende Zeit uns mit unserer Vergänglichkeit konfrontiert. Nicht nur die Lyrik früherer Zeiten konnte ein Lied davon singen. Dann entsteht die Sorge, die Vergänglichkeit unseres Lebens indiziere auch dessen Vergeblichkeit:

> Was sind wir Menschen doch? Ein Wohnhaus grimmer
> Schmerzen,
> ein Ball des falschen Glücks, ein Irrlicht dieser Zeit.
> Ein Schauplatz herber Angst, besetzt mit scharfem Leid,
> ein bald verschmelzter Schnee und abgebrannte Kerzen.
> Dies Leben fleucht davon wie ein Geschwätz und Scherzen.
> Die vor uns abgelegt des schwachen Leibes Kleid
> und in das Toten-Buch der großen Sterblichkeit
> längst eingeschrieben sind, sind uns aus Sinn und Herzen.
> Gleich wie ein eitel Traum leicht aus der Acht hinfällt,
> und wie ein Strom verscheusst, den keine Macht aufhält:
> so muß auch unser Nam, Lob, Ehr und Ruhm verschwinden.
> Was itzund Atem holt, muß mit der Luft entfliehn.
> Was nach uns kommen wird, wird uns ins Grab nachziehn.
> Was sag ich? Wir vergehn wie Rauch von starken Winden.

Vergänglichkeit! *Media vita in morte sumus: mitten wir im Leben sind mit dem Tod umfangen*. Der Tod wird hier keineswegs nur als biologischer Endpunkt des Lebens wahrgenommen. Der alte Hymnus der Sankt Gallener Mönche zehrt von biblischen Einsichten. Nach biblischer Urteilskraft ist der Tod bereits mitten im Leben am Werk - nämlich überall da, wo der Beziehungsreichtum unseres Lebens beschädigt wird, wo Menschen an der Entfaltung ihrer Lebensmöglichkeiten behindert werden, wo ihnen die Mittel zu einem menschlichen Leben verweigert werden. Schon da, wo das elementarste aller Lebensmittel, wo das menschliche Wort verweigert wird, beginnt die Herrschaft des Todes, die nicht nur das Leben, sondern auch den Sinn des Lebens in Frage zu stellen droht - bis hin zu der »letzten verzweiflungsvollen Frage: *warum ist überhaupt etwas? warum ist nicht nichts?*«

Und so muß denn *dem Tod standhalten*, was als Antwort auf diese Frage in Betracht kommen soll. Dem Tod aber hält nur das stand, was bleibt: nicht nur heute und morgen, sondern in alle Ewigkeit. Dem Tod hält nur stand, worauf man sich verlassen, worauf man sich für immer verlassen kann.

Die beiden Sätze aus dem 31. Psalm verweisen auf den, der dem Tod standhält, ja der ihn besiegt und auf den man sich eben deshalb unbedingt verlassen kann. *Du hast meine Füße auf weiten Raum gestellt - meine Zeit steht in Deinen Händen.* Eine große Ruhe geht von diesen Sätzen aus. Sie drücken nicht nur, sie strömen Gewißheit aus.

Steht unsere Zeit in Gottes Händen, dann ist auch unser vergängliches Leben in den besten Händen. Hat Gott unsere Füße auf weiten Raum gestellt, dann verbietet sich der horror infiniti von selbst. Und der Horizont wird frei wie das offene Meer.

Doch wenn man sich in der Weite des Raumes *nicht verlieren* will, dann muß man sich konzentrieren, dann muß man *auf den Punkt* kommen: auf den Punkt, in dem Daseinsraum und Lebenszeit unmittelbar identisch werden. Das ist der Augenblick. Das ist derjenige Augenblick, von dem Schleiermacher erklärt hatte: »ewig sein in einem Augenblick, das ist die Unsterblichkeit der Religion«.

Im alten Israel erfuhr man solche Augenblicke am heiligen Ort. Im Tempelkult, da konzentrierte sie sich, da ereignete sich die unmittelbare Gegenwart des ganzen ungeteilten Daseins. Da kam selbst die äußerste Ferne in die nächste Nähe, und es war, als hätte der Himmel die Erde still geküßt.

Doch diese kultische Welt ist längst entzaubert. Es waren die heiligen Schriften selber, die die Glaubenden dazu anhielten, Gott statt im Tempel im Geist und in der Wahrheit anzubeten: in der Wahrheit, die weit über den Tempel hinaus reicht. Sie reicht, so heißt es in einem anderen Psalm, so weit die Wolken gehen. Zwischen heilig und profan kann dann allerdings nicht mehr unterschieden werden. Die Wahrheit läßt sich nun überall finden. Und wenn man sie findet, dann wird die Welt nicht etwa geheimnislos, sondern dann wird sie erst recht geheimnisvoll. Je mehr wir von der Wirklichkeit erkennen, desto geheimnisvoller wird sie. Ein echtes Mysterium verschließt sich unserem Erkennen nicht, sondern schließt sich ihm auf.

Der Verstorbene hat dieses *Mysterium veritatis*, er hat das Geheimnis der Wahrheit gern mit Worten Josef Eichendorffs zum Ausdruck gebracht, mit Worten, die er überaus liebte:

> Schläft ein Lied in allen Dingen,
> die da träumen fort und fort,
> und die Welt hebt an zu singen,
> triffst Du nur das Zauberwort.

In der Tat: wer Wahrheit entdeckt, für den fängt unsere sonst so chaotische Welt an, stimmig zu werden, für den hebt sie, zumindest einen Augenblick lang, an zu singen.

Doch das gilt nicht nur für den der Wahrheit auf der Spur bleibenden und deshalb weiteste Räume durchmessenden *Geist*. Das gilt auch und erst recht für das *Herz* und die tiefen Räume, in denen das *in sich* gehende Ich noch ganz andere Entdeckungen macht als im Raume der Wissenschaft. Heinz Maier-Leibnitz gehörte jedenfalls nicht zu den traurigen Forschergestalten, deren Geist zwar überaus beweglich, deren Herz aber beklemmend starr ist und deshalb kläglich hinter dem Verstand des Forschers zurückbleibt. Wahrhaftig nicht! Der Verstorbene hat auch im Verhältnis zu anderen Menschen immer wieder das Zauberwort getroffen, das die Welten in uns so sehr in Schwingungen versetzt, daß sie zu singen beginnen.

So hat ihn seine erste Frau Rita, so hat ihn seine Familie erlebt. So haben Sie, liebe Frau Noelle-Neumann, ihn - bis in seine Krankheit hinein - erlebt.

Und so werden ihn auch viele seiner Freunde und Schüler in Erinnerung behalten. Sie haben in dem bedeutenden und sich doch selber immer zurücknehmenden Forscher und Lehrer einen Mann mit Herz kennengelernt: mit einem Herzen, das *von anderen bewegt* wurde und sich *für andere engagierte*.

Deshalb verlor der Verstorbene sich auch niemals in

sich selber - wohl wissend, wie leicht man auf dem Weg in sich hinein in Sackgassen gerät. Doch ihm gab der Weg in sich hinein Konzentration und Kraft, um dann um so entschiedener wieder aus sich heraus zu gehen und erneut weiten Raum zu gewinnen. Er ist dabei in die Räume der Politik vorgedrungen und hat sich doch der üblichen politischen correctness strikt verweigert. Vivant sequentes! Doch nicht weniger kennzeichnend für diesen vielseitigen Mann dürfte es sein, daß er auch in der Küche Raum gewonnen hat, um dann seine Erfahrungen als Hobbykoch an andere weiterzugeben.

Bei anderen - da fand Heinz Maier-Leibnitz zu sich selbst. Und bei ihm fanden nicht nur die von ihm geliebten Menschen zu sich selbst. Und wurden glücklich.

In uns selbst finden wir ohnehin niemals zu uns selbst. Zu uns selbst kommen wir immer nur, wenn und indem wir zu einem anderen kommen. Und definitiv kommen wir zu uns selbst dann und nur dann, wenn wir zu dem kommen, der unsere Zeit in seinen Händen hält.

In Gottes Händen ist nun auch die Lebenszeit des Verstorbenen geborgen, für immer geborgen.

Heinz Maier-Leibnitz hat über sein Gottesverhältnis wenig verraten. Im besten Fall dürfte es spröde gewesen sein. Doch was kümmert das den Gott, der gerade nicht nur für die Frommen und Gerechten, sondern der sehr viel mehr noch für Sünder und Gottlose dasein will! *Deshalb* ist Gott als Mensch zur Welt gekommen. *Deshalb* feiern wir die »gnadenbringende Weihnachtszeit«.

Und so können wir denn genau so, wie wir inmitten aller Trauer voller Dankbarkeit auf das Leben eines Mannes zurückblicken, dessen Füße Gott auf weiten Raum gestellt hat, nun auch voller Zuversicht sein gelebtes Leben bei Gott geborgen wissen. Mitten wir im Leben sind mit dem Tod umfangen? Das weihnachtliche Evangelium von der Menschwerdung Gottes erlaubt uns, sagt Martin Luther, den alten Sankt Gallener Hymnus umzukehren: *Media vita in morte sumus. Kehr's um: Media morte in vita sumus.* Ja, mitten im Tode umgibt uns Gottes ewiges Leben. In dieser Zuversicht wollen wir den Leib des Verstorbenen zu Grabe tragen. Seine Zeit ist in Gottes Händen. Amen.

## **Bibelarbeit über Matthäus 20,1-15**

(Evangelischer Kirchentag Leipzig 1997)

*Gebet:*

Lieber Vater im Himmel! Wir danken Dir, daß Du auf Erden zu finden bist. Und wir staunen darüber. Gib uns Augen, Gott, Dich zu entdecken: Dich und die Wege Deiner Gerechtigkeit, Wege, auf denen das Leben gedeiht!

Herr Jesus Christus, Geheimnis der Welt, doch nicht verschlossen, sondern für alle da, sich allen erschließend und alle zu sich ziehend, die Dir vertrauen! Herr, Bruder und Freund, Du sprichst uns an: auf Gott und auf uns selbst: Du bist Gottes lebendiges Wort in Person. Gib uns Ohren, zu hören.

Gott heiliger Geist, Kraft aus der Höhe, befreiende Kraft, verbindende Kraft! Aus unendlicher Ferne kommst Du uns nahe, so nahe, daß es langweilig wird, noch weiter sich selber der Nächste zu sein. Bezwinge Du unsere Herzen mit dem Geist der Wahrheit, die uns frei macht von der elenden Fixierung auf das eigene Ich. Und erfülle uns mit dem Geist der Liebe, die den Himmel mit uns und uns untereinander wohltätig verbindet. Ja, komm heiliger Geist, komm jetzt auch zu uns! Ermuntere die Müden, und den Lebensmüden gib Lebenskraft! Sammle die Zerstreuten, baue auf, die am Boden sind! Kehre Du bei uns allen ein und führe uns immer tiefer noch in das Staunen hinein. Amen.

*Bibelarbeit:*

*Mit dem Himmelreich, mit Gottes Herrschaft und Reich, verhält es sich so wie mit einem Gutsbesitzer,*
*der gleich früh am Morgen ausging,*
*um Tagelöhner für seinen Weinberg anzuwerben.*
*Handelseinig mit ihnen über einen Denar pro Tag,*
*schickte er sie in seinen Weinberg.*
*Als er gegen neun Uhr ausging,*
*sah er andere auf dem Markt ohne Arbeit stehen.*
*Da sagte er zu ihnen: »Geht auch Ihr in den Weinberg!*

*Dann gebe ich Euch, was gerecht ist.«*
*Sie aber gingen (dorthin).*
*Wiederum aber ging er gegen zwölf und fünfzehn Uhr hinaus*
*und handelte ebenso.*
*Als er aber gegen siebzehn Uhr hinausging,*
*fand er andere dort stehen und fragte sie:*
*»Was steht Ihr hier den ganzen Tag, ohne zu arbeiten?«*
*Da antworteten sie ihm: »Niemand hat uns angeworben.«*
*Da sagte er zu ihnen: »Geht auch Ihr in den Weinberg!«*
*Als es aber Abend geworden war,*
*sprach der Herr des Weinbergs zu*
*seinem Verwalter: »Rufe die Tagelöhner und zahle ihnen -*
*angefangen bei den Letzten bis hin zu den Ersten - den Lohn aus.«*
*Da kamen, die um siebzehn Uhr (angeworben worden waren),*
*und erhielten je einen Denar.*
*Als die ersten kamen, glaubten sie, daß sie mehr erhalten würden.*
*Aber auch sie erhielten je einen Denar.*
*Während sie (ihn) erhielten, murrten sie gegen den Hausherrn:*
*»Diese letzten haben eine Stunde gearbeitet;*
*Du aber hast uns ihnen gleichgemacht,*
*die wir die Last des Tages und die Hitze ausgehalten haben.«*
*Er jedoch antwortete einem von ihnen:*
*»Mein Lieber, ich tue Dir kein Unrecht;*
*haben wir nicht einen Denar vereinbart?*
*Nimm das Deine und geh!*
*Ich will diesem letzten genauso geben wie Dir auch;*
*oder ist es mir nicht erlaubt, mit dem Meinigen umzugehen, wie ich will?*
*Oder ist Dein Auge böse, weil ich gut bin?«*

Eine *Entdeckungsreise* steht uns bevor, verehrte Zuhörerinnen und Zuhörer - wie immer, wenn Jesus ein Gleichnis erzählt: eine Entdeckungsreise freilich nicht in unbekannte Fernen, sondern eine Entdeckungsreise in eine uns noch unbekannte Nähe. Wenn Jesus ein Gleichnis erzählt, dann will er, der Verkündiger des Reiches und des Willens Gottes, uns zweifellos etwas von Gott erzählen: von Gott und von seinen Beziehungen zu uns. Und von unseren Beziehungen zu ihm, zu Gott. Doch zugleich - und da beginnt die Entdeckungsreise in die uns noch unbekannte Nähe - von unseren Beziehungen zu uns selbst. Man kann ja keine Beziehungen zu anderen Personen aufnehmen und unterhalten, man kann nicht einmal Beziehungen zu anderen Personen *abbrechen*, ohne sich dabei immer zugleich auch zu sich selbst zu verhalten. Man kann nicht aus sich herausgehen, ohne dabei zugleich mit jedem Schritt tiefer in sich selbst hineinzukommen. Und das ist eine Gegend, die uns bei aller Vertrautheit doch zutiefst unbekannt ist: die Gegend *in uns*. Dreierlei ist also im Spiel: Gottes Verhältnis zu uns, unser Verhältnis zu Gott und unser Verhältnis zu uns selbst - das alles kommt ins Spiel, wenn Jesus ein Gleichnis erzählt. Um diesen zwischen Gott und uns spielenden Beziehungsreichtum geht es auch im Gleichnis von den Arbeitern im Weinberg.

Doch haben Sie es bemerkt, verehrte Zuhörerinnen und Zuhörer? Von *Gott* ist in der Geschichte, die wir da eben gehört haben, mit keinem Wort die Rede. *Gott* kommt darin nicht vor - ganz so wie in unserer Lebenswelt, in der Gott ja auch nicht vorkommt. Jesus versetzt uns mit seinem Gleichnis in die alltägliche Arbeitswelt seiner Zeit. Mit einem landwirtschaftlich geprägten Arbeitsmarkt bekommen wir es da zu tun: mit einem Gutsbesitzer in der Rolle des Arbeitgebers; mit Arbeitslosen, die einen Job suchen und das Glück haben, einen zu finden - wie viele Deutsche würden sie beneiden; und mit einem Weinberg als Arbeitsplatz für die harte und anstrengende Arbeit an den Rebstöcken. Und bei alledem geht es um das liebe Geld; und darum, daß man offensichtlich nicht genug davon haben kann, daß man jedenfalls gern mehr davon hätte als die Kollegen. Und dann wird die Gerechtigkeit beschworen in dieser Geschichte, die soziale Gerechtigkeit. Gleichen Lohn für gleiche Leistung fordern die vom frühen Morgen bis zum späten Abend im Weinberg Tätigen von ihrem Arbeitgeber. Der aber denkt ein wenig anders darüber …

Es geht also überaus weltlich zu in diesem Gleichnis. Jesus erzählt eine durch und durch profane Geschichte. Und wäre da nicht die einleitende Bemerkung, wäre da nicht gleich am Anfang die stereotype Wendung *»mit dem Himmelreich, mit Gottes Herrschaft und Reich, verhält es sich so wie mit …«* - kein Mensch käme auf den Gedanken, daß Jesus uns mit diesem Gleichnis etwas von Gott erzählen wollte. Warum ist das so? Warum wird Gott von Jesus in seinen Gleichnissen so penetrant verschwiegen? Und das, obwohl Jesus doch sein Leben lang nichts anderes wollte, als diesen Gott anzusagen: seine Zeit, seine Nähe, sein Reich!

Wir müssen, um dieses seltsame Paradox zu verstehen, uns ein wenig mit der Eigenart der Gleichnisrede Jesu befassen. Denn so sind sie ja alle, die Gleichnisse Jesu von Gottes Herrschaft und Reich: ohne frommes Vokabular, ja, ohne die geringste religiöse Andeutung erzählen sie eine Begebenheit aus dieser Welt. Gott bleibt dabei unsichtbar, ganz und gar unsichtbar. Statt dessen bekommen die Hörer ihre Welt zu sehen: Welt und immer wieder nur Welt.

Und wie! Mit wenigen Worten werden wir ins volle, pralle Menschenleben versetzt. Dabei werden auch anstößige Verhaltensweisen, wie sie in unserer Welt nun einmal gang und gäbe sind, nicht ausgespart. Da ist zum Beispiel das Gleichnis vom Schatz im Acker: ein Mensch findet beim Gang über einen fremden Acker einen Schatz und verkauft sofort alles, was er hat, um den Acker und mit ihm den Schatz zu erwerben. Einleuchtend! Aber moralisch? Es ist doch moralisch suspekt, einen Acker zu kaufen, in dem ein Schatz verborgen ist, ohne daß der Verkäufer ahnt, was er bei diesem Handel verliert (Mt 13,44). Höchst anstößig, diese Geschichte - von jenem Halunken im Gleichnis vom ungerechten Haushalter ganz zu schweigen, der als Ökonom seinen Chef betrügt, um sich eine angenehme Existenz zu sichern (Lk 16,1-8). Ob es uns paßt oder nicht, »mit dem Himmelreich, mit Gottes Herrschaft und Reich, verhält es sich so wie mit« diesen so überaus problematisch agierenden Menschen. So lebensnah sind die Gleichnisse Jesu, daß sie auch überaus fragwürdige Praktiken schildern, um an ihnen das Himmelreich anschaulich zu machen. Jesus schminkt die Wirklichkeit der Welt nicht, wenn er in seinen Gleichnissen auf sie zurückkommt. Er schminkt sie weder moralisch noch religiös.

Wer *Gott* verstehen will, der muß offensichtlich tief in die *Welt* blicken, in die Welt mit ihren Licht- und ihren Schattenseiten. Wer das *Himmelreich* entdecken oder gar erreichen will, der muß sich offensichtlich tief einlassen auf das *irdische* Leben mit seinen Höhen und Tiefen. Der Titel eines vor kurzem erschienenen Buches sagt es schön und treffend: *Wer die Erde nicht berührt, kann den Himmel nicht erreichen.* Deshalb lenkt Jesus unseren Blick auf die sichtbare Welt und immer wieder und immer nur auf unsere irdische Lebenswelt, in der von Gott nichts zu sehen ist. »Wer nur den bloßen Inhalt der Gleichniserzählungen kennte, würde nicht auf die Idee kommen, daß darin vom Reich Gottes die Rede sei.«

So sind *Gleichnisse* nun einmal! Sie wollen etwas *ganz Bestimmtes* sagen und reden von etwas *ganz anderem*. Sie wollen etwas Wichtiges mitteilen, in unserem Fall sogar etwas überaus Wichtiges, etwas, das mich unbedingt angeht, und richten unsere Aufmerksamkeit doch auf etwas anderes. Das, was sie eigentlich zu sagen haben, wird verschwiegen.

Aber es wird nicht totgeschwiegen! Ganz im Gegenteil! Das, was die Gleichnisse so beharrlich verschweigen, das sollen wir ja gerade *entdecken*. »Ich sehe was, was Ihr nicht seht, noch nicht seht«, sagt der Gleichniserzähler und schickt uns mit seinem Gleichnis auf Entdeckungsreise - durchaus so, wie man Kinder auf Entdeckungsreise in die nähere, aber noch unvertraute Umgebung schickt. Wir werden uns, verehrte Zuhörerinnen und Zuhörer, also auch unsererseits auf allerlei kindliche Erfahrungen und kindliche Spiele einlassen müssen, wenn wir uns von einem Gleichnis Jesu auf Entdeckungsreise schicken lassen.

Denn so ist es eben auch mit *Jesu* Gleichnissen von *Gottes* Herrschaft und Reich. Alle diese Gleichnisse wollen uns etwas von Gott und seinem himmlischen Reich *entdecken* lassen - ganz egal, ob sie nun von einer besonders kostbaren Perle erzählen oder von einem verlorenen Groschen oder vom Unkraut unter dem Weizen oder vom ungerechten Haushalter oder von einem Schatz im Acker oder auch nur von einer so durch und durch profanen Angelegenheit wie einem verlorenen Schaf.

Da ist ein Mann, der hat hundert Schafe. Jeder der damaligen Zuhörer Jesu könnte es sein. Und »nicht wahr, wenn einer von Euch hundert Schafe hat und eines davon verliert, dann läßt er doch die neunundneunzig in der Steppe - wohlbehütet versteht sich - zurück und geht dem verlorenen nach, bis er es findet; und wenn er es gefunden hat, dann nimmt er es doch voller Freude auf seine Schultern; und wenn er nach Hause kommt, dann ruft er doch seine Freunde und Nachbarn zusammen und sagt ihnen: freut Euch mit mir; denn ich habe mein Schaf, das verloren war, wiedergefunden - nicht wahr?« (Lk 15,3-6)

Eine einzige Frage - ein vollkommenes Gleichnis! Gott kommt darin mit keinem Wort vor. Gott bleibt unsichtbar. Dafür bekommen wir ein Stück Welt zu sehen, profanste Lebenswirklichkeit. Ein verlorenes Schaf - es blökt, vermutlich etwas öfter als sonst. Und der Besitzer flucht, vermutlich etwas öfter als sonst. Und macht sich auf die Suche nach seinem verlorenen Schaf und sucht, bis er es findet. Und freut sich dann. Und andere freuen sich mit ihm. C'est tout. Von *Gott* handelt diese Geschichte, indem sie von ihm schweigt und statt dessen von unserer Welt und von unseren durch und durch weltlichen Erfahrungen erzählt. Gott muß in dieser Geschichte *erst entdeckt* werden.

Und genau so verhält es sich auch mit jenem Gleichnis, das von einem Gutsbesitzer erzählt, der Arbeiter für die Bearbeitung seines Weinberges sucht. Früh am Morgen, gleich bei Sonnenaufgang, geht er auf den Marktplatz, wo sich die arbeitslosen Tagelöhner zu versammeln pflegen, um ihre Arbeitskraft anzupreisen und anzudienen und so wenigstens für einen Tag unter Vertrag genommen zu werden. So etwas wie ein Arbeitsamt kannte die damalige Welt noch nicht. Man vermittelte sich selbst unter freiem Himmel auf den Dorfplätzen oder auf den Marktplätzen der Städte. Die soziale Situation im damaligen Palästina war allerdings alles andere als rosig. Es herrschte Arbeitsplatzmangel. Der Arbeitgeber konnte sicher sein, Arbeitskräfte zu finden. Die Tagelöhner aber konnten von Glück reden, wenn sie Tag für Tag Arbeit fanden. Ihre Existenz war alles andere als gesichert. Und so findet unser Gutsbesitzer denn zu *jeder* Tageszeit - in aller Frühe, dann wieder am Vormittag, dann vor und nach der Mittagspause (Siesta) und schließlich auch noch am späten Nachmittag - Arbeitskräfte, die sich nur zu gern für die Arbeit im Weinberg anwerben lassen.

Wir Heutigen blicken vielleicht mit etwas Neid auf die damaligen Verhältnisse zurück. Es war alles so einfach. Arbeitgeber braucht Arbeitskräfte, Arbeitslose suchen Arbeit - also wird man sich schnell handelseinig: zu dem damals üblichen Lohn - ein Denar pro Tag. Ein Denar - bitte merken Sie sich das, es ist für das rechte Verständnis dieses Gleichnisses von Bedeutung -, ein Denar, das war ungefähr diejenige Geldmenge, die ein Tagelöhner für einen Tag als Lebensunterhalt für sich und seine Familie brauchte. Der Vertrag wird also für einen Lohn, der das Existenzminimum sichert, abgeschlossen. Und da Wein ein guter Exportartikel war, hatte der Gutsbesitzer genug Bargeld flüssig. Am Abend gibt es den Lohn in cash auf die Hand. So einfach ist das. Keine Bedenkenträger! Keine Verzögerer! Keine taktischen Spielchen mit der Währung, geschweige denn mit den Goldreserven ...! Nüchterner Geschäftssinn auf beiden Seiten. Am Ende kommt jeder auf seine Kosten. *Damals!* Lang, lang ist's her. Wenn heute nur halb so zügig und auch nur mit halb soviel Erfolg verhandelt würde - ach, das müßte schön sein! Wenn heute die Bundesrepublik Deutschland wenigstens *regiert*, einfach nur regiert würde - ach, das wäre schön!

Doch wir sind jetzt gar nicht in der Bundesrepublik Deutschland, sondern in Palästina, in den Tagen des Königs Herodes, zu der Zeit, da Quirinius Statthalter in Syrien und dann Pilatus Statthalter von Judäa war. Und wir haben es mit einem Gutsbesitzer zu tun, der Arbeitslose für einen einzigen Tag unter Vertrag nimmt.

Der Gutsbesitzer hätte freilich ebensogut *Dauerarbeitskräfte* beschäftigen können, sogenannte *Knechte*. Doch die hätten dann zum Haus gehört und hätten das ganze Jahr über ernährt werden müssen. Und das hätte den Haushalt sehr viel mehr belastet als die Beschäftigung von Tagelöhnern. Dauerarbeitskräfte nur für die Saisonarbeit im Weinberg - das rechnet sich nicht. Wir haben es also mit einem Mann zu tun, der zu rechnen versteht, eben einem typischen *Arbeitgeber*. Er geht nicht leichtfertig mit seinem Vermögen um.

So scheint es. Jedenfalls am Morgen. Doch am Morgen ist der Abend noch fern. Am Morgen ist noch nicht Abend, und aller Tage Abend schon gar nicht. Und am Abend sieht oft alles ganz anders aus. So auch in unserer Geschichte. Der Abend sorgt für eine Überraschung. Am Abend nimmt die Geschichte eine Wendung, mit der keiner gerechnet hatte.

Gott aber, Gott kommt auch am Abend in unserer Geschichte mit keinem Wort vor. Gott muß auch am Schluß des Gleichnisses *erst entdeckt* werden. Gott muß *immer erst entdeckt* werden in unserer Welt.

Nur Gott? Das könnte dem alten Adam in uns so passen! Gott läßt sich entdecken - und wir fahren fort, als wäre nichts geschehen? Wir entdecken Gott - und es bleibt alles beim alten? Nein, das wäre nicht Gott, den man entdekken könnte, um dann mit dem eigenen Leben fortzufahren, als wäre nichts geschehen. Was man in einem solchen Fall entdeckt hätte, das wäre nichts anderes als ein reaktionärer Götze. Ja, in Wahrheit hätte man dann, wenn danach alles beim alten bliebe, überhaupt keine *echte Entdeckung* gemacht.

Das klappt ja schon bei der alten Eva nicht. Wenn der alte Adam die alte Eva entdeckt oder sie ihn, wenn Mann und Frau einander entdecken, ja, wenn immer zwei Personen einander so entdecken, daß sie sich zu lieben beginnen, dann entdeckt auch jeder von beiden sich selber ganz neu, dann macht jede der beiden Personen mit sich selber eine neue Erfahrung. »Wenn ich in *Deine* Augen seh, so schwindet all *mein* Leid und Weh; doch wenn ich küsse *Deinen* Mund, so werd *ich* ganz und gar gesund«. So hat Heinrich Heine in seinen unvergleichlich schönen Liebesliedern den Sachverhalt beschrieben, vielmehr: besungen. Und was da im Blick auf die Beziehung von Mensch zu Mensch angedeutet wird, das gilt erst recht für unser Verhältnis zu Gott. Man muß ihn zwar immer erst entdecken. Doch man *kann* ihn auch entdecken. Das Gleichnis von den Arbeitern im Weinberg gibt uns die Chance dazu. Und es gibt uns zugleich die Chance, auch uns selbst mit neuen Augen zu sehen. Wer Gott entdeckt, der entdeckt immer auch zumindest etwas von seiner wahren Identität.

Und wer Gott nicht entdeckt, dem bleibt auch etwas von seiner eigenen, von seiner wahren Identität verborgen. Als die Arbeiter sich am frühen Morgen für einen Denar unter Vertrag nehmen ließen, da waren sie höchst zufrieden, daß sie Arbeit gefunden hatten. Doch sie wußten noch nicht, daß sie am Abend, als sie ihren Denar vertragsgemäß ausgezahlt bekamen, höchst unzufrieden reagieren würden. Die Großzügigkeit des Arbeitgebers gegenüber den später Eingestellten hat sie am Abend zu murrenden Menschen gemacht und Züge an ihnen hervortreten lassen, die sie am frühen Morgen wohl selbst noch für unmöglich gehalten hätten. Am Abend haben sie sich selber ganz neu kennengelernt.

Meine niemand, er kenne sich selbst! Wir sind niemals nur das, was *wir von uns wissen*. Wir sind aber auch niemals nur das, was *wir aus uns machen*. Wir sind allemal *mehr,* als wir von uns wissen, und *mehr, sehr viel mehr,* als wir aus uns zu machen vermögen.

Auf dieses *mehr* spricht uns Jesus mit seinem Gleichnis an. Da kann man entdecken, daß *auch Gott* etwas von uns *weiß*, ja daß er mehr von uns weiß als wir selbst. Als Kinder haben wir gern jenes Spiel gespielt, das hieß: ich sehe was, was Du nicht siehst. Und dann mußte man raten, nein: entdecken, was der Andere sieht, aber ich noch nicht. In Jesu Gleichnissen sieht Gott etwas, was ich noch nicht sehe. In Jesu Gleichnissen sieht Gott *mich*, wie ich mich noch nicht sehe. Und nun soll - und kann - ich mich so entdecken, wie Gott mich sieht. Nun soll und kann ich lernen, mich und meine Welt mit den Augen Gottes anzuschauen.

Und wichtiger noch: in Jesu Gleichnissen kann man entdecken, daß nicht nur *ich* etwas aus mir *machen* will, sondern daß auch *Gott* etwas aus mir *machen* will. Und daß das mitunter nicht recht zusammenpassen will: das, was wir aus uns machen wollen, und das, was Gott aus uns machen will und aus uns zu machen bereits angefangen hat. Als es Abend geworden und des Tages Arbeit getan war und die Arbeiter im Weinberg entlohnt wurden, fängt unsere Geschichte hörbar zu knirschen an.

Am frühen Morgen hatte der Gutsbesitzer die Tagelöhner für jeweils einen Denar unter Vertrag genommen. Den später Angeworbenen hatte er zwar keine konkrete Summe, wohl aber einen *gerechten* Lohn zugesagt. Doch was ist *gerecht?* An dieser Frage scheiden sich die Geister. Die uralte und immer neue Frage nach der Gerechtigkeit - am Ende unserer Geschichte bricht sie in aller Härte auf. In dieser Hinsicht steht unsere Geschichte repräsentativ für unendlich viele Geschichten und am Ende wohl auch für die ganze Weltgeschichte. Denn am Ende aller Geschichte erhebt sich noch einmal unabweisbar die Frage nach der Gerechtigkeit. Wird dann ein Gott sie beantworten? Oder ist die Weltgeschichte selber das Weltgericht? Das wäre fürchterlich. Denn dann hätten am Ende immer nur die Erfolgreichen recht. Dann entschieden die stärkeren Panzer über das, was gerecht ist. Dann würden am Ende die Mörder über ihre Opfer triumphieren. Was wäre das für eine Gerechtigkeit?

In unserem Gleichnis wird die Frage nach der Gerechtigkeit *murrend* gestellt - *murrend* deshalb und nur deshalb, weil ein Mensch in unserer Welt *großzügig* gewesen ist. Seltsam! Nicht nur, wenn es *zu wenig* gibt, sondern selbst dann, wenn es *genug und mehr als genug* gibt, selbst wenn ein großzügiger Mensch *mehr* gibt, als er zu geben verpflichtet ist, rufen wir empört nach Gerechtigkeit - und meinen in unserer Empörung zu wissen, was in Wahrheit Gerechtigkeit ist.

Die zuerst Engagierten wußten es offensichtlich überaus genau. Jedenfalls am Abend. Am frühen Morgen hätten sie es noch für gerecht gehalten, wenn der Arbeitgeber den ausgehandelten Lohn am Abend auch wirklich zahlen wird. Pacta sunt servanda, Verträge müssen eingehalten werden. Wer das tut, ist gerecht. Wer hingegen Verträge bricht, handelt ungerecht. Das leuchtet ein. Jedenfalls am Morgen. Am Morgen ist der Sinn für Gerechtigkeit offensichtlich noch unverbraucht - so wie ja die ganze Schöpfung beim Aufgang der Sonne noch unverbraucht aussieht. In einem der Kirchentagslieder ist der unverbrauchte Glanz des frühen Morgens so gelungen eingefangen, daß wir dieses Lied jetzt eigentlich singen könnten. Das gibt uns Gelegenheit, Atem zu holen: Atem, den wir brauchen können, wenn wir mit dem konfrontiert werden, was in unserem Gleichnis am Abend geschieht.

*Lied:*
1. Morgenlicht leuchtet, rein wie am Anfang.
Frühlied der Amsel, Schöpferlob klingt.
Dank für die Lieder, Dank für den Morgen,
Dank für das Wort, dem beides entspringt.

2. Sanft fallen Tropfen, sonnendurchleuchtet.
So lag auf erstem Gras erster Tau.
Dank für die Spuren Gottes im Garten,
grünende Frische, vollkommnes Blau.

3. Mein ist die Sonne, mein ist der Morgen,
Glanz, der zu mir aus Eden aufbricht!
Dank überschwenglich, Dank Gott am Morgen!
Wiedererschaffen grüßt uns sein Licht.

Pacta sunt servanda, Verträge müssen eingehalten werden. Wer das tut, ist gerecht. Wer hingegen Verträge bricht, handelt ungerecht. Das war die Vorstellung von Gerechtigkeit, die am frühen Morgen geherrscht hat.

Am Abend aber, als der Lohn fällig wird, wird von der Gerechtigkeit etwas ganz anderes erwartet. Hatte doch der Gutsbesitzer seinen Verwalter angewiesen, *allen* Tagelöhnern, angefangen von den zuletzt Eingestellten bis hin zu den zuerst Eingestellten, je einen Denar auszuzahlen: allen also denselben Lohn, der mit den *zuerst* Angeheuerten vereinbart worden war. Nun bekamen also diejenigen, die nur eine Stunde gearbeitet hatten, genausoviel wie diejenigen, die den ganzen Tag lang geschuftet hatten. Die aber hatten, als die Lohnauszahlung begann, die entgegengesetzte Erwartung gehegt. Als sie nämlich sahen, daß den Kurzarbeitern dieselbe Summe ausgezahlt wurde, die ursprünglich mit ihnen, den zuerst Engagierten ausgehandelt worden war, da erwarteten sie, nun selber mehr als nur den vereinbarten einen Denar zu bekommen. Und als sie dann doch nur die vereinbarte Summe erhielten, da murrten sie gegen den Arbeitgeber: »Diese letzten haben (nur) eine Stunde gearbeitet. Du aber hast uns ihnen gleichgemacht: uns, die wir die Arbeitslast des ganzen Tages auf uns genommen haben. Und das bei der Sauhitze!«

*Gleichmacherei* als Vorwurf *an die Adresse der Arbeitgeber* - das bringt jeden Gewerkschaftsboß zum Staunen. In *unserer* Welt läuft die Argumentation doch genau umgekehrt: der Vorwurf der Gleichmacherei kommt aus dem Lager der Vermögenden und Besitzenden, und er richtet sich gegen die Interessenverbände der wenig oder gar nichts Verdienenden. Der Vorwurf geht in *unserer* Welt von rechts nach links. In der Gleichniserzählung aber dreht sich die Richtung um: die Arbeit*nehmer* werfen dem Arbeit*geber* Gleichmacherei vor. Verkehrte Welt!

Doch so ist das, wenn Jesus ein Gleichnis erzählt. Da bekommen wir zwar Welt zu sehen: Welt und nichts als Welt. Aber die Welt wird nicht selten auf den Kopf gestellt. Und die Zuhörer werden dabei unversehens ebenfalls auf den Kopf gestellt. Meistens merkt man es gar nicht. Meistens fängt es mit eher beiläufigen Bemerkungen an, bis der Erzähler schließlich sein Ziel erreicht und die Welt - und uns mit ihr - wirklich auf den Kopf gestellt hat. Das Entscheidende im Leben fängt nur selten mit einem Paukenschlag an. Das Entscheidende im Leben kommt oft eher beiläufig daher.

Das Entscheidende in unserem Gleichnis ist die *Gerechtigkeit*. Und nicht nur in unserem Gleichnis. Der Streit um Gerechtigkeit und der Kampf für Gerechtigkeit durchzieht die Menschheitsgeschichte wie ein roter Faden. Und das aus gutem Grund!

Der ganze Beziehungsreichtum unseres Lebens kann nur gedeihen, wenn *Gerechtigkeit* herrscht. Unsere Beziehungen zueinander, unser Gottesverhältnis, aber auch mein Verhältnis zu mir selbst, diese seltsamste aller Beziehungen: ich beziehe *mich* auf *mich selbst*, ich verhalte *mich* zu *mir selbst*, *ich* rede *mit mir selbst*, *ich* schmeichele *mir selbst*, *ich* kritisiere *mich selbst* usw. - noch einmal: unsere Beziehungen zueinander, unser Gottesverhältnis, aber eben auch mein Verhältnis zu mir selbst, das alles, dieser ganze Beziehungsreichtum des menschlichen Lebens nimmt Schaden, wenn es ungerecht zugeht. Doch er blüht auf, wenn es *gerecht* zugeht in der Welt. Deshalb haben die Dichter und Denker, haben Propheten und Apostel, haben Theologen, Philosophen, Ökonomen und Politiker immer wieder Loblieder auf die Gerechtigkeit angestimmt. *Weder der Abendstern noch der Morgenstern sind so wundervoll wie die Gerechtigkeit* - mit diesem leuchtenden Satz hatte schon der heidnische Philosoph Aristoteles der Gerechtigkeit ein hinreißendes Kompliment gemacht. Und die biblische Weisheit (Prov 14,34) weiß:

*Gerechtigkeit erhöht ein Volk, Sünde aber ist der Leute Verderben.* Ohne Gerechtigkeit kann keine Gesellschaft auf Dauer bestehen. Ohne Gerechtigkeit geht das menschliche Zusammenleben vor die Hunde.

Wer aber in einer ungerechten Gesellschaft für Gerechtigkeit zu kämpfen beginnt, der muß nicht selten, um zum Ziel zu kommen, seinerseits eine Welt auf den Kopf stellen. Hier, in dieser Leipziger Nikolaikirche, reden sogar die Steine davon, wie es ist, wenn Menschen anfangen, sich für Gerechtigkeit einzusetzen. Am Ende hatten sie einen ganzen Staat auf den Kopf gestellt. *Gerechtigkeit*, o Du erhabener Name einer überaus erhabenen Sache!

Wirklich? Was genau ist das denn: *Gerechtigkeit?* Ein erhabenes Wort gewiß und sicherlich auch eine sehr erhabene Sache, bewundernswerter als Abendstern und Morgenstern! Aber darüber, was in Wahrheit *gerecht* ist, darüber gehen die Meinungen gar sehr auseinander. Und so gibt es denn nicht nur seit Menschengedenken Menschen, die für Gerechtigkeit *kämpfen*, sondern eben auch Menschen, die darüber *streiten*, was das eigentlich ist: *Gerechtigkeit*.

So auch in unserem Gleichnis, das im Grunde ein Streitgespräch über die Gerechtigkeit ist. Am frühen Morgen war Gerechtigkeit soviel wie die Einhaltung von Verträgen. Nun, da es Abend geworden ist, soll etwas anderes gerecht sein. Nun wird der Grundsatz *gleicher Lohn für gleiche Leistung* bemüht. Das ist wiederum ein jedermann einleuchtender, ein allemal plausibler Grundsatz. Er soll der Benachteiligung wehren. Er soll ausschließen, daß z.B. Frauen, die dasselbe leisten wie Männer, schlechter bezahlt werden als diese. Und das soll es ja noch immer geben in unserer Bundesrepublik Deutschland! Nein, das sollte es nicht mehr geben in der Bundesrepublik Deutschland. Und anderswo auch nicht! Und auch das sollte es nicht geben, daß Ausländer, die dieselben Pflichten haben wie deutsche Staatsbürger, weniger Rechte haben. *Gleiches für Gleiches* - heißt der Grundsatz der Gerechtigkeit, der hier fällig ist.

Doch die Ganztagsarbeiter in unserem Gleichnis ziehen aus diesem Grundsatz eine sehr viel weitergehende Folgerung. Zu ihrem Verständnis von Gerechtigkeit gehört, daß der Arbeitgeber *nicht großzügig* sein darf, jedenfalls nicht nach eigenem Ermessen. Gibt er *mehr*, als er zu geben verpflichtet ist, dann muß er *allen* mehr geben, nämlich proportional zu der geleisteten Arbeit - so argumentieren sie. Er soll also *mehr* geben, damit am Ende *die einen mehr* und *die anderen weniger* haben. Er darf nicht aus freien Stücken großzügig sein. Die Großzügigkeit wird zum Gegenstand der Berechnung - und damit *als Großzügigkeit zerstört*. Will der Arbeitgeber *großzügig* sein, dann soll er zu *allen* großzügig sein. Die Gerechtigkeit gebietet es - meinen die Ganztagsarbeiter unter den Tagelöhnern. Und nicht nur sie.

Diese Arbeiter im Weinberg repräsentieren ein uraltes und bis heute lebendiges Ideal von Gerechtigkeit. Es besagt, daß gerecht ist, wer *jedem das Seine* gibt. *Suum cuique* - das forderten schon die alten Römer. Eine hehre Forderung! *Suum cuique* - die Hohenzollern hatten es als Wahlspruch in ihrem Wappen stehen. *Jedem das Seine* - eine hehre, aber auch eine schrecklich mißbrauchbare Parole! Die Nazis haben sie über dem Eingang eines ihrer KZ's angebracht.

*Suum cuique, jedem das Seine* - sagt auf seine Weise auch der Gutsherr im Gleichnis. Doch er sagt es eben *auf seine Weise*. Und er praktiziert es *auf seine Weise*. Und indem er die Devise *suum cuique, jedem das Seine* auf seine Weise sagt und praktiziert, stellt er die Welt ebenfalls auf den Kopf. Zwar bleibt er keinem etwas schuldig. Der Vertrag wird genau eingehalten. Jeder der zuerst Engagierten bekommt *das Seine*, nämlich einen Denar. Aber alle anderen, denen er eine *gerechte* Entlohnung zugesagt hatte, alle anderen bis hin zu den zuletzt Engagierten, die nur eine Stunde gearbeitet haben, bekommen genausoviel, also ebenfalls einen Denar.

Und nun erinnern Sie sich bitte, verehrte Zuhörerinnen und Zuhörer: ein Denar, das war diejenige Geldmenge, die ein Tagelöhner pro Tag für sich und seine Familie zum Leben braucht. Einen Denar - die zuletzt engagierten Kurzarbeiter haben ihn zum Leben bitter nötig, sie haben ihn genauso bitter nötig, wie diejenigen, die den ganzen Tag geschuftet haben. Und so gibt der Gutsherr, der über sein Vermögen frei verfügen kann und niemandem Rechenschaft darüber schuldig ist, was er mit seinem Geld macht, so gibt er, indem er den später Engagierten mehr gibt, als sie verdienen, auf *seine* Weise *jedem das Seine*: nämlich jedem das, was er für sich und seine Familie braucht, um existieren, um menschenwürdig leben zu können. Seine Gerechtigkeit erbarmt sich des Lebens. *Auf dem Weg der Gerechtigkeit ist Leben* - diese Wahrheit hat der Gutsherr in die Praxis umgesetzt.

Wer hätte das Recht, ihn dafür zur Verantwortung zu ziehen? Dieser Herr ist mit seiner Güte im Recht. Nicht, daß er Güte *vor* Recht, nicht daß er Gnade *vor* Recht ergehen ließe! Nein, er ist *mit seiner Güte,* er ist *mit seiner Gnade im Recht*. Das Gleichnis verteidigt das souveräne Recht der Gnade.

Haben Sie *Gott entdeckt*, liebe Zuhörerinnen und Zuhörer? Den Gott, dessen Gerechtigkeit seiner Güte zum Recht verhilft? Den Gott, der mit seiner Gnade im Recht ist? Den Gott, dessen Gerechtigkeit gerade darin souverän und herrlich ist, daß sie in großzügiger Weise *das Leben fördert*?

Der Gutsbesitzer jedenfalls hat mit seinem Verhalten deutlich gemacht, daß auf dem Weg der wahren Gerechtigkeit Leben ist und blüht und gedeiht. Und er hat damit deutlich gemacht, daß unsere gewohnten Vorstellungen von Gerechtigkeit auch zu Tode geritten werden können. Vor allem aber: er hat deutlich gemacht, daß die *unbarmherzige* Praktizierung von Gerechtigkeit, statt dem Leben zu dienen, dem Tod den Weg bereiten kann. Dergleichen haben auch die alten Römer schon gewußt, und der gesunde Menschenverstand ahnt es zumindest. *Summum ius, summa iniuria*: wo das Recht nicht nur konsequent, sondern *rücksichtslos* konsequent exekutiert wird, da kann höchstes Unrecht geschehen. Das macht ja - um nur ein Beispiel aus unseren Tagen zu nennen - die rechtliche Aufarbeitung der DDR-Vergangenheit so schwierig, daß auch hier das summum ius, daß auch hier die konsequent rücksichtslose Praktizierung des Rechts zu bitterem Unrecht führen kann. Und deshalb gerät die Gerechtigkeit in einen Selbstwiderspruch, wenn sie so verstanden und so praktiziert wird, daß darüber das Leben einer Gesellschaft Schaden nimmt. *Fiat iustitia et pereat mundus, es geschehe Gerechtigkeit, auch wenn die Welt darüber zugrunde gehe* - ist *keine christliche*, sondern eine *zutiefst unmenschliche* Devise.

Wer der Gerechtigkeit so zum Siege verhelfen will, daß darüber das menschliche Zusammenleben zugrunde geht, der zerstört mit dem Leben auch die Gerechtigkeit. Wer sein eigenes Recht so durchzusetzen sucht, daß andere darüber zugrunde gehen, der setzt sich gerade mit seiner Forderung nach Recht selber ins Unrecht. Wer die Gerechtigkeit nur so kennt, daß sie die Güte ausschließt, der bekommt, wie es in unserem Gleichnis heißt, den *bösen Blick*. Ja die Gerechtigkeit selber bekommt dann einen *bösen Blick*. Denn die Gerechtigkeit ist nun nur noch der Vorwand für einen schamlosen Egoismus. Und so endet das Gleichnis denn mit einer Rückfrage an die, die im Namen der Gerechtigkeit für sich selber *mehr* fordern, damit die anderen *weniger* haben: *Blickst Du deshalb böse*, so der Gutsbesitzer, *blickst Du deshalb böse, weil ich so gütig bin*?

Eine beklemmende Rückfrage! Beklemmend deshalb, weil die Frage einen beklemmenden Sachverhalt aufdeckt. Nicht daß es in unserer Welt böse Blicke gibt, beunruhigt. Das ist zwar nicht schön, aber mitunter unvermeidlich. Wer Böses tut, der hat durchaus einen bösen Blick verdient - jedenfalls für einen Augenblick. Wer Böses redet, wer »falsch Zeugnis redet wider seinen Nächsten«, der muß sich nicht wundern, wenn ihn der böse Blick des Betroffenen trifft. Aber auch, wenn ein Mensch unentwegt nur Blödsinn redet - und das soll es geben, zumindest an Universitäten, zumindest in Fakultätssitzungen! -, ist ein kurzer schräger Seitenblick durchaus angebracht.

Doch es gibt in unserer Welt eben auch dies: daß eine gute Tat, ein gutes Werk oder auch nur ein gutes Wort böse Blicke provoziert. Und das ist der eigentlich böse, der ganz und gar böse Blick: nämlich der, der sich des Guten nicht freuen kann, das vor seinen Augen geschieht. Als ob die Güte, die einem anderen widerfährt, mir zum Schaden gereichen würde! Als ob die Gerechtigkeit Schaden nehmen würde, wenn auch die Güte zu ihrem Recht kommt.

Als ob die Güte nicht ihrerseits das souveräne Recht hätte, sich zu ereignen, sich *so* zu ereignen, daß Gerechtigkeit und Güte *sich küssen*.

Wenn sie sich aber *küssen*, dann ist Freude angesagt, dann sind helle und glänzende Augen an der Zeit. Verkehrte Welt, zutiefst verkehrte Welt, in der ein großzügiger Mensch das zu fragen Anlaß hat: *Ist Dein Auge böse, weil ich gut bin*?

Wenn Jesus ein Gleichnis erzählt, so hatte ich am Anfang gesagt, dann will er uns etwas von Gott erzählen. Gott kommt zwar in den Gleichniserzählungen mit keinem Wort vor. Gott muß man erst entdecken. Hat man ihn aber entdeckt, dann hat man auch bemerkt, daß das Gleichnis in Wahrheit *mit allen seinen Worten* von Gott redet. Und zwar so, daß wir uns dabei selber ganz neu entdecken - zum Beispiel als Menschen, die ihre Umwelt mit freundlichen Augen oder aber mit bösen Augen ansehen. *Ist Dein Auge böse, weil ich gut bin*?

Die Rückfrage mag beklemmend sein. Doch sie hat eine hocherfreuliche Voraussetzung. Die Rückfrage mag so beklemmend sein, wie sie will, doch sie entsteht ja erst deshalb, weil da einer in unserer Welt ist, zu dem man vorbehaltlos und uneingeschränkt sagen kann: *Du bist gut*. In unserem Gleichnis kann man ihn *entdecken* - den, der nicht übertreibt, wenn er von sich sagt: *ich bin gut*. Er kann es deshalb sagen, weil er ganz und gar gut, weil er die Güte in Person ist.

Noch einmal: haben Sie ihn entdeckt, haben Sie Gott entdeckt, verehrte Zuhörerinnen und Zuhörer? Dann hätte Jesus sein Gleichnis nicht umsonst erzählt. Denn dafür zuerst und vor allem will uns Jesus die Augen öffnen: dafür, daß in unserer Welt inmitten ihrer Verkehrtheit, ja inmitten ihrer Bosheit der *gute Gott* da ist und daß eben deshalb *Gutes* geschieht in unserer verkehrten Welt, souverän und unverrechenbar *Gutes*.

Die Welt bringt eine solche Person freilich nicht aus sich selber hervor: eine Person, von der man uneingeschränkt sagen kann: *die ist gut*. Und doch ist sie da, diese Person, ist sie in dieser Welt da. In Jesu Gleichnissen *kommt* sie zur Welt, kommt sie zu denen, die sich in die

Geschichte verstricken lassen, die da von Jesus gerade erzählt wird.

Um uns in Geschichten zu verstricken, um uns in Geschichten mit Gott zu verstricken, um uns in seine eigene Geschichte mit Gott zu verstricken - dazu war der Mann aus Nazareth ja da. Jesus hat unentwegt Geschichten erzählt, Geschichten von Gott und von seiner Beziehung zu uns. Und er hat sie dazu und nur eben dazu erzählt, um uns in diese Geschichten zu verstricken. Und am liebsten hat er dieses Ziel mit seinen Gleichnissen zu erreichen versucht.

Auch mit dem Gleichnis von den Arbeitern im Weinberg hat er uns in eine solche Geschichte zu verstricken versucht. Er hat uns eine Geschichte aus der Arbeitswelt vor Augen geführt: aus der Welt, in der Gott nicht vorkommt und in der man ihn doch entdecken kann.

Doch *wenn* wir ihn entdecken, *wenn* wir *Gott* in unserer Lebenswelt entdecken, dann müssen wir eben auch entdecken, daß es eine verkehrte Welt ist, in der wir leben. Denn eine Welt, in der man allein deshalb, weil man Gutes tut, mit bösen Blicken verfolgt wird, das ist eine grundverkehrte Welt. Fehlt nur noch, daß diejenigen, denen Gutes widerfährt, ebenfalls mit einem bösen Blick reagieren - nach der Weise jenes bitteren chinesischen Sprichwortes: *Warum hassest Du mich, ich habe Dir doch gar nicht geholfen?* Nein, Jesu Gleichnisse schminken die häßliche Wirklichkeit wirklich nicht schön. Sie öffnen uns vielmehr die Augen für die traurige Realität, für das ganze Ausmaß der Verkehrtheit unserer Welt. Und sie öffnen uns die Augen dafür, daß *wir* es sind, wir menschlichen Ebenbilder Gottes, die seine gute Schöpfung verkehren und verderben mit Gedanken, Worten und Werken und eben auch und nicht zuletzt mit bösen, neiderfüllten Blicken.

Wir haben aber, verehrte Zuhörerinnen und Zuhörer, als wir uns von Jesus in die Geschichte von den Arbeitern im Weinberg verstricken ließen, noch mehr entdeckt: wir haben vor allem dies entdeckt, daß die verkehrte Welt auf den Kopf gestellt werden muß, wenn sie Gott und seiner Herrschaft und seinem himmlischen Reich wenigstens von ferne gleichen soll. Und das fängt damit an, daß Jesus, indem er seine Gleichnisse erzählt, zunächst einmal *uns* auf den Kopf stellt.

Als Kinder haben wir das ja wohl alle einmal versucht: uns auf den Kopf zu stellen und die Welt von unten anzusehen. Wer sich erinnert, der weiß, daß dann alles recht anders aussieht: der Himmel ist uns näher, die Erde sieht unverbrauchter aus, ihre Farben leuchten intensiver. Man hält es nicht lange aus in dieser Stellung. Man muß zurück auf die Beine, zurück in die Alltagswelt. Aber wenn wir dann wieder auf den Beinen stehen, dann haben wir eine Erfahrung gemacht, die hineinwirkt in unsere Alltagswelt: eine Erfahrung mit uns und mit unseresgleichen. Und zugleich eine Erfahrung mit Gott. Denn dann haben wir erfahren, daß es uns *gut* tut, in dieser verkehrten Welt von Zeit zu Zeit auf dem Kopf zu stehen. Und wir haben dann auch dies erfahren, daß die verkehrte Welt nicht das letzte Wort hat. Einmal auf den Kopf gestellt, verliert sie ihren letzten Ernst. Einmal auf den Kopf gestellt, beginnt sie, Gottes Welt zu werden: also die Welt, in der Gerechtigkeit und Güte sich küssen; also die Welt, in der zumindest einer da ist, der uneingeschränkt gut ist. Und der uns Gutes tut und unserem Nächsten. Und unserem Nächsten mitunter noch sehr viel mehr als uns selbst. Hat hier jemand einen bösen Blick?

Ich wiederhole: unserem Nächsten mitunter noch sehr viel mehr als uns selbst! Und keineswegs nur unserem *lieben* Nächsten. Gott tut auch und erst recht denen Gutes, die wir ganz und gar nicht lieben und von denen wir sehr viel weniger halten als von uns selbst. Uns paßt das freilich nicht. Und Gründe finden wir immer, um klarzustellen, daß auch Gottes Güte ihre Grenzen hat, nein: nicht *hat*, sondern nach unserem Willen *haben soll*: bis hierher und nicht weiter! Bis hierher und nicht weiter, lieber Gott!

Lieber? Gott? Der Gott, dessen Liebe nicht weiter reichen darf, als es meine Vorstellungen von Gerechtigkeit, Moral und guten Sitten erlauben, ist in Wahrheit ein erbärmlicher Götze: ein Götze, den die eigene Unsicherheit, den die eigene Angst fabriziert. Denn die Angst vor uns selbst ist es, die uns Götzen fabrizieren läßt: Götzen, die dann durch ihre Göttermaske hindurch *in unserem Namen* sagen: bis hierher und nicht weiter!

Doch *Gottes Güte reicht, so weit der Himmel ist, und seine Wahrheit, so weit die Wolken gehen,* heißt es im 36. Psalm. Und da sollte sie *auf Erden* Grenzen haben? Da sollten - um nur *ein* in der evangelischen Kirche Deutschlands zur Zeit heftig umstrittenes Problem zu nennen - nichteheliche Lebensgemeinschaften zwar von der Güte Gottes nicht einfach schlechthin ausgeschlossen, aber doch deutlich auf den zweiten Platz verwiesen werden - also dahin, wo allenfalls die Schatten seiner Güte hinfallen? Ob da wohl unsere bürgerliche Welt mit dem Himmelreich verwechselt wurde? Und unser bürgerliches Leben mit dem ewigen Leben? Und unsere bürgerlichen Urteile und Vorurteile mit Gottes endgültigem Urteil?

Jesus will uns mit seinem Gleichnis, so beteuern die gelehrten Exegeten, auch auf das Jüngste Gericht einstellen, an dem Gott endgültig und definitiv urteilen und jedem das Seine geben wird - aber auf seine, auf Gottes Weise! Wir sollen, sagt unser Gleichnis, darauf gefaßt sein, daß am lieben Jüngsten Tag gerade diejenigen, von denen wir sehr viel weniger halten als von uns oder sogar gar nichts, daß gerade sie die Güte Gottes im Überfluß erfahren.

Doch der Gedanke an das Jüngste Gericht darf nicht vertrösten. Was dann sein wird, dürfte wenigstens ansatzweise schon jetzt nicht unmöglich sein. Jesus kommt ja mit seinen Gleichnissen *auf die Gegenwart*, also *auf unser gegenwärtiges Leben* zurück. Im Gleichnis können und sollen wir Gott *schon jetzt* als den entdecken, der *schon jetzt* unverrechenbar Gutes tut, und zwar - wie gesagt - auch und gerade denen, von denen wir sehr viel weniger halten als von uns.

Lassen Sie mich zum Schluß, verehrte Zuhörerinnen und Zuhörer, ganz ungeniert fragen, wo denn *ich selbst* in diesem Gleichnis meinen Platz finde - oder vielmehr: wie denn dieses Gleichnis *mich selber*, mich höchstpersönlich in Gottes Geschichte mit unserer verkehrten Welt verstrickt. Es ist eine Frage, auf die nun jeder sehr persönlich selber antworten muß. Aber die Alternative ist klar.

Für mich selber dürfte zweifellos entscheidend sein, ob ich mich als eine Person entdecke, die *mit bösem Blick* auf Gottes Güte und ihren mir vielleicht ganz und gar nicht sympathischen Adressaten schielt, *oder* ob ich mich als eine Person entdecke, die *mit Freude* auf denjenigen blickt, dem Gott gut will und Gutes tut - mehr noch als mir selbst. Im ersten Fall bin ich ein jämmerlicher Egoist, dem nicht mehr zu helfen ist. Und es besteht für diesen jämmerlichen Egoisten reichlich Grund, über sich selber zu weinen. Vielleicht vermögen es ja die eigenen Tränen, den bösen Blick wegzuschwemmen. Im zweiten Fall aber will es die zwar verzwickte, aber durchschlagende Logik der Freude, daß sogar auch *ich* noch von der Güte profitiere, die Gott einem *anderen* als mir zuwendet: nämlich dann, wenn ich mich an dem derart Bevorzugten freue, »als wär's ein Stück von mir«.

Das ist zwar noch immer *ein wenig egoistisch* gedacht. Doch wenn ich mich am Vorteil eines anderen so freue, »als wär's ein Stück von mir«, dann ist aus dem *Egoismus des bösen Blicks* ein *sacro egoismo*, dann ist aus dem selbstsüchtigen Egoisten ein - im besten Sinne des Wortes - *heiliger Egoist* geworden. Und so kann Jesus mit einer so ganz und gar weltlichen Geschichte wie der von den Arbeitern im Weinberg aus uns alten Egoisten auf höchst weltliche Weise tatsächlich so etwas wie *heilige Egoisten* machen. Was der Papst in wenigen Ausnahmefällen und nur bei tadellosen Lebensläufen und immer erst hinterher macht: nämlich einen Menschen heilig sprechen - das macht Jesus mit allen, die ihm zuhören und die sich von ihm - tadelloser Lebenslauf hin, tadelloser Lebenslauf her! - in seine Gleichniserzählung richtig verstricken lassen, jetzt: er spricht uns alte Egoisten heilig, und er macht einfach dadurch, daß er sein Gleichnis vom Himmelreich erzählt, aus uns höchst problematischen Menschen echte Heilige. Ein wunderbares Gleichnis! Ein Gleichnis, das Wunder wirkt! Zugegeben: *heilige Egoisten* - das sind einigermaßen *seltsame Heilige*; aber es sind unbezweifelbar *echte Heilige*.

Heilige Egoisten, seltsame Heilige, echte Heilige - sind wir es? Sind wir es geworden? Wenn wir es geworden wären, dann - ja dann wäre das Himmelreich mitten unter uns.

*Segen:*
Der allmächtige, gerechte und gütige Gott heilige uns durch und durch! Er begleite uns freundlich durch diesen Tag! Und der Friede des dreieinigen Gottes erfülle uns und alles, was lebt: hier in der Stadt Leipzig, im ganzen Land, in allen Ländern! Der Friede des Vaters, des Sohnes und des heiligen Geistes erfülle die Erde, erfülle das All! Amen.

## **Bibelarbeit über 1. Korinther 11,17-34**
(Evangelischer Kirchentag Stuttgart 1999)

Liebe Kirchentagsgemeinde!
Lassen Sie uns diesen Tag beginnen mit der Erinnerung an den Tag der Tage, an den Ostermorgen, und gemeinsam singen den Osterchoral *Christ ist erstanden*:

*Gemeinde:*
Christ ist erstanden von der Marter alle;
des solln wir alle froh sein,
Christ will unser Trost sein.
Kyrieleis.

Wär er nicht erstanden,
so wär die Welt vergangen;
seit daß er erstanden ist,
so loben wir den Vater Jesu Christ'.
Kyrieleis.

Halleluja, Halleluja, Hallejuja!
Des solln wir alle froh sein,
Christ will unser Trost sein.
Kyrieleis.

*Gebet:*
Lieber himmlischer Vater!
Du gibst uns täglich unser Brot.
Dafür danken wir Dir, indem wir nicht aufhören, Dich zu bitten:
gib uns und allen Deinen Menschenkindern jeden Morgen neu,
was unser Leib zum Leben braucht.

Herr Jesus Christus!
Du bist das Brot des Lebens, vom Himmel gekommen.
Wir preisen Dich, weil Du Dich für unseren Lebenshunger dahingegeben hast.
Wir preisen Dich, indem wir Dich bitten:
ernähre unsere Seele und stärke sie mit Deinem heiligen Geist!

Gott, heiliger Geist!
Komm Du jetzt zu uns und erfülle uns mit Freude und Lust am Leben!
Laß die weltlich und geistlich Lebenssatten wieder hungrig werden.
Und die allzu Begierigen erfülle mit dem rechten Augenmaß:
daß wir sehen, wo wir zu geben haben, statt zu nehmen;
aber auch, wo wir ungeniert nehmen und bitten, ja betteln dürfen;
unser tägliches Brot gib uns heute. Amen.

*Bibelarbeit:*

Der Apostel Paulus schreibt nach Korinth:

*Ich ordne an; (denn) loben kann ich nicht, daß Eure Zusammenkünfte nicht zum Besseren, sondern zum Schlimmeren führen. Höre ich doch (gleich) zuerst, daß es Spaltungen gibt, wenn Ihr in der Gemeinde zusammenkommt, und zum Teil glaube ich das auch. Denn es muß ja wohl Cliquen unter Euch geben, damit die Erprobten unter Euch offenbar werden. Wenn Ihr nun (auf diese Weise) zur Versammlung zusammenkommt, ist das (gar) nicht das Herrenmahl. Denn jeder nimmt beim Essen sein eigenes Mahl vorweg, und der eine hungert, der andere dagegen ist betrunken. Habt Ihr denn keine Häuser zum Essen und Trinken? Oder verachtet Ihr die Gemeinde Gottes und beschämt die, die nichts haben? Was soll ich Euch (dazu) sagen? Soll ich Euch loben? (Nein,) darin lobe ich Euch nicht. Denn ich habe vom Herrn empfangen, was ich auch Euch überliefert habe:*
*Der Herr Jesus, in der Nacht, in der er ausgeliefert wurde, nahm das Brot, dankte, brach es und sprach: Das ist mein Leib - für Euch. Dies tut zu meinem Gedächtnis. Ebenso (nahm er) auch den Becher nach dem Mahl und sagte: Dieser Becher ist der neue Bund in meinem Blut. Dies tut, sooft Ihr (daraus) trinkt, zu meinem Gedächtnis.*
*Denn sooft Ihr dieses Brot eßt und (aus diesem) Becher trinkt, verkündigt Ihr den Tod des Herrn, bis er kommt. Wer daher unwürdig das Brot ißt oder den Becher des Herrn trinkt, wird schuldig am Leib und Blut des Herrn. Der Mensch prüfe sich aber selbst und esse (dann) vom Brot und trinke aus dem Becher. Denn wer ißt und trinkt, der ißt und trinkt es sich zum Gericht, wenn er den Leib nicht unterscheidet. Deshalb sind unter Euch viele Kranke und Schwache, und manche sind entschlafen. Würden wir uns selbst prüfen, würden wir nicht gerichtet. Werden wir aber vom Herrn gerichtet, so werden wir gezüchtigt, damit wir nicht mit der Welt verurteilt werden. Also, meine Brüder, wenn Ihr zum Essen zusammenkommt, wartet aufeinander. Wenn jemand (bloß) Hunger hat, soll er zu Hause essen, damit Ihr nicht zum Gericht zusammenkommt. Das übrige aber werde ich anordnen, sobald ich komme.*

Verehrte Zuhörerinnen und Zuhörer,
liebe Schwestern und Brüder!
Was ist los in Korinth? Was geht dort vor bei den Christen, so daß Paulus, der Gründer der korinthischen Gemeinde, sich seinen Ärger mit einem apostolischen Brief vom Hals schreiben muß? Was ist los in der Kirche jener Hafenstadt, die den deutschen Bildungsbürgern mehr noch als durch apostolische Briefe aus Schillers Gedicht von den Kranichen des Ibykus bekannt sein dürfte: als Ort in jener »Landesenge«, die »zum Kampf der Wagen und Gesänge … der Griechen Stämme froh vereint«?

*Froh vereint* waren offensichtlich auch die im heiligen Geist versammelten korinthischen Christen, wenn sie zum Essen und Trinken zusammenkamen und das Mahl des Herrn feierten. *Zu froh* vielleicht? *So froh*, daß der Apostel nicht nur streng, sondern ausgesprochen feierlich werden und den Korinthern die hochheilige Abendmahlsliturgie in Erinnerung rufen mußte, um ihrem gar zu turbulenten Verhalten Einhalt zu gebieten? Was ist los in Korinth?

Die Antwort fordert etwas Geduld. Denn in den Gemeindeversammlungen zu Korinth geht einiges durcheinander. Man ist zusammengekommen, um *Gott* zu erfahren, und erfährt in Wahrheit *sich selbst* - und wie! Man will *die Gegenwart des Herrn* feiern und feiert doch in Wahrheit *die eigene Entrückung*: man zelebriert die Erfahrung der unerhörten Leichtigkeit des eigenen Seins, »und des Erdenlebens schweres Traumbild sinkt und sinkt und sinkt …« Man will *sich selbst vergessen*, um ganz und gar beim Herrn zu sein, und vergißt in Wahrheit *den anderen*, den notleidenden Nachbarn. Und man merkt es nicht einmal. Dicht beieinander liegen in Korinth der rechte Gebrauch der christlichen Freiheit und ihr enthusiastischer Mißbrauch, der sakramentale Sinn des Herrenmahls und sakramentalistischer Unsinn, die herrliche Wahrheit des Evangeliums und ihre egoistische Usurpation. Wie oft im Leben, so *verwirrt* und *vermischt* sich auch bei der überaus lebendigen Gemeinde in Korinth, was doch um Gottes willen und um unserer Seelen Seligkeit willen unbedingt *unterschieden* werden muß. Unsere *Bibelarbeit* wird also vor allem *Unterscheidungsarbeit* sein. Und dazu braucht es, wie gesagt, etwas Geduld, braucht es vor allem *die Geduld des Verstehens.* Man kann ja nicht glauben, ohne zu verstehen, was man glaubt. Rechter Glaube ist sogar überaus begierig zu verstehen. Denn rechter Glaube lebt von der Wahrheit. Und die Wahrheit will verstanden sein.

In unserem Fall geht es um die *Wahrheit des Evangeliums.* Und das ist eine überaus lebendige, ja eine *festliche Wahrheit*: eine Wahrheit, die gleichermaßen *verstanden* und *gefeiert* zu werden verlangt. Und feiern - das können die Korinther. Das können sie nur zu gut. Jedenfalls ein Teil von ihnen. Ein anderer Teil aber guckt in die Röhre. Und das in ein und derselben Gemeinde! Ein Teil der Kirche - ein anderer Teil: da fängt die Notwendigkeit des Unterscheidens schon an.

Wer die festliche Wahrheit des Evangeliums verstehen will, der muß zunächst einmal *auseinanderhalten*, was bei der Feier der evangelischen Wahrheit alles *zusammenkommt*: nicht um das Zusammenkommen zu verhindern, sondern umgekehrt, um ein rechtes Beisammensein zu ermöglichen. Schauen wir also genauer hin und sortieren wir, was da alles zusammenkommt, wenn Paulus der das Herrenmahl feiernden Gemeinde zu Korinth einen apostolischen Brief schreibt.

Fangen wir mit dem Elementarsten an! Da sind Brot und Wein, zwei elementare Lebensmittel. Sie stehen stellvertretend für alles, was der Mensch zum Leben braucht, und werden eben deshalb seit alters bis zum heutigen Tag mit dichterischen Worten bedacht: *»Brot ist der Erde Frucht, doch ists vom Lichte gesegnet, und vom donnernden Gott kommet die Freude des Weins«* heißt es in einer der denkwürdigsten Elegien, die die deutsche Sprache kennt. *Brot und Wein*!

Da sind sodann Menschen, glaubende Menschen, die für Brot und Wein dankbar sind und eben deshalb ihrem Schöpfer dafür danken, daß sie genug davon haben. *Dank* heißt auf Griechisch *Eucharistie.* Der Name wurde in der christlichen Kirche auf das Herrenmahl übertragen. Denn auch in diesem sakramentalen Mahl genießen die Glaubenden unter *Danksagung* Brot und Wein. *Genießende, dankende Menschen!*

Doch sie genießen nicht nur diese *irdischen* Lebensmittel. Da ist, da geschieht noch etwas anderes, zutiefst Geheimnisvolles. Beim eucharistischen Mahl repräsentieren Brot und Wein zugleich *den gekreuzigten Jesus Christus*, den Herrn der Kirche. In seinem Mahl teilt er sich selber den Glaubenden mit. Unter Brot und Wein, diesen irdischen Lebensmitteln, wird der gekreuzigte und auferstandene Herr auf geheimnisvolle Weise *gegenwärtig*, um sein *ewiges* Leben mit uns zu teilen. *Geheimnis des Glaubens!*

Und dann sind da auch Menschen, die *nicht teilen* können. Sie essen und trinken und lassen andere darben. Sie ignorieren den elementaren Tatbestand, daß Brot und Wein und nicht nur Brot und Wein, sondern alle Lebensmittel *zum Teilen* da sind. Und diese erbärmliche, egoistische Ignoranz ignoriert nicht nur die Bedürfnisse der Habenichtse, sie ignoriert mit den Bedürftigen zugleich den, dem sie Brot und Wein verdankt: »*So ist der Mensch; wenn da ist das Gut, und es sorget mit Gaben selber ein Gott für ihn, kennet und sieht er es nicht*« heißt es in derselben Elegie Friedrich Hölderlins. *Ignoranten, gotteslästerliche und menschenverachtende Ignoranten!*

Und da ist nicht zuletzt ein Apostel, ein abwesender Apostel, der Briefe schreiben muß: Briefe, in denen er seine Gemeinde am liebsten loben möchte, sie aber zu seinem eigenen Verdruß hart tadeln muß. *Ein apostolischer Brief und viel apostolischer Ärger!*

Und schließlich sind da auch noch wir. Wir, die wir fragen: was ist los *in Korinth*? Und die wir doch allen Grund haben, uns selber zu fragen: was ist los *bei uns*? Was ist los bei uns Christen, die wir in unterschiedlichen Konfessionen und Kirchen das Herrenmahl feiern und noch immer nicht vereint sind am Tisch des Herrn? Hätte der Apostel Anlaß, auch uns einen Brief zu schreiben?

Brot und Wein, genießende, dankbare Menschen, das eucharistische Geheimnis des Glaubens, gotteslästerliche und menschenverachtende Ignoranten, der Apostel und wir - das alles gehört also dazu, wenn man verstehen will, was es mit der Feier des heiligen Mahles, was es mit der Eucharistiefeier auf sich hat, zu der die Korinther - wie die

Christen in aller Welt - *zusammenkommen*, bei der sie aber offensichtlich nicht in rechter Weise *beieinander sind*. Das Verstehen wird hier, wie gesagt, auf ein *Geheimnis* stoßen, eben auf das *eucharistische Geheimnis*. Doch dieses Geheimnis ist nicht dunkel, nicht unverständlich, nicht abweisend. Ganz im Gegenteil: es will verstanden werden, und je besser wir es verstehen, desto geheimnisvoller wird es. Das unterscheidet das Geheimnis von einem Rätsel. Wer des Rätsels Lösung kennt, für den hat das Rätsel seine Rätselhaftigkeit verloren. Wer aber ein Geheimnis versteht, dem wird das Geheimnis noch geheimnisvoller. Aus dem Mysterium der Liebe ist uns das ja durchaus vertraut: je tiefer Liebende einander verstehen, desto geheimnisvoller werden sie sich. Und das eucharistische Geheimnis hat durchaus etwas mit dem Geheimnis der Liebe zu tun. Denn Gott, der Gott, der *um unsertwillen* zur Welt gekommen und in dieser Welt *für uns* gestorben ist - er *ist* die Liebe. Im eucharistischen Mysterium wird das erfahrbar, daß Gott nichts als Liebe, daß - wie Martin Luther pointiert formuliert hat - Gott ein glühender Backofen voller Liebe ist.

Doch neben dem Mysterium lauert das Mysteriöse. Und neben dem eucharistischen, dem sakramentalen Geheimnis lauert das sakramentalistische Mißverständnis, der sakramentalistische Mißbrauch des Sakraments. In Korinth muß dergleichen geschehen sein. Um zu verstehen, was geschehen ist, müssen wir *Klarheit über das Herrenmahl selbst* gewinnen. Was feiern wir eigentlich, wenn wir zum Abendmahl, zur eucharistischen Feier zusammenkommen?

Aber auch die *Rolle des Apostels* gilt es zu klären. Wie kommt dieser unscheinbare Mann dazu, sich mit einer Autorität sondersgleichen zu Worte zu melden. Mit welchem Recht kann er erwarten, daß man in Korinth auf ihn hört? Was gibt dem Apostel seine unvergleichliche Vollmacht und Autorität? Und was haben *wir* mit dem Apostel, was hat er mit *uns* zu tun? Ist der Apostel nur eine archaische Autorität, long, long ago? Oder, gibt es auch heute so etwas wie *apostolische Autorität*? Und wenn ja, wo ist sie? Und in welcher Gestalt ist sie da? Wie und wo ereignet sich wahre *apostolische Sukzession*?

Etwa im nächsten Jahr, im Jahr 2000, wenn der Papst in Rom die Jahrtausendwende zum Anlaß nimmt, um mit apostolischer Autorität ein Jubeljahr, ein Erlaßjahr zu proklamieren, das die befreiende Kraft des Evangeliums bezeugen soll? Mag sein ... Oder ereignet sich *apostolische Sukzession* bereits hier und jetzt? Also in diesem Augenblick, in dem wir uns auf einem evangelischen Kirchentag von Gottes Wort ansprechen lassen? Ereignet sich *apostolische Sukzession* da, wo wir uns um Gottes Wort versammeln, um uns von der Wahrheit des Evangeliums wirklich sammeln, also *konzentrieren* zu lassen: so sehr, daß nicht nur unsere intellektuelle Aufmerksamkeit, sondern unsere ganze Existenz auf Wahrheit hin konzentriert wird? Und wir wenigstens für einige Augenblicke *gesammelte, konzentrierte, wahre Menschen* werden?

Keine Frage, unser Text wirft Fragen auf. Und deren erste lautet: was ist los in Korinth?

Es war offensichtlich keine Bagatelle, was dem Apostel aus Korinth zu Ohren gekommen ist: keine quantité négligeable, auf die Paulus allenfalls mit hochgezogener apostolischer Braue oder nur eben mit leicht erhobenem apostolischen Zeigefinger zu reagieren hätte. Nein, das, was sich die Christen zu Korinth in ihren gottesdienstlichen Versammlungen geleistet haben, das war schon eher ein handfester kirchlicher Skandal: ein Skandal inmitten der christlichen Gemeinde, auf den der Apostel mit *apostolischem Ärger* reagiert: »ich kann das nicht loben, daß Eure Zusammenkünfte statt zum Besseren zum Schlimmeren führen«. Der Apostel, man merkt es, ist offensichtlich *zutiefst verärgert*.

Dabei würde er die von ihm selber gegründete Gemeinde viel lieber *loben*. Denn dann wäre er in seinem eigenen Element. *Loben*, das ist des Apostels Amt, und zwar nicht nur Gott loben, sondern eben auch uns Menschen. Wer niemals einen Menschen loben kann, der kann ganz gewiß auch Gott nicht loben, dessen Gotteslob wäre hohl und gotteslästerlich.

Denn jemanden loben - das heißt soviel wie ihn *anerkennen*. Und Anerkennung braucht der Mensch, Anerkennung braucht jeder von uns. Schon die kleinsten Kinder brauchen die im Lob versteckte Anerkennung, um jene Ich-Stärke zu gewinnen, die man zum Leben nun einmal bitter nötig hat. Doch auch der erwachsen gewordene Mensch ist darauf angewiesen, anerkannt und wenigstens hin und wieder gelobt zu werden. Wer ohne jede Anerkennung leben muß, der verkümmert. Und wer andere Menschen niemals zu loben bereit ist, der verweigert ihnen die lebensnotwendige Anerkennung, der gönnt offensichtlich nur sich selbst, nur dem eigenen Ego die Chance, ein starkes, lebensfähiges Ich zu werden und zu bleiben. Und wer nur selber ein starkes Ich sein will, alle andern aber möglichst schwach sehen will, der verdient wahrhaftig ein *Egoist* genannt zu werden.

Ganz anders der Apostel. Er will loben. Seine Gemeinde zu loben - das paßt offensichtlich sehr viel besser zu seinem Amt, als dem apostolischen Ärger freien Lauf zu lassen.

Und *vom Apostel gelobt* zu werden - das wäre immerhin etwas. Denn ein *Apostel* - das ist wortwörtlich übersetzt ein *Gesandter*, ein *Botschafter* - in gewisser Hinsicht durchaus vergleichbar den politischen Gesandten und Botschaftern heutiger Staaten. Die Funktion dieser politischen Exzellenzen, die wir mitunter im Fernsehen sehen, ist es, ihren Souverän zu vertreten. So vertritt der britische Botschafter z. B. die Queen, der russische Botschafter Präsident Jelzin und der deutsche Botschafter das deutsche Volk. Wer den Botschafter ehrt, ehrt den Souverän, der ihn entsandt hat. Und wer den Botschafter beleidigt oder gar verletzt, der beleidigt und verletzt eigentlich den Souverän, den er repräsentiert.

Repräsentieren heißt auf deutsch: *darstellen*. Ein Botschafter stellt in seiner Person den dar, der ihn gesandt hat: eben sein Volk, seinen Präsidenten, seine Königin. Und genau das gilt nun auch von dem Apostel Jesu Christi. Auch der Apostel ist der Repräsentant eines Souveräns - freilich eines Souveräns ganz besonderer Art. Der Apostel stellt Jesus Christus dar. Und das ist nun allerdings ein seltsamer, ein überaus eigenartiger Souverän. Während der irdische Souverän erwartet, daß jeder Bürger und jede Bürgerin für ihn da ist und ihn notfalls auch unter Einsatz des eigenen

Lebens verteidigt, gilt für den Souverän, den der Apostel repräsentiert, das genaue Gegenteil: er ist *für uns* da. Und er ist so für uns da, daß er sein Leben gerade nicht verteidigt oder verteidigen läßt. Petrus muß das zur Verteidigung seines Herrn gezückte Schwert wieder in die Scheide stecken. Denn ein Schwert hier provoziert Schwerter dort. Das ist die Logik des Schwertes. Jesus hat die Logik des Schwertes beendet. Petrus mußte sein Schwert in die Scheide stecken, damit nicht nur das Leben, sondern auch der Tod des Herrn einer alt gewordenen, einer hoffnungslos alt gewordenen Welt zugute kommen kann. Der Souverän, den Paulus repräsentiert, geht in den Tod, damit für jedermann erfahrbar wird: *das ist mein Leib - für Euch*.

Eine Person voller Hingabe - das ist der Souverän, den Paulus zu repräsentieren hat. Voller Hingabe für alle, die mit sich selber nicht fertig werden. Und die deshalb mit sich selber nicht fertig werden, weil sie mit sich selber nichts anfangen können. Und die mit sich selber nichts anfangen können, weil sie viel zu sehr mit sich selber beschäftigt, ja, weil sie mit sich selber belastet sind. Schwerer als mit sich selbst kann das menschliche Ich nicht belastet werden. Was schleppen wir alles mit uns herum an unaufgearbeiteter Vergangenheit, an alten und sich immer wieder erneuernden Lebenslügen, an verdrängter Schuld, aber auch an verfehlten Chancen! Selbst junge Menschen schleppen bereits Altlasten mit sich herum, oft genug drückende, deprimierende Altlasten. Und ein jeder von uns schleppt seinen alten Menschen, seinen hoffnungslos veralteten alten Adam mit sich herum und schämt sich seiner und wird ihn nicht los.

Wirklich nicht? Der Apostel widerspricht solcher Selbsteinschätzung. Und er widerspricht im Namen seines Herrn. Denn der Souverän, den Paulus repräsentiert, hat den alten Menschen und mit ihm zugleich alle unsere Altlasten entsorgt: er hat alles, was an mir hoffnungslos veraltet ist, er hat alles, was dem neuen Menschen, was unserer Zukunft im Wege steht, dem Tod, dem Vergehen überantwortet. Das ist sein souveränes Geheimnis, daß mit ihm auch ich gestorben bin, um mit ihm neues Leben zu gewinnen. *Dieser Tod* ist also alles andere als ein *trauriges*

*Ereignis.* Wer mit Christus gekreuzigt, gestorben und begraben ist, der ist sich selber, der ist seine eigene Vergangenheit definitiv los; der ist - wie die Mystiker sagen - seiner selbst ledig geworden. Endlich befreit von sich selbst - das ist die Erfahrung, die beim Mahl des Herrn gefeiert wird. Hier ereignet sich wirklich so etwas wie die *Leichtigkeit des Seins.*

Doch diese unvergleichliche Freiheit, diese unerhörte Leichtigkeit verdankt sich einem überaus harten, einem bitteren Ereignis: sie verdankt sich der im Namen des Gesetzes vollzogenen *Kreuzigung des Herrn,* sie verdankt sich der *Gottverlassenheit des Gekreuzigten.* Denn das ist der Tod im Urteil der Tora, im Urteil des Gesetzes: das Ereignis völliger Gottverlassenheit.

Um das zu verstehen, muß man sich klarmachen, was nach biblischem Urteil *Leben* heißt. Das Leben baut sich auf aus Beziehungen. Wahres Leben ist immer ein beziehungsreiches Leben. Und die *fundamentalen* Lebensbeziehungen - das sind die Beziehung des Menschen zu Gott, seine Beziehung zu seiner natürlichen und sozialen Umwelt und seine Beziehung zu sich selbst. Doch die Beziehungen zerbrechen, sie sterben ab, wenn das menschliche Ich *nur noch selbstbezogen* existiert, wenn es seine Selbstbezogenheit *rücksichtslos durchsetzt.* Dann beginnt bereits mitten im Leben der Tod. Rücksichtslose Selbstbezogenheit führt immer in die Beziehungslosigkeit und also in den Tod. Und die schlimmste aller Beziehungslosigkeiten, das ist der fehlende Kontakt mit Gott. Die schlimmste aller Beziehungslosigkeiten ist die Gottverlassenheit.

Diese unsere Gottverlassenheit hat der Gekreuzigte im Tode mit uns geteilt. Nein, nicht geteilt, er hat sie uns abgenommen, er hat sie an unserer Stelle erlitten - verkündet das Evangelium. Er ist *für uns* gestorben: »Das ist mein Leib - für Euch«. Deshalb verkündigt die Gemeinde, sooft sie das Herrenmahl feiert, seinen Tod. Paulus erinnert daran: »Sooft Ihr dieses Brot eßt und (aus diesem) Becher trinkt, verkündigt Ihr den Tod des Herrn, bis er kommt.«

In Korinth hatte man das offensichtlich vergessen. Oder verdrängt. Den Korinthern ist der Apostel mit seiner penetranten Rede vom Tode Jesu Christi offensichtlich auf die Nerven gegangen. Und irgendwie kann man das ja auch verstehen. Wer will schon ständig an den Tod erinnert werden? Den Tod - den möchte man doch, statt ihn ständig vor Augen zu haben, viel lieber hinter sich haben, *siegreich* hinter sich haben. In Korinth hatte man das offensichtlich geschafft. In Korinth war man der Meinung, daß man den Tod bereits ein für allemal hinter sich hat. In Korinth setzte man auf den Auferstandenen, und das ohne Wenn und Aber: so sehr und so radikal, daß man auf den Tod, den alle anderen Menschen noch vor sich haben, bereits zurückblicken, siegesgewiß zurückblicken zu können meint. »Tod, wo ist Dein Stachel? Hölle, wo ist Dein Sieg?« (1Kor 15,55) Hat nicht Paulus selber dieses österliche Lied angestimmt? Hat er nicht selber die stolze These proklamiert: »Das Alte ist vergangen, siehe, Neues ist geworden« (2Kor 5,17)? Hat er den Christen nicht eingeredet, daß sie *frei* sind, in einem unüberbietbaren Sinn freie Menschen? Ist ein Christenmensch nicht ein freier Herr über alle Dinge und niemandem untertan? Ist Paulus nicht der Apostel der christlichen Freiheit?

Er ist es. Daran ist nicht zu rütteln, das ist nicht zu ermäßigen. Und der Christenmensch ist ein freier Herr, eine freie Frau über alle Dinge und niemandem untertan. Jawohl, auch die Frau. Und eben deshalb müssen auch ihr alle kirchlichen Ämter offenstehen. Alle! Also auch die sogenannten Spitzenämter. Also auch das Amt einer hannoverschen Landesbischöfin. Auch dann, wenn sie die Mutter von vier Kindern ist. Ja, dann erst recht! Was ist los in unserer Kirche, wenn sie einerseits die *Familie* als eine gar nicht hoch genug zu schätzende Gabe Gottes preist und uns andererseits durch den Mund eines Altbischofs wissen läßt, eine *Mutter* würde durch das Bischofsamt überfordert werden? Was ist los bei uns mit der christlichen Freiheit?

Freiheit aber - das ist nach einer treffenden philosophischen Definition das Vermögen, etwas *anzufangen*. Die christliche Freiheit ist im eminenten Sinne das uns von Gott geschenkte Vermögen, mit uns und mit der Welt und mit Gott etwas anzufangen: etwas Neues, etwas Besseres als das hoffnungslos Veraltete. Christen sind Anfänger im ursprünglichsten Sinne des Wortes, nämlich Anfänger *zum Besseren*.

Anfänger zum Besseren aber kann man nur loben. Und das hätte auch der Apostel gegenüber den Christen in Korinth nur zu gerne getan.

Doch statt dessen gibt es apostolischen Ärger. »Ich kann das nicht loben, daß Eure Zusammenkünfte statt zum Besseren zum Schlimmeren führen«. In Korinth sind die Christen offensichtlich, statt Anfänger zum Besseren zu werden, rückfällig geworden. Statt in die Zukunft voranzuschreiten, ist wieder alles beim alten. Was ist los in Korinth?

Bevor wir uns der Antwort nähern, wollen wir jedoch erst einmal selber das Beste beginnen, das man im Himmel und auf Erden überhaupt anfangen kann, nämlich *Gott loben*. Und wir wollen das in der Gemeinschaft mit allen Menschen, ja mit allen Völkern tun: *Laudate omnes gentes, Laudate Dominum - lobet alle Völker, lobet den Herrn*.

Manchmal, liebe Zuhörerinnen und Zuhörer, ist mit einem einzigen Wort alles gesagt. Oder so gut wie alles.

Auch in unserem Text fällt gleich am Anfang ein solches Wort, mit dem bereits so gut wie alles gesagt ist. Vom *Zusammenkommen* ist da die Rede. Es steht gleich dreimal da. Und am Ende der apostolischen Belehrung über die rechte Abendmahlspraxis fällt dasselbe Wort dann noch zweimal.

*Zusammenkommen* ist ein technischer Ausdruck, den die älteste Christenheit zur Bezeichnung ihrer gottesdienstlichen Versammlungen gebraucht hat. Das waren allerdings schon ganz äußerlich recht ungewöhnliche Zusammenkünfte. Da kamen Menschen zusammen, die sonst wenig oder gar nichts miteinander zu tun haben: Menschen, die sonst einander eher aus dem Wege gehen. Sie kommen zusammen, weil sie glauben, daß sie zusammengehören. Und sie gehören zusammen, weil sie daran glauben, daß da noch etwas ganz anderes zusammengekommen ist, nämlich der Himmel Gottes und unsere Erde. In der Person Jesu Christi ist zusammengekommen, was keiner von uns zusammenzubringen vermag: »Gottheit und Menschheit vereinen sich beide«, um von nun an bis in

Ewigkeit zusammenzusein. Und dieses Zusammenkommen und Zusammensein von Himmel und Erde, von Gott und Mensch - das feiern die Christen, das feiern wir. Und wir feiern es, indem wir die Geschichte Jesu Christi zusammen mit zwei elementaren Lebensmitteln, mit Brot und Wein, auf uns wirken lassen.

Zusammenkommen - Zusammensein: darum geht es. Darum geht es nicht nur im elften Kapitel des Korintherbriefes. Darum geht es in unserem ganzen Leben. Darum geht es in Gottes ganzer Schöpfung. Um mit uns zusammenzusein, hat der Schöpfer die Welt geschaffen. Und er hat sie so geschaffen, daß auch die Kreatur nur sein kann, solange sie mit anderen Kreaturen zusammen ist. Was wir *Natur* nennen, existiert nur in der Weise des *Zusammenseins*, mitunter eines *gefährlichen Zusammenseins*, aber eben des *Zusammenseins*. Und was wir *Geschichte* nennen, ereignet sich nur in der Weise des *Zusammenkommens* und *Zusammenlebens*, oft genug eines *spannungsvollen Zusammenlebens*, aber eben des *Zusammenlebens*. Wenn es doch alle Politiker, wenn es doch die auf »ethnische Säuberungen« fixierten Pseudopolitiker endlich begreifen würden: Leben heißt allemal: Zusammenleben. Sein heißt allemal: Zusammensein. Das Gegenteil ist tödlich. Wer nur für sich selber lebt, der beginnt auch schon zu sterben. Wer in splendid isolation und nur auf sich selbst bezogen da ist, der fängt auch schon an, zugrunde zu gehen. Das gilt für das einzelne Ich, und das gilt genauso für Gruppen, Kollektive und Völker.

Damit wir nicht zugrunde gehen, müssen wir zusammenkommen. Und nicht nur wir. Damit die Schöpfung nicht zugrunde geht, muß sie mit dem Schöpfer zusammenkommen. Und zusammenbleiben.

Zusammenkommen - Zusammensein - Zusammenbleiben. Wo der Schöpfer mit seinem Geschöpf zusammenkommt und seine Geschöpfe zusammenruft, so daß auch sie zusammenkommen, um im Frieden zusammenzusein, wo das geschieht, da ereignet sich *Gottesdienst*.

Sollte man meinen. Doch in Korinth ereignet sich mitten im Gottesdienst das genaue Gegenteil. Auch hier kommt man zusammen. Man trifft sich zur Feier des heiligen Mahles. Und driftet hoffnungslos auseinander. Die Christen kommen zusammen und sind schon in Cliquen gespalten. Was ist los in Korinth?

Das ist los: die Christen kommen in Korinth wie überall Tag für Tag abends zu einer Gemeindeversammlung zusammen, deren Höhepunkt die Feier des Herrenmahles bildet. Ein gemeinsames Essen gehört dazu, ein Liebesmahl, auf griechisch: Agape. Es heißt so, weil jedes Gemeindeglied für dieses gemeinsame Mahl die notwendigen Lebensmittel mitbrachte, jeder nach seinem Vermögen, um den anderen davon abzugeben. Wer wenig oder gar nichts hatte, wer tagsüber hungern mußte, der wurde hier auf Kosten der Wohlhabenderen versorgt: sein Hunger wurde gestillt. Arme, Kranke, Sklaven, Witwen und Waisen - hier hörten sie auf, Minderbemittelte und Ausgegrenzte zu sein. Hier wurden sie Menschen. Hier wurden sie satt.

Am Anfang dieses Liebesmahles wurde - wie bei einem rituellen jüdischen Gemeinschaftsmahl - das Brot betend gesegnet, und am Ende des Mahles wurde der Weinbecher, bevor er die Runde machte, ebenfalls mit Danksagung gesegnet. Und mit *Brot und Wein* waren zugleich *alle Nahrungsmittel*, die während der Agape verzehrt wurden, gesegnet. Sakramentales Herrenmahl und weltliches Sättigungsmahl gehören aus gutem Grunde zusammen. Denn in beiden Fällen werden Menschen gesättigt: mit irdischen Lebensmitteln im Sättigungsmahl, mit Leib und Blut Christi im eucharistischen Mahl.

Wir satten Europäer haben in der Regel den Sinn dafür verloren, was es heißt, gesättigt zu werden. Erst wenn das Notwendige fehlt, wenn es am Allernotwendigsten mangelt - wie jetzt im Kosovo -, entdeckt man, was es heißt, gesättigt zu werden. Satt werden - das hat selbstverständlich zuerst und vor allem etwas mit unserem *Leib* zu tun. Doch was man dem *Leib* zufügt oder vorenthält, das wird dem *ganzen Menschen* zugefügt oder vorenthalten. Daß die *Würde* des Menschen unantastbar ist, das fängt beim *Leib*, das fängt mit dem *täglichen Brot* an. Und zum *täglichen Brot* gehört alles das, was jetzt im Kosovo fast völlig fehlt. Zum täglichen Brot gehört dort nicht nur das, was man essen und trinken kann, sondern auch die Wiederherstellung der Zivilisation. Um der Menschenwürde willen haben unsere westlichen Staaten gegen die Verbrechen der Diktatur militärische Gewalt aufgeboten. Wir wollen jetzt nicht darüber streiten, ob das der richtige Weg war. Wenn man nun, am Ende der Bombardements, wahrnehmen muß, daß die Infrastruktur des Kosovo zerstört ist, daß, um nur ein Beispiel zu nennen, das *Eisenbahnnetz* zerstört ist, daß aber die *Armee* der Mörder sich *nach wie vor kraftstrotzend* zurückziehen kann, weil man offensichtlich vor allem Panzer aus *Pappmaché* zerstört hat, dann kann man wohl seine Zweifel haben. Zweifel! Nicht absolute Gewißheit! Wer hier *allzu sicher* ist, ein Gewissen, das hier *überhaupt nicht* in Nöten, geschweige denn *in höchsten Nöten* war und *nicht mehr aus noch ein wußte* - oh, das muß ein beneidenswertes Gewissen sein, unheimlich beneidenswert, unheimlich ... Doch noch einmal: wir wollen jetzt nicht darüber streiten, ob der von der NATO gewählte Weg der gebotene Weg war. Aber dafür wollen wir streiten, daß am Ende dieses nicht erklärten Krieges kein Pfennig weniger in den Frieden investiert wird, als der Krieg gekostet hat. Selig sind, die *Frieden machen*. Gesegnet das Geld, das Hungernde satt macht. Es gibt ihrem Leben die Gegenwart zurück.

Denn satt werden heißt: gegenwärtig werden und die Gegenwart genießen zu können. Wer Hunger leidet, der wird um die Gegenwart betrogen. Wer zu verdursten droht, hat Glück, wenn er noch irgendwie über die Runden kommt. Die Gegenwart zu genießen, selber ganz präsent zu sein, vermag er nicht. Satt werden aber heißt: ganz und gar präsent werden und also zu beginnen, ein *ganzer Mensch* zu werden. Und genau das verspricht, genau das verheißt der christliche Gottesdienst: daß wir schon jetzt wenigstens für eine gewisse Zeit das werden, was wir dermaleinst für immer sein werden: nämlich ganz und gar gegenwärtige Menschen, ganz und gar präsent: weltlich präsent kraft der irdischen Lebensmittel und geistesgegenwärtig kraft der Gegenwart dessen, der sich in Brot und Wein uns selber mitteilt. Und zwischen dieser weltlichen Gegenwart und der geistlichen Gegenwart, zwischen den irdischen Lebensmitteln und dem ewigen Lebensmittel herrscht ein strenger Zusammenhang. Deshalb macht sich Jesus Christus unter *Brot und Wein* gegenwärtig. Der himmlische Herr hält der Erde die Treue.

Doch in Korinth ist es anders. Die christliche Gemeinde dieser Hafenstadt bestand vor allem aus der sozial schwachen Bevölkerungsschicht. Viele mußten sich aus ihrer harten Arbeit regelrecht davonschleichen, wenn sie an der gottesdienstlichen Versammlung teilnehmen wollten. Kein Wunder, daß sie nicht selten zu spät kamen.

Es gab aber auch wohlhabendere Gemeindeglieder, die über ihre Zeit selber verfügen konnten. Sie waren just in time. Und sie waren gut versorgt mit Speis und Trank. Doch statt auf die verspätet Eintreffenden zu warten und Zeit und Lebensmittel mit ihnen zu teilen, genossen sie die sakramentale Gegenwart des Herrn in vollen Zügen. Und nicht nur das. Sie genossen rücksichtslos. Und im rücksichtslosen Genuß des Sakramentes beginnt dessen sakramentalistischer Mißbrauch. Sie aßen, soviel sie hatten, und sie tranken, soviel sie konnten. Und sie kamen in Stimmung, in eine himmlische Stimmung, wie sie meinten. Der Himmelskönig, der Auferstandene und zur Rechten Gottes Erhöhte war ja mitten unter ihnen. Ach was, nicht er war mitten unter ihnen, sondern sie waren oben, ganz oben, sie wußten sich, wie er, zur Rechten Gottes erhöht. Kurzum: sie waren high.

Eia, wär'n wir da. Eia, wär'n wir doch auch da - mögen die später Kommenden sich gedacht haben. So hatten sie sich das Zusammenkommen mit den wohlhabenderen Brüdern und Schwestern nicht vorgestellt. Sie wollten mit ihnen essend und trinkend zusammensein. Doch statt dessen waren jene bereits in einen höheren Chor entrückt. Und von dorther hörten sie sie seltsame Lieder lallen, während ihnen der Magen knurrte und die Kehle vertrocknete. Und angesichts leergegessener Teller und leergetrunkener Becher entleerte sich ihnen auch der Sinn des eucharistischen Mahles. Sie blieben weltlich und geistlich ungesättigt. Und wurden erneut um die Gegenwart betrogen: um die geistliche Gegenwart des Herrn inmitten ihrer elenden Existenz und zugleich um ihre eigene weltliche Gegenwart bei einem sie sättigenden irdischen Mahl.

Paulus, der Apostel Jesu Christi, kommentiert die Vorgänge in Korinth mit bitterer Ironie: »Es muß ja wohl Cliquen unter Euch geben ...« Doch Cliquenwirtschaft macht das Zusammenkommen der Christen zu einer Farce. Denn zusammenzukommen, um dann doch nicht zusammenzusein - das widerspricht dem heiligen Mahl, das spricht dem eucharistischen Geheimnis hohn. Wer das Sakrament derart sakramentalistisch mißbraucht, daß er die irdischen, die oft peinlichen irdischen Verhältnisse aus dem Blick verliert und sich der Solidarität mit den Hungernden entziehen zu können meint, dem wird das eucharistische Mahl, das ihn zum Himmel zu führen verspricht, zur Höllenfahrt. Er ißt es sich zum Gericht. Er mißachtet die Souveränität des Gekreuzigten. Und damit ruft er den Apostel, den Repräsentanten des Gekreuzigten, auf den Plan.

Der Apostel aber bietet gegen den unsolidarischen Sakramentalismus das Sakrament selber auf. Er ruft den Korinthern und so auch uns die wahre Bedeutung des eucharistischen Geheimnisses in Erinnerung. Und darauf können wir uns kaum besser vorbereiten als durch einen erneuten Lobgesang. Also noch einmal: *Laudate omnes gentes, laudate Dominum.*

Eigentlich müßten wir den Enthusiasten in Korinth für ihren sakramentalistischen Mißbrauch des Sakramentes ja dankbar sein. Denn nur dieser Mißbrauch hat den Apostel veranlaßt, auf das Herrenmahl einzugehen, um der Gemeinde in Erinnerung zu rufen, was sich *eigentlich ereignet,* wenn das eucharistische Geheimnis gefeiert wird. Und selbst in dessen Mißbrauch war ja noch ein starkes Wahrheitsmoment zur Stelle. Die ungeheure Leichtigkeit des eigenen Seins, die die Korinther offensichtlich erfahren haben, verrät ja etwas von der großen Entlastung, die das heilige Mahl bewirkt. Und wenn die Enthusiasten sich selber vergessen, wenn sie nicht mehr ganz bei sich sind, sondern eben high, dann lassen sie doch noch immer etwas davon erkennen, daß die feiernden Christenmenschen in der Tat nicht bei sich selbst sind: *sursum corda - die Herzen empor - erhebet Eure Herzen*: das wird ihnen ja während der eucharistischen Feier zugerufen. Und die jubelnde Antwort lautet: *habemus ad Dominum - wir haben sie*, wir haben unsere Herzen *beim Herrn*. Zum eucharistischen Mahl gehört dieser eucharistische Jubel. Die Apostelgeschichte berichtet denn auch, daß die älteste Gemeinde *mit jubelnder Freude* (ἐν ἀγαλλιά σει) das Mahl feierte.

Dieser eucharistische Jubel ist wesentlich für die Feier des Abendmahls. Er ist nicht etwa nur eine liturgische Zutat, sondern er entspringt dem eucharistischen Mysterium selbst. Die Glaubenden jubeln über Christi geheimnisvolle Gegenwart im Brot, das während dieses Mahles gegessen wird, und im Wein, der während dieses Mahles getrunken wird.

In unseren protestantischen Abendmahlsfeiern hat man das über Jahrhunderte hinweg vergessen. Und es ist das große Verdienst der jungen Generation, es ist nicht zuletzt das Verdienst der jugendlichen evangelischen Kirchentage, die protestantischen Abendmahlsfeiern von ihrer gespenstischen Pseudoernsthaftigkeit befreit zu haben. Ich bin ein alter Professor und rede der Jugend nicht gern nach dem Mund. Aber dieses Lob gebührt ihr: daß sie in die evangelischen Abendmahlsfeiern den eucharistischen Jubel zurückgebracht hat. Wohl dem, der eine solche Jugend hat!

Schon Brot und Wein zu haben und genießen zu können, ist wahrlich ein Anlaß zur Freude. Brot und Wein - das ist ja nicht nur das Minimum, das wir zum Leben brauchen, sondern wenn Brot und Wein beieinander sind und wenn Menschen beieinander sind, die beides genießen, dann *steigert* sich das geschöpfliche Leben zur Lebensfreude.

Doch während des eucharistischen Mahles erinnern Brot und Wein nicht nur an die Freundlichkeit des Schöpfers. Im eucharistischen Mahl stellt sich mit Brot und Wein der Herr selber ein, wird Jesus Christus selber gegenwärtig. Darüber jubelt die Gemeinde. Sie jubelt darüber, daß der Gekreuzigte lebt und daß sie *mit* ihm, mehr noch, daß sie *von* ihm leben darf. Die Abendmahlsgemeinde jubelt darüber, daß der in dieser Welt Abwesende jetzt anwesend ist, daß der dieser Welt durch seinen Tod, durch seine Auferstehung und durch seinen Heimgang zum Vater in jeder Hinsicht Entzogene sich uns in diesem Mahl auf neue

Weise zugänglich macht: er ist da, er ist für uns da. Die christliche Kirche jubelt darüber, daß Jesus Christus zum Festmahl einlädt, um die Mühseligen und Beladenen zu erquicken, und daß er jeden, der nach der Lebensgemeinschaft mit Gott hungert und den nach menschlicher Gemeinschaft dürstet, zu sättigen verspricht: Nimm hin und iß ... Nimm hin und trink ...

Es geht also darum, etwas *zu nehmen*, etwas zu sich zu nehmen: so wie man eben Lebensmittel zu sich nimmt. Es geht darum, Jesus Christus als elementarstes Lebensmittel zu sich zu nehmen. Es geht wirklich nur darum, etwas *zu nehmen*. Niemand muß da etwas tun, niemand wird da gefordert, niemand muß etwas leisten. Am Tisch des Herrn findet die Leistungsgesellschaft ihre Grenze. Hier sind wir nur eben Feiernde, also Personen, die weder Gott noch der Welt gegenüber irgend etwas zu tun oder irgend etwas zu leisten haben. Das genaue Gegenteil ist der Fall: der ständig geforderte und nur zu oft überforderte Mensch wird in der Feier des Abendmahls nicht auf eine von ihm geforderte Tat, er wird hier nicht auf von ihm erwartete Leistungen, sondern er wird nur auf sein *Dasein* angesprochen, auf sein *neues Dasein als Glaubender*. Im Herrenmahl schweigt das gebietende *Gesetz*, hier regiert allein der Gnade ausströmende souveräne *Indikativ des Evangeliums*. Und das ist ein Indikativ, der uns aus Tätern zu Empfangenden, der uns aus Geforderten und Überforderten wieder zu Seienden macht, zu Seienden, die sich dessen freuen, daß sie dasein und mit Jesus Christus zusammensein können.

Einen solchen *souveränen Indikativ* kennt die Welt nicht. Die Welt kennt nur *problematische* Indikative, sie kennt aber keinen *absolut verläßlichen* Indikativ, auf den man sich unter allen Umständen, auf den man sich im Leben und im Sterben verlassen kann. Die Welt wird von Imperativen und Optativen beherrscht. Die Welt setzt uns unter Druck. Und in der Welt setzen wir uns selber unter Druck, unter den Druck hochmoralischer Imperative und nicht selten auch unter den Druck ganz und gar unmoralischer Imperative. Doch aus Imperativen gehen immer nur sehr zerbrechliche Indikative hervor. Sie haben ihre Zeit.

Und oft genug zerbrechen sie sogar vor der Zeit. Nicht so der souveräne Indikativ der Gnade. Auf ihn ist Verlaß, jetzt und in alle Ewigkeit. Und im Herrenmahl wird dies erfahrbar. Dort regiert schon jetzt der Indikativ des Friedens, der das Leben in Gottes himmlischem Reich bestimmen wird. Deshalb *sursum corda - erhebet Eure Herzen*.

Der eucharistische Jubel bewegt also etwas, er bewegt unsere Herzen, er bewegt das Zentrum unserer Existenz. Und er bewegt das Zentrum unserer Existenz so, daß wir bei unserem Herrn erst richtig zu uns selbst kommen. So lebt nun, schreibt Martin Luther an den Papst, »ein Christenmensch ... nicht in ihm selbst, sondern ... durch den Glauben fährt er über sich (hinaus) in Gott«. Doch Luther fährt fort: »aus Gott fähret er wieder unter sich durch die Liebe«. Denn man kann nicht *privat* bei Gott sein. Man kann nicht *bei Gott* sein, ohne *den Anderen neben sich* und - wichtiger noch - *unter sich* wahrzunehmen und ihm in seinem Anderssein *gerecht* zu werden.

*Unwürdig* nennt Paulus das Verhalten jener Christen, die im rechten Glauben zu Gott emporfahren, um bei ihm und nur bei ihm zu sein, und dabei vergessen, zum anderen Menschen neben sich und unter sich zurückzukehren. Und mit äußerster Schärfe erklärt der Apostel, daß sie das eucharistische Geheimnis profanisieren und daß sie sich *zum Gericht essen*, was sie selber zu ihrer eigenen Seligkeit zu genießen meinen. Denn wem der Andere auf Erden gleichgültig ist, der nimmt auch den ganz Anderen, der nimmt auch Gott nicht ernst. Und er hält es wohl für einen Mythos, daß der Sohn Gottes den hohen Platz zur Rechten Gottes verlassen hat, um die fragwürdigsten Gestalten, um Samariter, Heiden, Zöllner, Huren an seinen Tisch zu laden und ihnen schon auf Erden himmlische Freuden zu bereiten. Wohlgemerkt: *schon auf Erden*. Der Weg dem Herrn entgegen führt immer tiefer in die irdische Welt hinein. Und wer sich ihr und ihren Problemen verschließt, dem verwandelt sich der eucharistische Jubel zu höllischem Gelächter. Wer seine eigene Identität verwirklichen will, ohne beim Anderen zu sein und sich durch den Anderen in Frage stellen zu lassen, der ist fehl am Tisch des Herrn.

Die Anderen, das sind im Blick auf die eucharistische Gemeinschaft ganz konkret die anderen Konfessionen, also die Katholiken, die Protestanten, die Orthodoxen. Der Gekreuzigte ruft sie alle an seinen Tisch. Denn er ist für sie alle, er ist für *alle Gottlosen*, für *alle Sünder* gestorben. Und *Sünder* sind wir alle. *Sünder* sind Katholiken, Protestanten und Orthodoxe gleichermaßen. Also gehören wir auch alle an denselben Tisch, an dem Sünden vergeben und Sünder gerechtfertigt werden. Das ist mein Leib - *für Euch*: diese Zusage gilt dem ganzen Erdkreis, gilt der **οἰκουμένη**. Und es ist ein unerträglicher theologischer Skandal, daß die Christenheit ausgerechnet am Tisch des Herrn gespalten ist. Das »Herrenmahl ist ökumenisch oder nicht mehr Herrenmahl, sondern Sektenfeier ... Denn wer Gäste des Gekreuzigten nicht bei sich duldet, duldet den Gekreuzigten selber nicht mehr in seiner Mitte« - hat der große Neutestamentler Ernst Käsemann bereits vor 20 Jahren auf dem Nürnberger Kirchentag gesagt. Es sollten nicht noch einmal 20 Jahre ins Land gehen, bevor *alle Christen* gemeinsam Abendmahl feiern.

Das ist der apostolische Brief *an uns*, liebe Kirchentagsteilnehmer. Er ist kurz, aber eindeutig: Ihr lebt doch als Glaubende bereits vom souveränen Indikativ der Gnade - schreibt *uns* der Apostel. Wie könnt Ihr da andere kirchenrechtlich ausschalten! Oder dogmatistisch gleichzuschalten versuchen, um ihnen erst dann, wenn sie Euch gleichgeschaltet sind, volle Kirchengemeinschaft zu gewähren! Der souveräne Indikativ der Gnade schließt dergleichen souverän aus. Denn Gnade gilt immer dem Anderen. Gnade heißt: mit dem Anderen in seinem Anderssein zusammensein zu wollen. Gnade will von Uniformität nichts wissen.

Das heißt nicht, daß sie alles beim alten läßt. Ganz im Gegenteil. Der souveräne Indikativ der Gnade versetzt uns ja an einen anderen Ort, an dem alles ganz anders ist. Im Glauben, hatte Luther gesagt, fähret der Mensch über sich hinaus in Gott. Und dieser Mensch, das ist der sündige, das ist der sich selbst entstellende, der erzhäßliche Mensch, das bin ich. Doch bei Gott, am Tisch des Herrn, da wird auch der häßlichste Mensch schön, in einem ganz ursprünglichen Sinne schön. Denn wen Gott liebevoll anblickt, der wird durch die Liebe des Anderen schön, ganz und gar schön. So schöpferisch, so kreativ ist die Liebe. Gottes Liebe, sagt Luther, entzündet sich nicht am Liebenswerten, sondern sie macht das ganz und gar nicht Liebenswerte der Liebe würdig, liebenswürdig und also schön.

Es gibt einen jiddischen Schlager aus dem Berlin der 20er Jahre, in dem das singende Ich einem anderen, einem offensichtlich sehr häßlichen Du versichert: »bei mir biste scheen, bei mir biste scheen«. Triviale Poesie, gewiß! Aber bei aller Trivialität doch ein ausgesprochen schöpferisches, ein ausgesprochen *kreatives Kompliment*! Hier wird auf trivialpoetische Weise genau das ausgedrückt, worum es beim eucharistischen Mahl geht. Den das Herrenmahl Feiernden wird genau dies von Gott selbst zugesprochen: »bei mir biste scheen, bei mir biste scheen«. Und wenn dieses überaus *kreative Kompliment* dann auch noch aus einem *menschlichen* Mund zu hören ist, wenn wir das auch *zueinander* zu sagen vermögen: *bei mir bist Du schön*, dann *ist was los*, dann ist wirklich was los in Korinth und überall, wo Christen zusammenkommen. Ja, dann geht es in der christlichen Gemeinde *richtig los*.

Bitte, beachten Sie auch die folgenden Seiten

Peter Härtling: Vor Bildern. Für Maler. Porträts in Worten
Dirk Heinrichs: Den Krieg entehren.
Sind Soldaten potentielle Mörder?
Dirk Heinrichs: Fallkraft der Feigheit.
Drei Essays zur politischen Kultur
Klaus-Peter Hertzsch: Der ganze Fisch war voll Gesang.
Biblische Balladen zum Vorlesen
Klaus-Peter Hertzsch: Nachdenken über den Fisch
Reinhard Höppner: Segeln gegen den Wind.
Texte und Reden. Und ein Gespräch mit Günter Gaus
Inge und Walter Jens: Vergangenheit - gegenwärtig
Biographische Skizzen
Walter Jens: Das A und das O. Die Offenbarung
Walter Jens: Der Römerbrief
Walter Jens: Die vier Evangelien.
Matthäus, Markus, Lukas, Johannes
Walter Jens: Ein Jud aus Hechingen
Walter Jens: Der Teufel lebt nicht mehr, mein Herr!
Erdachte Monologe - Imaginäre Gespräche
Eberhard Jüngel: ... ein bißchen meschugge ...
Predigten und biblische Besinnungen
Erika Kitter: Multiple Sklerose. Leben mit einer Krankheit
Christian Krause: Aus Geschichte lernen. Reden
Jo Krummacher / Hendrik Hefermehl: Ratgeber KDV
Gerd Lüdemann / Martina Janßen: Bibel der Häretiker.
Nag Hammadi
Gerd Lüdemann / Alf Özen: Was mit Jesus wirklich geschah
Horst Lütten: Mein Herz schlägt für Kain. Genesis 1 - 11
Horst Lütten: Wie wurde Wasser zu Wein?
Geschichten aus dem Neuen Testament
Henning Luther: Religion und Alltag
Kurt Marti: Der Heilige Geist ist keine Zimmerlinde
Kurt Marti: Fromme Geschichten
Kurt Marti: geduld und revolte. die gedichte am rand
Kurt Marti: Die gesellige Gottheit. Ein Diskurs
Kurt Marti: gott gerneklein. gedichte
Kurt Marti: Von der Weltleidenschaft Gottes. Denkskizzen
Gerhard Marcel Martin: Das Thomas-Evangelium
Gerhard Marcel Martin: Vogel-frei
Marietta Peitz: Die Sonnenrückseite der Träume.
Einblicke in die Welt der Karibik

Marietta Peitz: Ich sollte Lilien pflanzen, ehe ich gehe.
Tagebuch des Älterwerdens
DAS PLATEAU. Die Zeitschrift im Radius-Verlag
Erster bis zwölfter Jahrgang
RADIUS-Almanach 1978/79 bis 2001/2002. 24 Ausgaben
Johannes Richter: Innen und außen. Gedichte
Karl-Heinz Ronecker: Friede sei in deinen Mauern.
Jerusalemer Predigten
Martin Scharpe (Hrsg.): Heilige Nacht. Heiliger Tag
Die 100 schönsten Weihnachtsgedichte und -geschichten
Klaus Schmidt: Gerechtigkeit - das Brot des Volkes.
Johanna und Gottfried Kinkel. Eine Biographie
Gerhard Schneider: Mirjam singt wieder.
Neue Weihnachtsgeschichten
Gerhard Schneider: Schuld wirft lange Schatten.
Ein Fall für Pfarrer Simon
Michael M. Schönberg: Von oben herab. Predigten
Michael M. Schönberg: WortWandel. Predigten
Friedrich Schorlemmer (Hrsg.): Mein Bibeltext.
45 Beiträge prominenter Zeitgenossen
Wolfgang Schweitzer: Dunkle Schatten - helles Licht.
Rückblick auf ein schwieriges Jahrhundert
Uwe Steffen: Den Urbildern auf der Spur. Essays
Angelika Stein: Auf der Suche nach Jacques. Erzählung
Klaus von Stieglitz: Einladung zur Freiheit.
Gespräch mit der Anthroposophie
Holger Tiedemann: Die Erfahrung des Fleisches.
Paulus und die Last der Lust
Heinrich Vogel: Gesammelte Werke in zwölf Bänden
Gerhard Weimer: Bis bald in Bethlehem. Roman
Gerhard Weimer: Das Osterwasser. Roman
Hanna Wolff: Der universale Jesus
Hanna Wolff: Jesus als Psychotherapeut
Hanna Wolff: Jesus der Mann